Die Erben der Einsamkeit

Südtiroler Bergbauern – Leben am Abgrund

ATHESIA VERLAG

Vorwort

»Der gute Gott hat nicht geschrieben,
dass wir der Honig der Erde sind, sondern das Salz.«

Georges Bernanos

Jetzt, da ich dieses Buch verabschiede, möchte ich all das bestätigen, was ich als Einleitung und Kommentar zur Enquete geschrieben habe, die in der Tageszeitung »L'Adige« im Winter 1971/72 veröffentlicht wurde.
Die Verwirrung und die philosophischen Erwägungen, die sich meiner bemächtigten, haben sich noch nicht gelegt. Ich fühle das Problem noch immer in seiner ganzen brennenden Aktualität. Auch aus diesem Grund habe ich es für richtig empfunden, nichts abzuändern, auch wenn der hier durchscheinende Realismus manchmal als brutaler, entheiligender Verismus anmuten mag.
Die Angst, dass ich gewisse Mythen abbaute, aber gleichzeitig andere, entgegengesetzte, schaffte, hat mich nie verlassen. Oft hat man mir fast vorwurfsvoll oder auch nostalgisch die Frage gestellt, ob ich mit meiner Enquete nicht vielleicht Gefahr laufe, bitteren Essig auf eine als glücklich empfundene Lebensweise zu gießen.
Andere wiederum haben mir gesagt: »Lasst sie doch in Ruhe. Die Bergbauern sind glücklich.«
Doch ist es nicht so, dass die Figur des »glücklichen Wilden« eine reaktionäre Figur ist und dass nur die »Partisanen der Ordnung« diese Figur beibehalten wollen, weil sie befürchten, dass diese »Glücklichen«, sobald sie mit neuen Ideen in Berührung kommen, sich plötzlich als Ausgestoßene, als Ausgebeutete fühlen und ihre »Unschuld« verlieren?
Eine Figur Graham Greenes sagt: »Das Suchen nach dem Leiden und die Erinnerung an das Leiden sind die einzigen uns verfügbaren Mittel, um die menschliche Lebensbedingung in ihrer Ganzheit zu erkennen.«

Das ist auch die Grundlage meiner Enquete. Sie ist auf ihre Art eine wahre Erzählung (wir haben diese Vorgangsweise jeder anderen vorgezogen). Diese Enquete habe ich als Sonderberichterstatter auch mehr gefühlt und mitgelebt als jede andere. Hätte ich Ähnliches in der Stadt versucht, um den Vorhang über der »Luxuswüste« zu heben, hätte man mich wahrscheinlich abgewiesen.

Die Bauern auf den Südtiroler Berghöfen haben uns – mich und den Bildreporter Flavio Faganello – mit familiärer Gastfreundlichkeit empfangen. Keiner hat sich je geweigert, auf meine Fragen zu antworten, auch wenn diese noch so sonderbar, intim, neugierig, veristisch und indiskret waren.

Wir haben versucht, ihren Optimismus und ihren Pessimismus zu teilen. Was daraus hervorgegangen ist, ist auf menschlicher Ebene wohl außerordentlich positiv. Oft ist es mir geschehen, dass ich mir angesichts ihrer bekümmerten Wünsche, ihrer Ängste und Enttäuschungen ausgehöhlt und ohnmächtig vorkam. Doch was kann ein Journalist anderes tun, als das, was er gesehen, gehört und gefühlt hat, dem gedruckten Papier anzuvertrauen!

Die Sorge, dass die Berge verlassen werden, dass die Umwelt dadurch eine Abwertung erfahren wird, vor der sie der Mensch durch seine jahrhundertelange Arbeit bewahrt hat, ist mehr als begründet. Das Problem liegt daher, wennschon, in der Art und Weise, wie man diesen Menschen helfen kann, würdig zu leben, wie man sie in die Lage versetzen kann, auch etwas von dem zu bekommen, was die weniger benachteilte Gesellschaft besitzt.

Ich muss hinzufügen, dass Flavio Faganello und ich den Winter gewählt haben (wir taten dies übrigens auch bei unserer Enquete über die aussterbenden Trentiner Bergdörfer: »Solo il vento bussa alla porta« – Nur der Wind klopft an die Tür), um die wirkliche Isolierung und die damit verbundenen Gefahren besser und unmittelbarer erleben zu können.

Auch aus diesem Grunde haben wir nie eine einmal getroffene Verabredung mit den Höfen versäumt, so schlecht das Wetter auch gewesen sein mag.

Im Übrigen verweise ich den Leser auf die Einleitung »Die Gründe für diese Enquete«.

Aldo Gorfer

Die Gründe für diese Enquete

Bozen, 21. November 1971

Wir beginnen heute mit der Veröffentlichung einer Reihe von Berichten über die Bergbauernhöfe in Südtirol. Es handelt sich in der Regel um so genannte geschlossene Höfe, die Erbhöfe, ein musterhaftes Zeugnis mittelalterlicher, germanischer Besiedlung in hochgelegenen Gebieten, wo das Eigentum ungeteilt vom Vater auf den Sohn übergeht. Grundlage dafür bietet das Theresianische Gesetz aus dem 18. Jahrhundert, mit dem das alte germanische Recht zum Kodex erhoben wurde. Außer der Abgelegenheit, der Selbstgenügsamkeit, der Verlassenheit, der Armut, der wirtschaftlichen Schwäche und Subkultur spielt hier auch ein typisch menschlicher Faktor, nämlich der Ausschluss der »nicht privilegierten« Söhne, eine wesentliche Rolle.
Wir haben für unsere Enquete nicht rein zufällig solche Höfe ausgewählt, die man nur zu Fuß erreichen kann, und ebenso haben wir nicht zufällig den Winter genommen. Wir wollten aus nächster Nähe die Kontraste zwischen dem Überfluss der bürgerlichen Gesellschaft in den Städten und der »naturalistischen« Lebensweise auf den Höfen begreifen lernen.
Wir haben weiters einen Mittelweg zwischen journalistischer Untersuchung, Erzählung und Reisetagebuch gewählt und damit die Verpflichtung übernommen, unserer Reportage Wirklichkeitstreue und der Beschreibung Kontinuität zu geben, auch wenn uns die Gefühle manches Mal ein wenig durchgegangen sind. Wir bekamen beeindruckende Erzählungen von den Menschen und über die Menschen. Das dokumentieren auch die Bilder von Flavio Faganello.
Es ist wohl verständlich, dass wir nur einige Fälle aufgreifen konnten, und vielleicht waren es gar nicht die verzweifeltesten und dramatischsten. Denn es gibt in Südtirol rund fünftausend abgelegene Höfe, die nur zu Fuß oder über rudimentäre Seilbahnen erreichbar sind. Auf ihnen wohnen rund zwanzigtausend Menschen, fast so viele wie in der Stadt Meran.

Schwierigkeiten gab es genug: die Sprache, das Misstrauen, der verschlossene Charakter der Leute, die Jahreszeit, die schwierigen Wege, schwierig für den, der sie nicht kennt (manchmal auch für den, der sie kennt), das oftmals nicht rechtzeitige Erkennen der menschlichen Probleme und anderes mehr.
Wir haben versucht, die Mauer der Unsicherheit und des Verdachts gegenüber unseren Fragen abzubauen, unsere Fragen waren von einer Art, wie sie diesen Leuten vielleicht noch nie gestellt worden sind und das von Personen, die sie nicht kannten, die unerwartet zu ihnen kamen und nicht einmal ihre Sprache sprachen.
Manchmal erschien uns diese Enquete ein verzweifeltes Unternehmen und der Mut wollte uns verlassen. Es gelang uns nicht immer, den Menschen richtig in seine Umwelt hineinzustellen, obwohl er dort durch viele Generationen hindurch gehandelt und sich weitergebracht hat. Es überkam uns auch der Zweifel, ob wir nicht ihren Ansichten Gewalt antun und ein Standardbild, ein verzerrtes Bild der Wirklichkeit weiterleiten würden.
Wir haben es mit Absicht vermieden, in Folklore und gescheiter Geschichte zu machen, Südtirol als eine Ansichtskarte mit schönen Trachtenmädchen, Schlössern, Musikkapellen, Geranien auf den Fensterbrettern und mit seinen Dolomiten zu schildern.
Denn das ist nicht das Wesen der Berghöfe, die oft fast 1900 Meter und höher gelegen sind. Wir haben deshalb auch nur selten in den Büchern oder bei gelehrten Leuten nach Legenden und Geschichte gesucht.
Was wir erzählen, ist uns von den Hauptdarstellern in erster Person gesagt worden. Wir wollten ihre Phantasie, ihre Anpassungsfähigkeit und ihre Gläubigkeit ermessen. Denn die Gefahr war gegeben, auf der »Autobahn des Mythos« dahinzufahren, aber auch jene, diese Mythen zu zerstören und an ihrer Stelle andere, entgegengesetzte, zu schaffen.
Uns interessierte das Leben des Menschen in seiner verwurzelten Tradition, das Leben der Ausgestoßenen, der Horizont eines landwirtschaftlichen Unterproletariats.
Wir müssen hinzufügen, dass uns einige Südtiroler an die Hand gegangen sind: Sie haben uns begleitet, sie haben gedolmetscht, sie sind uns zu lieben Freunden geworden. Wir haben uns gegenseitig verstanden, wir haben zusammen Tage der Bitternis und Tage der Hoffnung gelebt.

Hüter der Bescheidenheit

Überlegungen zum fünfzigjährigen Jubiläum des Erscheinens der ersten italienischen Auflage im Februar 1973

Er sollte sie in Ruhe lassen, rieten ihm manche. Er sollte das heile Glück der dort von den städtischen Luxuswüsten noch unbedarften Welt nicht stören. Doch er wollte hinauf, versäumte nicht eine einmal getroffene Verabredung, auch wenn das Wetter noch so widerlich war und die Schneekristalle vom Wind durch die Luft gefegt wurden wie die Schrotkörner einer Doppelflinte. Er fürchtete, sie würden nicht mehr lange bleiben, sie würden nicht mehr widerstehen in dieser Welt des Mangels, ausharren in diesem Hochland an Gefahren. Er wollte notieren, dokumentieren, über Leben schreiben, die ihn demütig und ohnmächtig machten.

Aus Ehrerbietung denen gegenüber, die seit Generationen in der Abgeschiedenheit die Felder bestellten, die ihr Vieh über Stock und Stein zum Berggrün trieben, das damals karger blühte und viel kürzer wuchs als heute, die bei Blitz und Donner und durchnässt nicht eher ruhten, bis sie jedes Vieh vor Schaden behütet hatten, die ihre Kinder mit einem Kreuzzeichen auf der Stirn über lawinengefährdete Hänge in die Schule empfohlen, die im Winter die Fenster der Stube mit Moos abdichteten und die Toten in einer Bahre unter Dach einfroren, bis das Wetter es erlaubte, sie auf der Trage ins Tal zu tragen, die sie sich manchmal auf den Rücken banden, wenn der Weg zu steil war, die unter steifharten Decken auf Heusäcken unter mit Steinen beschwerten Schindeln schliefen, durch die die Sterne flimmerten und Schneeflocken fielen, war der 1921 geborene und 1996 verstorbene Journalist Aldo Gorfer mit dem Fotografen Flavio Faganello bewusst in der Winterszeit zu den Erben der Einsamkeit aufgebrochen, wenn auch stets mit ortskundigen Begleitern, zu Fuß. Als die Winter noch schneereich waren und nicht so warm wie heute. Als es noch keine Straßen gab. Zum damals abgelegensten Hof, Kofler zwischen den Wänden, in Ahornach kam sie im April 2000.

In seinem Vorwort – vom 22. Januar 1973 – schreibt Aldo Gorfer von seiner Angst, Mythen abzubauen oder gar neue zu schaffen. Fünfzig Jahre danach hat sich im Leben dieser Menschen mehr geändert als in den fünfhundert Jahren zuvor. Nicht nur am Berg ist es so, auch in den Tälern. Fünfzig Jahre danach hat sich herausgestellt, dass seine Sorge begründet war, oder auch wieder nicht. Manche der damals fünftausend abgelegenen Höfe sind verlassen worden, abgebrannt, zu Ruinen verfallen. Allein die Wiesen werden noch gemäht, aber auch das nicht immer. Für viele – wenn auch nicht für die einundzwanzig von ihm Porträtierten – kam die Straße zu spät. Auf anderen aber wohnen Eltern mit Kindern, tragen ihr Kreuz ergeben und bewusst, tragen es als bescheidenes Lebensmodell und würden niemals tauschen. »Als Bergbauer bin ich immer frei«, hatte damals Anton vom Karmannhof gesagt. Sie haben sich bewahrt, wonach andere sich sehnen. Arbeiten müssten die Menschen unten auch, sagen sie. Arbeiten müssten sie unten und oben. Hier heroben aber wird die Zeit noch nicht gestohlen. Hier sind sie bei den Kindern, auch wenn diese früh schon helfen müssen. Hier heroben ist der Winter schön. Denn im Sommer ist die Arbeit noch härter. Auch wenn die Kühe auf der Alm sind. Auch wenn die Hüter der Steillagen mit einem Traktor Gülle und Mist hochfahren, und nicht mehr mit einem Karren, festgebunden an den Schultern. Doch die Felder sind zu mähen, damals waren sie zu zehnt und mehr, heute sind sie alleine, zu zweit, vielleicht zu dritt. Und nicht nur die eigenen Wiesen. Auch die der Hoferben, die im Tal wohnen. Und die des Städters, der den Hof dort drüben gekauft hat, als Sommerfrischhaus und für Gäste. Auch jene der aus Deutschland stammenden Unternehmerfamilie, die das alte Wohngebäude abgerissen und ein neues aufgestellt hat, einem Atombunker gleich, so wie die Leute hier sagen.

Und an manchen Mähdern geht's nach wie vor nur mit der Sense. Mit der Seilwinde und dem Handwerksgerät wie eh und je.

Wer die Einsamkeit hier gewohnt ist, entwickelt schon auch einen eigenen Kopf, und es wird nie mehr einfach sein, sich an eine Beziehung zu gewöhnen, erzählte einer der von Gorfer Porträtierten vor zwanzig Jahren. Heute ist diese Einsamkeit eine andere. Kaum eine Familie lebt von ihrer Bauernwirtschaft, täglich fahren sie für Besorgungen und zur Arbeit ins Tal. Die strikte Trennung von oben und unten, Natur und Kultur ist aufgehoben.

Aldo Gorfer wollte niederschreiben, festhalten, mit jedem, der ins Tal zog, mit jedem, der hier starb, würde sich ein Vergessen ausbreiten, wie Schwarzbeeren, Sträucher und Wälder über Abhänge und Wiesen, wenn sie nicht mehr gemäht werden, wenn Schafe und Ziegen sie nicht mehr weiden. Er hatte recht, historisches Wissen wäre verloren gegangen. Gesichter, die der Fotograf Flavio Faganello mit seiner Kamera festhielt, scheint es heute nicht mehr zu geben, skeptisch blickende Augen in tiefen Höhlen, Wangenknochen von dünner Haut überspannt, die Pfeife im Mund, die Jacke, x-mal gestopft.

Fast nie zeigen seine Fotografien lachende Menschen, auch die Jungen scheinen sonderlich gealtert. Lächeln bedeutet Nähe, ist Offenheit. Diese Menschen waren das nicht gewohnt. Sie waren unnahbar, trotz der Gastlichkeit, die sie den zwei italienisch sprechenden Reportern gegenüber erwiesen. Sie blieben distanziert, auch wenn sie Vertrauen fassten und von ihrem Alltag erzählten. Weil sie es anders nicht gelernt hatten. Weil sie wenig unter Leuten waren, außer am Sonntag, wenn es in die Kirche ging. Und manchmal ins Gasthaus. Weil sie nur den Glauben hatten und auch den nicht immer, weil sie sich nur einem anvertrauten: dem Schicksal.
»In der Stube wird gegessen, geruht, in der Stube kommt die Familie zusammen, wird gewacht und gebetet, wird genäht, geliebt, gestritten, geschlafen, gestorben, Radio gehört.« Früher sind sie manchmal beieinandergesessen und haben getanzt, gesungen, musiziert. Einer hat sich das Akkordeon umgeschnallt oder die Mundharmonika aus dem Hosensack gezogen. Bis der Pfarrer das Tanzen verbot.
Vieles liest sich heute in dem 1975 erstmals in deutscher Sprache erschienenen Buch wie eine Hinterlassenschaft aus einer Zeit, die noch viel länger vergangen ist. Als Ergebenheit, Demut und Bescheidenheit Werte waren. Die Sorge der Alten, jeden Abend, bis nicht im Stall alles recht war, die Kühe gemolken waren, gefressen und getrunken hatten, die Kinder, die Knechte und der Bauer auf den Hof zurückgekehrt und den Rosenkranz gebetet haben. Die Ohnmacht der Jungen, die den Hof übernehmen sollten, die Eltern pflegen und keine Frau fanden, die bereit gewesen wäre heraufzuziehen. Die Tränen der Mütter, die nächtelang an den Betten der Kinder saßen, die im Fieber glühten, der Großmütter, die auf den nassen Windeln schliefen, um am nächsten Morgen trockene für den Säugling zu haben. Die eine Kuh schlachten mussten, weil der Tierarzt zu spät kam. Die zusammenhielten, wenn das Feuer ausbrach, wenn es galt, Brot zu backen, um wieder Vorrat zu haben für die nächsten Wochen. Die auf der Seilbahnkiste ins Dorf fuhren, die nicht weniger gefährlich war als der steile Abstieg über Lawinenhänge und durch Geröll und Eis.
Stumm waren Frauen damals über erlittenes Leid und getragene Not, waren Söhne, die keine Braut heimführten, weil die Mutter die Küche bewachte, der Vater den Hof nicht überschrieb, aus Angst auf dem eigenen Hab und Gut zu verdarben, als es noch wenig Verständnis und Zeit für schwache und zahnlose Alte gab. Verstummt waren Ehefrauen, die möglichst lange den Rock eng banden, weil die

Schwiegermutter bös schaute, weil sie schon wieder unkeusch und schwanger war und weil sie doch schwanger war, da sie die Pflicht erfüllt hatte, da Kinder Weiterleben waren und der Pfarrer auf der Kanzel mit Höllenpein und Verderbnis drohte.

Es war keine heile Welt, die Aldo Gorfer beschrieb, die Einsamkeit, die langen Winter, die harte Arbeit, das entbehrungsreiche Leben, das war nicht Postkartenromantik. Und es ist ihm gelungen eine »Enquete« zu schreiben, so nennt er das Buch in seinem Vorwort, ohne das Leben derer zu verklären, über die er schrieb, ohne ihnen Würde und Ernsthaftigkeit zu nehmen. Er hat notiert, er hat berichtet, er hat den Mittelweg gefunden zwischen »journalistischer Untersuchung, Erzählung und Reise-Tagebuch«, den er suchte. Er hat nicht vorgesetzt, was Leserinnen und Leser denken sollten, er hat Lebensbedingungen geschildert, die ein Denken provozieren, deren Botschaft zeitlos bleibt, die heute angerufen wird wie ein Stoßgebet, weil sie mit dem tagtäglichen Tun kaum mehr zu verhandeln ist: Man war arm und trotzdem zufrieden. Vielleicht war man zufrieden, da arm. Da der Nachbar dort drüben auf der Felskante genauso nichts hatte und auch jener am Berghang, an der Schattenseite des Tales manche Erdäpfel im Acker für die nächste Aussaat vergrub, um sie in Sicherheit zu wissen, um sie nicht zu verkochen, wenn der Hunger Gast in der Stube war. Das macht dieses Buch zu einem Klassiker, der Autor verzichtete darauf zu vergleichen, Gegensätze aufzuzeigen und schwarz-weiß zu malen, er hat es geschafft, mit den Texten Bilder zu vermitteln, die – einmal eingeprägt – nie mehr verloren gehen. Man war arm und zufrieden. Wie gerne würde man so denken können. »In der Tatsache, dass wir hierbleiben, liegt schon ein Sinn. Das hier ist unser Kreuz. Auch jene, die in der Stadt leben, haben ihr Kreuz zu tragen«, sagte Rudolf vom Plankhof vor fünfzig Jahren. Was damals für Aldo Gorfer »zugleich ergeben und fatalistisch klang«, ist brandheiß. Was ihm die Erben der Einsamkeit erzählten, sind Darstellungen einer Welt, die es so nicht mehr gibt. Zugleich sind sie gegenwärtig und zeitgemäß. Lebensweisheiten stecken darin, die sich in modischen Büchern nur über Umwege erschließen lassen. Annehmen, loslassen, was nicht sein muss, glücklich sein.

Auf jedem der Höfe befindet sich eine Ausgabe des Buches, in manchen sogar die Erstausgabe, mit einer Widmung des Autors. Die Erben der Erben der Einsamkeit ziehen das Exemplar aus dem Regal, das Hellblau des Buchrückens ist meistens vergilbt. Sie blättern darin und werden still, so wie damals, vor fünfzig Jahren einer der Reisebegleiter, Sepp, zu flüstern begann, »als befänden wir uns in einer riesigen Kathedrale«, in einem dieser Häuser, »sind siebzehn Kinder zur Welt gekommen«. Die Straßen haben Nähe gebracht. Auf dem Asphalt sind zugleich Bräuche geflohen, die die Fäden des Lebens gehalten hatten. Keine am Palmsonntag geweihten Kränze schmücken mehr die Schlagadern eines Besitzes, keine Großmutter wirft mehr am Rosenkranz-Sonntag gesammelte Zweige ins Ofenfeuer, wenn draußen ein Unwetter tobt. Und trotzdem: Es ist nicht traurig. Wer heute hier heroben wohnt, tut es nicht aus reiner Pflicht. Wer hier wohnt, tut es aus Respekt. Weil sie, weil er will. Es ist ein Lebensentwurf.

Das Sprechen, das ihre Vorfahren nicht gelernt hatten, weil die Höfe weit auseinanderlagen und Zwischenmenschliches beschränkt möglich war, weil Einsamkeit viele Facetten hatte, nicht nur Ausgeliefertsein und Alleinsein, weil es auch Eingesperrtsein war in unendlicher Weitheit, weil es auch Zwang war in Freiheit, ist heute keine Klemme mehr. Sie wissen, manches war gut. Anderes nicht. Heil war es damals nicht und ist es nicht heute. Einsam sind auch Menschen im Tal und in der Stadt. In der Stadt, wo es so viele andere gäbe zum Reden, zum Teilen, schmerzt sie mitunter noch mehr.

Heute können sie gehen und am Abend wiederkehren. Natürlich, heute müssen sie gehen, müssen vielfach am Morgen ins Tal, um heroben zu überleben. Der Abend belohnt sie mit Rückzug, Fernsicht und Stille.

Sie wissen. Mit der Materialseilbahn schicken sie die verbeulten Milchkannen ins Tal und wissen, es ist wichtig, was sie tun, und richtig, wie sie es tun. Auch wenn der Rhythmus vorgibt, Stallarbeit, Nebenverdienst im Tal oder, besser Hauptverdienst, Feldarbeit, Holzarbeit, Kochen, Holzarbeit, Feldarbeit, Stall, so ist jeder Wochentag auch ein Pausentag, bietet Freiheiten und frische Luft.

Das Verständnis ist ein anderes geworden. Das Kreuz ist nicht mehr das ergebene Kreuz von einst. Wer will, kann auf der immer breiter werdenden Straße abwärtsfahren. Wer will, der kann gehen. Und wiederkommen. Das hat das Bleiben so ursprünglich, so schön gemacht.

Einundzwanzig Höfe haben der Autor und Fotograf zwischen November 1971 und April 1972 besucht. Sie sind abgeschieden geblieben. Wie viele andere auch, trotz der Straße. Vereinsamt sind die Kinder und Enkel der Erben, die Hüter der Berghöfe, nicht. Auch wenn manch einer aufgibt, manch einer lieber ins Tal zog, keine Partnerin, keinen Partner fand, die heraufgekommen wäre: Hier zu wohnen, ist ein Privileg. Als Aldo Gorfer sich sorgte, dass die Berge verlassen werden, hat er sich – Gott sei Dank – getäuscht. Manche fortgezogenen Erben sind wieder zurückgekehrt. Von den einundzwanzig Höfen, die die zwei besucht hatten, sind nur zwei verlassen. Zwei einst an aus Deutschland stammende Personen veräußerte Höfe wurden von Verwandten der Erben wieder zurückgekauft. Es ist weitergegangen, weil wer dieses Erbe in sich trägt, es weiterhin annimmt als Auftrag, Aufgabe und Geschenk. Weil Veränderung die Tatsache ist und der Weg. Nicht immer war es einfach und frei von Konflikten, nicht immer haben die Erben es geschafft, in Frieden zu teilen, manche sind gescheitert, vereinzelte haben den Freitod gewählt, doch das sind persönliche Dramen, sind Tragödien und Familiengeschichten, wie sie überall zu finden sind, genauso wie in Tallagen und in Städten. Wie es weitergegangen ist, wer nun hier lebt, wurde für diese Jubiläumsausgabe des Buches neu recherchiert und ist in überarbeiteten Fußnoten nachzulesen. Sie sind zugleich eine Aussage: Auch wenn die Einsamkeit eine andere ist, die natürliche Freiheit und der Zwang zur Freiheit heute neu betrachtet werden, das Geborgen-, Verfangen- und Verletztsein Dimensionen annahmen, die im globalen Umfeld zu betrachten und nicht mehr im kleinen Privaten gelöst werden können, auch wenn die Milchwirtschaft Regeln und Gesetze erfordert, die die Bäurinnen und Bauern vor immer neue Herausforderungen stellt, werden die Bauern auf den Südtiroler Berghöfen bleiben. Es braucht sie für die Biodiversität, die Pflege der Landschaft, die Produktion hochwertiger Lebensmittel, das Bewahren von Werten und Vorstellungen, die mitunter hinaufgeflüchtet scheinen, um sich hier heroben zu verschanzen. Warum sonst entscheiden sich immer mehr Menschen dazu, aus System und Konsum auszusteigen und hoch oben in der Abgeschiedenheit neu zu beginnen.

»Es ist eine beeindruckende Landschaft, Ergriffenheit packt den, der sie erlebt«, schrieb Aldo Gorfer vor fünfzig Jahren. Es ist heute nicht anders.

Astrid Kofler, im Frühjahr 2023

Auf den Grubhof führt heute eine breite, asphaltierte Straße. Es ist ein schmucker Hof mit Ferienwohnungen. Lebten damals zwölf Personen auf dem Grubhof, so sind es heute acht, Hermann Weithaler, erstgeborener Sohn des Hans und der Anna Weithaler, seine Frau Hedwig, der Sohn mit seiner Familie und die jüngste der drei Töchter. »Er ist ein charakteristischer Bergbauernhof, wie man sie in der Gemeinde Naturns im unteren Vinschgau findet. Er liegt auf 1475 Meter Meereshöhe, etwa zwei Wegstunden von Naturns entfernt, auf einem abschüssigen Kegel zwischen den tief in die Landschaft einschneidenden Tälern des Naturnser und des Lahnbaches«, schrieb Aldo Gorfer 1973. Von hier aus geht der Weg weiter hinauf zur Kirchbachspitze (3079 m) und führt dann hinunter ins Schnalstal.

Grubhof (Naturns), am 3. November 1971

Uns packte ein bestechendes Gefühl von Unwirklichkeit. Vor uns blickte der gekreuzigte Christus hinunter ins Tal, das Kreuz war mit Mörtel am Felsen befestigt. Der beschwerliche Weg führte weiter zum Schnatzhof, wo die menschliche Besiedelung aufhört. Dahinter beginnt die Felsenwelt des Schnatzer Legers, die Kirchbachspitze ragt kühn in den Himmel.
Der andere Weg führt sanft zu einer gelben Lichtung, auf der, von Zäunen umgeben, der Grubhof steht.
Man sieht das alles wie von einem Flugzeug aus. Tausend Meter unter uns lag das Tal, breit, melancholisch in seiner Vielfarbigkeit, mit den vielen engen Ortschaften auf den Ablagerungskegeln. Die Etsch windet sich zwischen den fast quadratisch geordneten Obstwiesen hindurch.
Der Kontrast zwischen dort unten und hier oben ist fast schwindelerregend. Man hätte den Eindruck, in die Einsamkeit des Alls einzutreten, wenn nicht ununterbrochen der geräuschvolle Atem des Lebens vom Wind heraufgetragen würde. Denn wenn wir dem Tal den Rücken kehren und hinaufblicken zum aufblitzenden Eisenkreuz auf der Kirchbachspitze, 3079 Meter hoch oben, ist alles nur Einsamkeit.

Das Bild zeigt einen abgelegenen Hof auf dem Naturnser Berg im unteren Vinschgau.

Und doch ist ein Bezugspunkt zwischen zwei Lebensweisen gegeben: Unten, tief unten im Vinschgau, das einem von hier oben aus gesehen wie eine Miniaturplastik erscheint, herrscht die andere Lebensweise. Sie äußert sich in Jukebox, Traktoren, Neonlichtern, Asphalt, Leuten, die sich kennen oder auch nicht kennen, aber auf jeden Fall einander begegnen. Die andere Lebensweise ist geprägt von fast mittelalterlicher Einsamkeit, sie ist ein zugleich bezauberndes und beunruhigendes Spiegelbild eines noch lebenden Mythos. Sie baut auf auf den Gedanken, dass »der Bauer der erste Sohn des Vaterlandes ist«.

Hier oben findet man den Menschen in der ganzen Weite der Natur, allein, wie auf einer magischen Leinwand. Er ist Held, Unterlegener, er ist arm, leidend und der Vergangenheit verhaftet. Die Grenze, die man ganz genau wahrnehmen kann, verläuft längs einem kahlen Geländestreifen, der die dicht bevölkerten Gemeinschaftssiedlungen zu Füßen der Berge von den besiedelten Bergterrassen trennt. Doch dieses Niemandsland ist eigentlich nur ein Symbol. Es wird von alten Wasserwaalen (im Vinschgau und im Burggrafenamt gibt es rund achthundert Kilometer Waale) und von einem Weg durchzogen und eine Reihe von Bildstöcken steht am Weg entlang.

Die eigentliche Trennungslinie ist nur in der Psyche zu finden. Sie ist wie das Pizzikato einer Geige in einem leeren Konzertsaal. Wer auf der Straße vorbeigeht, hört zwar den Ton, er weiß, dass jemand spielt, aber sein Gesicht kennt er nicht.

Mein guter Freund Peter murmelte diese Worte mit Bitterkeit, doch ohne Härte, als wir die gelbliche Lichtung erreichten. Seine Worte besagten mehr als eine lange Rede. Er zeigte hinunter auf den Meraner Talkessel, über dem unter der warmen Herbstsonne der Smog wie blauer Nebel lag. Er zeigte auf die Berge von »Meran 2000«, und ich dachte an den grausamen Greene'schen Begriff vom »erschreckenden Egoismus des Ausgeschlossenseins«. Dort der »Zauber der Eleganz«, hier die Selbstgenügsamkeit eines kleinen, ländlichen Bürgertums, das sich jetzt schnell und unaufhaltsam in ein landwirtschaftliches Unterproletariat verwandelt und immer mehr an den Rand gedrängt wird.

Der Grubhof erweckt den Eindruck eines Patriarchates, das verloren gegangen zu sein scheint ...

Und doch hat man vom Grubhof den Eindruck, als stünde man vor einem Patriarchat, dessen Figur verloren gegangen zu sein scheint. Wir machten das Holzgatter auf und betraten den Weg, der über die weichen, grasbewachsenen Hänge führt. Und es war uns, als hätten wir die auf uns lastenden Nöte abgeworfen, um in eine Welt einzutreten, in der es keine Zeit gibt, dafür aber viele kleine Dinge und kleine Aufregungen, die einen tiefen Eindruck hinterlassen.
Zuerst begegneten wir Kranz. Der Hof lag vor uns im Grünen, die Felsen des Kleinen Jöchls bildeten einen scharfen Kontrast dazu. Kranz kam die Wiese herunter und bellte wütend. Dann wartete er, bis der Wasserstrahl der Beregung Richtung änderte und fing wieder zu bellen an, doch nicht mit jener Wut, die Hunde haben, wenn sie die Bosheit der Menschen kennengelernt haben. Peter rief ihm mehrere Worte zu, und Kranz, der Bernhardiner, empfand sie offenbar als einen Akt der Höflichkeit, denn er machte kehrt und lief zum Hof zurück. Dort warteten unsere beiden Reisegefährten bereits auf uns. Sie waren schon vorher mit der Seilbahn heraufgefahren. Sie riefen uns zu, dass Kranz ein recht gebildeter Hund sei.
Dem stimmte Peter bei. »Auf den Berghöfen ist der Hund König«, sagte er. »Er ist frei und ein Mitglied der Gemeinschaft. Daher ist er auch so aufmerksam und zutraulich.«
Doch dann hielt er unvermittelt an. Auf dem Söller des Hauses sah er an einem Pfosten einige Wolltücher hängen. Mir schienen es sonderbare schwarze Fahnen zu sein. In Wirklichkeit waren es zum Trocknen aufgehängte Lumpen.
»Heute backen sie Brot«, sagte er. »Man sollte sie dabei nicht stören, denn beim Brotbacken geht es in der ganzen Familie drunter und drüber. Auf einem Hof ist das Brotbacken ein wichtiges Ereignis, eine Zeremonie, die ja bedeutet, dass man wieder für einige Monate zum Leben hat.«
Mit den Lumpen hatten sie den großen Backofen von der Asche gereinigt, die das die ganze Nacht durch brennende Feuer verursacht hatte.
Peter befürchtete, unser Besuch könnte die Leute auf dem Hof stören. Und das würde bedeuten, dass wir die zwei Stunden beschwerlichen Aufstieges auf dem gefährlichen Weg von Naturns herauf umsonst gemacht hätten. Mit anderen Worten: dass der Bauer und seine Angehörigen aus Zeitmangel nicht mit uns sprechen würden und wir das Milieu, in dem sie lebten, nicht kennenlernen würden. Peters

Rücksichtnahme, für uns vielleicht nicht ganz verständlich, ist erklärbar, wenn man bedenkt, dass er selbst auf einem Bergbauernhof geboren und aufgewachsen ist. »Der gegorene Teig«, sagte er in seiner phantasievollen Tiroler Sprechweise, »ist wie ein kleines Kind: Man darf ihn nie aus den Augen lassen.«

Es kam dann alles anders. Ich hatte eben noch Zeit, das Bild dieses Hofes, dieser einsamen Gemeinschaft, in mich aufzunehmen. Um leben zu können, ist diese Menschengemeinschaft auf ein Stück Erde angewiesen, das vergangene Generationen dem Wald oder dem Heideland abgerungen hatten.

Die gesamte Bauersfamilie hatte sich in der Zwischenzeit auf dem Treppenabsatz am Hauseingang versammelt. Kranz stand in der ersten Reihe. Sie warteten auf uns, neugierig und überrascht.

Jedes Mal, wenn ich zu einem einsamen Südtiroler Berghof kam, hat mich dieses Gefühl beschlichen, das Gefühl, plötzlich eine Mauer des Misstrauens vor mir zu haben, die Angst, etwas zu zerstören oder schlecht zu begreifen, einen Mythos zu schaffen oder bestehende Mythen zu zerstören.

Aber der Kontakt zu den Menschen war niemals unfruchtbar. Es gibt sich ganz einfach. Man entdeckt das alteingesessene Gesetz der Gastlichkeit und den natürlichen Drang dieser Menschen, neue Gesichter zu sehen.

Der Grubhof steht auf einem Hang und ist mit seiner weißen Fassade der Mittagssonne entgegengerichtet. Wenn man ihn von den darüber liegenden verlassenen, terrassenförmig angeordneten Feldern, die zu einem anderen Hof gehörten, in den Blick bekommt, entsteht der Eindruck, als wäre er in die Falten des Berges hineingequetscht. Die beiden breiten Dachflügel, mit steinbeschwerten schwarzen Schindeln gedeckt, finden ihre Fortsetzung im Dach des daneben gelegenen Schafstalles (Schofstoll) und des Viehstalles (Stoll). Sie sehen aus wie ausgebreitete Rabenflügel.

An der Ecke steht ein Kruzifix unter einem anmutigen, kleinen, dreieckigen Dach. Das Kreuz wurde 1949 aufgestellt, zugleich mit jenem auf der gelblichen Lichtung, durch die wir gekommen waren. Der Steig wird zum gepflasterten Weg, die Steine glänzen. Tiere und Menschen sind darüber hinweggegangen. In seiner Kürze hat er fast die Fröhlichkeit eines Dorfweges. Dann ist da der Schuppen für den Seilbahnmotor, das große Wohnhaus, die zwei Ställe, der Hofplatz mit dem Brunnen. Das ist alles. Dahinter wird der Weg wieder zum

Das Backen des Roggenbrotes im Küchen-Backofen gehört wesentlich zur Selbstgenügsamkeit des Hofes.

Steig und führt durch ein Gatter und zwischen dem zu beiden Seiten verlaufenden Zaun hinunter ins tiefe Trogltal.
Auf den Hängen erblickt man die Sonnenberghöfe Gallmein, Pichele, Innerforch und Unterstell bis dorthin, wo der Bergrücken eine Biegung macht und der Horizont sich weitet. Dahinter beginnt das schöne, aber wilde Schnalstal.
Auf dem Grubhof gibt es kein elektrisches Licht. Die Höfe Unterstell und Innerforch haben eigene kleine Elektrowerke eingerichtet. Die Seilbahnen aber werden hie wie dort mit Dieselmotoren betrieben.
Als wir ankamen, rief uns einer der kleinen Buben des Bauern ein »Ciao« entgegen. Auf dem Schafstall sind große Bockshörner angenagelt. Josef, der Bruder des Bauern, den der ungewohnte Lärm aus dem Stall hervorgelockt hatte, sagte, er hätte einige dieser gewaltigen Exemplare noch lebend gesehen. »So hoch waren sie«, sagt er und zeigt auf den Zaun bei den Eschen, »und wild waren sie wie Stiere.«
Der Hof bietet den einfachen, aber freundlichen Anblick, wie ihn die landwirtschaftlichen Ansitze, die ihre traditionelle Selbstgenügsamkeit noch nicht zur Gänze eingebüßt haben, in Tirols Bergen aufweisen: Fenster mit tiefen Leibungen, großer Holzgiebel, reichlich verziert von fleißigen Handwerkern. In einen Balken ist in Großbuchstaben der Name der Leute eingraviert, die den Hof 1747 erbaut haben, dann noch ein zweites Mal in die Mauer neben dem Stubenfenster: Jos. Rotmm 1748.
Der Bauer bemerkt dazu, dass der Hof als vererbbare, landwirtschaftliche, ständig bewohnte Einheit viel, viel älter sei. Er reicht zurück bis ins 14. Jahrhundert, vielleicht noch weiter. Das neue Wohnhaus ist nichts anderes als eine Weiterentwicklung, eine »Verbesserung« des alten, nicht mehr den Erfordernissen entsprechenden Gebäudes, das jetzt zum Schafstall »degradiert« worden ist. In der Tat weist das Wohngebäude, halb aus Stein, halb aus Holz, in verschiedenen Teilen Züge dieser »Veredelung« auf, darunter in den Hell-dunkel-Verzierungen rund um die Fenster und im Torbogen.
Wenn man der Geschichte eines Vinschgauer Berghofes nachgeht, erfährt man, dass das Entstehen bis ins Mittelalter zurückreicht, als auch die höher gelegenen Gebiete gerodet wurden. Die menschliche Besiedlung erfolgte in einem langen Wechsel der Generationen, die damals wie heute der Erde das Lebensnotwendige abrangen: Hier handelt es sich um einen zwischen zwei tief eingeschnittenen Tälern gelegenen Kegel auf rund 1500 Meter Höhe.

Dass der Besitz als Ganzes erhalten geblieben und nicht aufgesplittert worden ist, mit all den nachteiligen Folgen, von denen zum Beispiel eine die Verödung wäre (weil die vielen Mäuler nicht mehr gestopft werden können, geht man weg), ist dem Erbhofgesetz oder Gesetz über den »geschlossenen Hof« zuzuschreiben. Diese Einrichtung beruht auf dem germanischen Brauch und wurde von Kaiserin Maria Theresia mit dem bekannten Erlass vom 11. August 1770 zur Norm erhoben.

Die strenge Erbfolge, eine dem lateinischen Recht unbekannte Einrichtung, entspringt einem Gewohnheitsrecht, das bis auf die germanische Besiedelung der Berggebiete zurückgeht. Eine Folge davon war die Entwicklung der menschlichen Streusiedlungen, deren einzelne Glieder mit der Gemeinschaft durch regelmäßige politische, wirtschaftliche und religiöse Bande verbunden waren.

Sie haben kein Recht auf Liebe

Grubhof (Naturns), am 3. November 1971

Der mittelalterliche Weg, der von Naturns zum Grubhof hinaufführt, wird Kirchweg genannt, weil er die Höfe mit der Kuratialkirche und natürlich auch mit dem Dorf verbindet. Dieser Kirchweg zeugt in beeindruckender Weise von den vielen Menschen, die im Verlaufe der Jahrhunderte darüber hinweggeschritten sind: Die in die Felsen eingehauenen Stufen oder auch die verschiedenen Raststellen mit dem Ausblick auf das Tal, die sich manchmal unter dem Schutz einer Gruppe von Lärchen oder kräftigen Eichen befinden, zeugen davon. Besonders aber die holzüberdachten Bildstöcke mit dem Kruzifix oder der Madonnenstatue in der Nische. Man sagt, dass jeder Berghof ein solches Bildstöckl hat, als frommer Weggeleiter für den Wanderer, aber noch mehr: als äußerer Ausdruck tiefer Frömmigkeit, eng verbunden mit dem Glauben und Wissen um die Feindlichkeit der Natur und die Härte des Lebens.

Weiters begegnet man Bildstöcken, die an plötzlichen Tod erinnern. Sie sind wie die Kreuze auf Gräbern von Soldaten, die auf fremder Erde gefallen sind. Wir verhalten den Schritt und lesen die fromme Beschreibung vom tragischen Tod des uns unbekannten Josef Pratzner, der 1904 im Wasserwaal ertrunken ist.

Die Toten werden in Tragbahren den schmalen Weg hinuntergetragen. Vier Träger lösen einander ab. Der Abstieg ist steil und der Weg so schwierig, dass der Tote manchmal in der Bahre fest- und diese auf den Rücken des Trägers gebunden werden muss.

Der Totenzug hält bei jedem Kruzifix an. Am Eingang der Kirche von Naturns wartet der Priester. Viele erinnern sich noch, wie vor nicht allzu langer Zeit die Toten auf eine Art Traggestell gebunden und unbedeckt bis zum unteren Ende des Weges getragen wurden. Dort warteten der Arzt und der Pfarrer – und die Bahre. Der Arzt untersuchte die Leiche und gab sie für die Beerdigung frei, der Pfarrer stand dabei, während die Leiche schnell in die Bahre gelegt und diese zugenagelt wurde.

Dieser Brauch war besonders beeindruckend, aber in keiner Weise makaber. Er versinnbildlichte in liebevoller Weise die Abschiednahme

Der Grubhof steht am Hang und richtet seine weiße Fassade der Mittagssonne entgegen.

vom irdischen Leben mitten in der freien Natur, unter den Augen der Gemeinschaft der Lebenden. Im Mittelalter war dieser Brauch weit verbreitet.

Die Wege, die die Höfe mit den Ortschaften verbinden, waren und sind von gleich großer Bedeutung wie heute die Seilbahnen (Bahndl). Und gleich wie die unwegsamen Steige im Winter bei Schnee, Eis und Lawinengefahr eine stete Bedrohung bergen, sind auch die Seilbahnen gefährlich. Es ist eines der vielen Abenteuer, das diese zur Einsamkeit verurteilten Menschen tagtäglich eingehen.

Der Mythos vom Berghof ist tief verwurzelt und wird von einer wohl wertvollen Tradition stets hochgehalten. Geht man aber diesem Mythos ohne Voreingenommenheit und mit Menschlichkeit auf den Grund, dann entdeckt man dahinter viel Leid, Entbehrung, Armut, sogar Ungerechtigkeit und Ausbeutung. In den Regionen mit lateinischer Tradition ist nur das Kulturland Privatbesitz, während Wälder und Wiesen der Gemeinschaft gehören. In Südtirol liegen die Dinge entgegengesetzt. Deshalb ist es oft schwer, diese Einstellung zu verstehen.

Der Begriff des Hofes in Südtirol geht über die lateinische Bedeutung von »mansio« hinaus. Hof bedeutet hier, dass jede Einheit aus Wiesen, Feldern, Wald, Kühen, Schweinen, Schafen, Ziegen, Bienenstand, Mühle, Backofen, Käserei, Wasserquellen und Bewässerungsgräben besteht.

Der Hof ist etwas Unabhängiges. Von auswärts braucht man nur Kaffee, Zucker, Salz, Tabak, Öl, den Tierarzt, den Arzt, Medizinen, den Priester, während die Außenwelt ihrerseits mit Steuerforderungen, bei Wahlen und bei der Einberufung der jungen Männer zum Militärdienst sich meldet.

Der Bauer ist eine Art Feudalherr. Bauer bedeutet nicht das, was wir unter dem Begriff »contadino« (Bauer als »Diener der Erde«, d. Ü.) verstehen, sondern »Herr der Erde«. So wie die Bäurin die »Herrin des Hauses« ist. Der Bauer ist der »privilegierte Erbe«, er hat das Ahnerbrecht. Er ist der Mann, dem der Vater den Besitz übergibt mit der Verpflichtung, diesen als Ganzes der nächsten Generation weiterzugeben. Seine Brüder können als Knechte auf dem Hof bleiben oder den Hof mit einer kleinen Erbschaft verlassen.

Aus dieser Sicht beinhaltet der Begriff Hof (nicht nur jener auf dem Berg) auch den althergebrachten Begriff der Burg. Während aber der Burgadel schon längst untergegangen ist, hat der landwirtschaftliche

Adel, der Bauernstand, standgehalten und die Tradition getreu fortgeführt, und das trotz der Erschütterungen, denen er ausgesetzt ist. Das alles mündet in das politische Ziel, eine ganz besondere Art von Südtiroler Heimat zu erhalten. Man muss sich fragen, ob das heute noch zeitgemäß ist.

Es schien mir angebracht, zu Beginn meiner Untersuchungen durch Angabe bestimmter Elemente jene Normen verständlich zu machen, die für den Betrieb des geschlossenen Hofes und für die charakteristische Besiedelung der Berggebiete notwendig sind. Die Symbiose von Milieu und Mensch legt hier Zeugnis ab vom menschlichen Umweltschutz, mit einer Klarheit und Eindeutigkeit, wie man sie kaum irgendwo anders finden kann.[1]

Zum Grubhof auf dem Naturnser Berg bin ich eigentlich nur durch Zufall gekommen, ich habe aber dort den echten Erbhof empfunden. Der Hof ist, wie übrigens auch die benachbarten Gehöfte, eine Oase inmitten der unfruchtbaren linken Vinschgauer Bergflanke.

Die Bewohner zeigten trotz aller Herzlichkeit eine gewisse Zurückhaltung, fassten allerdings nach dem ersten Misstrauen mehr Zutrauen, was angesichts eines solch impertinenten Eindringens von Journalisten, die dann auch noch wunderliche Fragen stellten, wohl begreiflich war. Aber gerade darin zeigten sie auch die Einfachheit ihres Lebens.

Es war ein wunderschöner Herbsttag. Die lange Trockenheit hatte die Getreide- und Kartoffelernte beeinträchtigt. Und doch habe ich keinen Unmut gefunden, sondern den Eindruck, dass man sich innerlich damit abgefunden hatte.

Der Bauer Hans, in Hemdsärmeln und breiten Hosenträgern, redete mit uns, während er mit einer langen Holzschaufel das Roggenbrot aus dem Backofen nahm. Aus der Stube reichten sie ihm durch eine Öffnung die ungebackenen Brotlaibe und er schob sie mit der Holzschaufel in den Backofen. Die große, rußgeschwärzte Küche glich einer prähistorischen Arbeitsstätte. Auf dem Herdfeuer kochte das Essen für die Familie und das Futter für die Tiere.

Alles war eingehüllt in penetrantem Geruch von Hefe, Mist, Rauch, Fett und Schafen. Die Bäurin Anna und die Kinder gingen ein und aus und trugen Brot und Holz.

Acht Kinder waren es, das kleinste, Frieda, noch in der Wiege. Anna erwartet ein weiteres Kind. Sie stammt vom Innerforchhof jenseits des Trogltals. Sie schien über unseren Besuch etwas verlegen und lächelte nur, so, als ob sie das alles nicht verstehen würde.
Auf dem Gang (Lab) befinden sich die Türen zu den Zimmern. Der Oberboden ist schwarz von jahrhundertealtem Ruß.
Die Stubentür ist die erste rechts. Die Stube ist der eigentliche Gemeinschaftsraum. Das Stubenfenster ist gegen die Sonne gerichtet. Die Stube ist zur Gänze mit Holz getäfelt. In der Mitte der verzierten Oberdecke kann man das Datum 1838 lesen. Der große Ofen, von einem Holzgestell umgeben (Ofenbrücke), auf dem man fein warm schlafen kann, befindet sich auf der einen Seite. In der Ecke neben dem Fenster steht ein Tisch. Er steht so, dass er die Südsonne voll empfangen kann. Darüber hängt zwischen Efeu das Kruzifix. Drum herum hängen Heiligenbilder und Familienerinnerungen.
An diesem Tag herrschte in der Stube großes Durcheinander. Sie war voller Bretter mit ungebackenen Brotlaiben. Adolf, der halbblinde Bruder des Bauern, schob die Bretter durch die Öffnung in der Wand, durch die normalerweise das Essen aus der Küche durchgereicht wird. Weiters befand sich in der Stube der große Zuber, in dem der Brotteig zubereitet wurde.
Schon am Tag vorher hatten sie mit der Arbeit begonnen. Dann waren sie um zwei Uhr früh aufgestanden, um den Backofen auf die richtige Temperatur aufzuheizen. Jetzt verstanden wir auch, warum Anna so verlegen war. Bei dem großen Durcheinander in der Stube konnte sie die Gäste nicht gebührend empfangen.
Da war auch ein Mädchen vom Rofenhof, das heraufgekommen war, um zu helfen. Brot wird nur zwei- oder dreimal im Jahr gebacken. Was jetzt gebacken wird, muss für den ganzen langen Winter reichen. Das Brot ist ja auch die Grundnahrung der Bauern.
Adolf war eher schweigsam. Er lachte verlegen. Dem blonden Mädchen hingegen machte das Reden Spaß. Ist sie verheiratet? Will sie heiraten? Hat sie einen Schatz? Hat sie geliebt? Vielleicht hat ihr noch nie jemand diese heiklen Fragen gestellt. Sie wehrt ab. Was heißt heiraten? Und wohin sollte sie gehen? Ins Dorf hinunter oder auf einen anderen Hof?

Endlich legte Josef die Verlegenheit und Teilnahmslosigkeit ab …

Inzwischen vergeht die Zeit, es wird Abend, Melancholie erwartet uns hinter jeder Biegung des Weges und in den langen einsamen Nächten.
Josef, der andere Bruder des Bauern, sagt uns, dass es unmöglich sei zu heiraten. »Wie und wo sollte ich leben?«, sagt er. Er war in ein Mädchen verliebt, aber auf ihrem Hof konnte er nicht bleiben. Er und Adolf, der Gefahr läuft zu erblinden, sind keine »bevorzugten Erben«. Sie arbeiten für den Bauern. Sie haben nur ihre Hände und ein Dach über dem Kopf. Zwei Brüder des verstorbenen Vaters leben in Naturns. Sie müssen vom Hof erhalten werden, weil das Testament es so festgelegt hatte. Sie bekommen jährlich einen Zentner Weizen, einen Zentner Gerste, einen Zentner Kartoffeln, anderthalb Zentner Roggen usw. Wenn infolge der Trockenheit die Ernte verloren geht, müssen sie die Lebensmittelvorräte kaufen.
Ich setzte mich auf den Rand des Brunnens, ein Holztrog. Kranz legte seinen Kopf in meinen Schoß und wollte, dass ich ihn streichelte. Wenn ich aufhörte, hob er den Kopf und leckte mir das Gesicht. Deshalb musste ich ihn streicheln oder meinen Kopf unter die Wasserrinne halten. Ich fragte Josef: »Wenn Sie eine Arbeit finden würden, würden Sie dann nach Naturns hinuntergehen?«
Josef: »Sofort.«
»Was macht ihr im Winter?«
»Wir arbeiten im Stall, dreschen das Korn, hacken Holz, machen Butter und Käse. Gegen sieben Uhr abends wird zu Abend gegessen. Dann lesen wir und plaudern. Um acht Uhr wird zu Bett gegangen. Und das jeden Tag. So ist es.«
»Fühlt ihr die Seele des Hofes? Ich meine, fühlt ihr in der Einsamkeit das Herumstreichen der vergangenen Generationen eurer Familie?«
Josef verstand nicht gleich, da fragte ich ihn:
»Seht ihr die Geister der Toten? Glaubt ihr an sie?«
»Das ist noch nie vorgekommen. In meinem Leben ist das nie passiert. Aber sie sagen, dass es vorkommt.«
»Aber Sie, glauben Sie daran?« – »Nicht viel.«
»Ja oder nein?«
»Mehr nein als ja.«
»Und die Bäurin Anna, glaubt sie daran?«
»Ja, weil die Leute vom Innerforchhof sie gesehen haben.«
Und jetzt endlich legt Josef die Verlegenheit und Teilnahmslosigkeit ab. Es brach aus ihm heraus und wurde die erste lange Rede, auf die

er sich einließ. Er wandte sich gegen die Eschen hin und wies auf das abgründige Tal unter uns, eine enge Schlucht zwischen den gelben Wiesen, in Richtung Platzwies und Kirchgraben. Ein Geigenspieler, der von Tabland heraufgekommen war, um im Hof zum Tanz aufzuspielen, war in den Abgrund gestürzt. Als sie ihn fanden, atmete er noch, aber er war schon ganz schwarz. Josef erinnert sich noch an das Jahr. Es war 1949.

In dieser Gegend hatten sie auch einen Geistlichen gesehen, der mit dem Allerheiligsten heraufgekommen war. Er gelangte bis oberhalb des Felsens, dann wurde er nicht mehr gesehen.

Dafür wurde er kurz oberhalb Naturns gesehen, wie er auf die Höfe zuging.

Ich fragte: »Wird auf den Höfen getanzt?«

Josef: »Manchmal schon. Aber der Pfarrer wollte es nicht.«

Neben uns befindet sich eine Reihe großer Steine und Baumstöcke. In einen war ein Dengelstock hineingetrieben, auf dem die Sensen geschärft werden. Das zeigt, wie wichtig die Wiesen für einen Hof sind.

Josef ging in den Stall, ein weites und massiges Gebäude. Die Grundmauern sind aus Stein gebaut, darauf der fast monumentale Heustadel aus Holz. Im Stall sind eine Menge Kühe und auch große Schweine. Von den Balken hängen welke Blumensträuße herunter. Es sind die Reste der Palmbesen, jener Kränze, die am Palmsonntag jeder Bauer auf den Hof bringt. Die Kränze werden zerteilt und die einzelnen Teile an den lebenswichtigsten Stellen des Besitzes niedergelegt, in den Ställen, auf den Feldern und im Haus.

Während der Ungewitter werden Kräuter verbrannt, die am 8. September und am 15. August in der Kirche geweiht worden sind. Die beiden Feiertage sind der Muttergottes (Rosenkranzsonntag und Maria Himmelfahrt) geweiht.

Ich fragte Josef: »Glaubt ihr an die segensreiche Wirkung dieser Symbole?«

Josef: »Ja, es ist immer so gewesen.«

Peter rief vom Balkon herunter. Dort oben, unter dem Dach, befindet sich die Schule. Die Kinder der benachbarten Höfe kommen dort zusammen. Gar einige Generationen haben dort Lesen und Schreiben gelernt und wie man ein Gebetbuch benutzt. Sechs Bänke sind da, die offenen Fenster gehen aufs Tal hinaus, am Eingang ist ein zweisprachiges Schild angebracht, und es erinnert an die

Bürokratie: »Während des Unterrichts dürfen die Lehrpersonen nicht gestört werden«, besagt es.

Mit der Seilbahn war ein Mann von Naturns heraufgekommen und hatte die Wände neu gestrichen. Dafür bekam er einen großen Teller mit Kraut und Schweinefleisch und ein halbes Liter Wein. Der Wein ist nur für die Gäste da und für die Festtage, aber auch für die Tage, an denen besonders hart gearbeitet werden muss, wie etwa beim Brotbacken.

»Am letzten Sonntag war Muttertag«, hatte Erika in das Tagebuch geschrieben, das ich auf einer Schulbank fand. »Ich habe schon lange darauf gewartet. Zum Muttertag habe ich der Mutter viele Sachen geschenkt. Ich habe ihr Vergissmeinnicht und Orangen geschenkt. Ich habe die Mutter sehr gern. Wenn ich krank bin, pflegt sie mich und macht mich gesund.«

Alfred übersetzt mir einen anderen Satz: »Wir sind mit der Seilbahn nach Naturns hinuntergefahren und mit dem Autobus nach Schnals. In Karthaus hat uns der Pfarrer die Kirche gezeigt, wo Jesus im Grabe liegt.«

Peter rief: »Für diese Leute liegt Christus noch im Grabe!«

Josef sagte, dass die Kinder nicht nach Naturns hinunter zur Mittelschule gehen können. »Wie sollte man das machen? Im Winter ist es gefährlich, und wir haben nicht genug Geld, um sie unten erhalten zu können. Abgesehen davon braucht es sie hier zur Arbeit.«

Der Kreis des Zwanges schließt sich. Das letzte Wort heißt immer: »Aber was will man machen? Unser Leben ist halt einmal so.«

Es gibt keine Lösung. Sie müssen sich dem Schicksal anvertrauen. Das Einzige, was bleibt, ist der Glaube. Dieser ist tief verwurzelt und mit vielen Symbolen verbunden. Am Sonntag geht man zur Kirche und trifft sich mit den Leuten. Die Frau hat die Kinder und die Arbeit.

»Habt ihr Angst?«, frage ich noch. »Wovor?«, wundern sie sich. »Zu uns herauf kommt niemand.«

Die Angst liegt in der Einsamkeit. Sie lässt die Menschen vorzeitig verwelken, sie lässt sie sonderlich gealtert erscheinen.

Josef oder Adolf kann man sich eigentlich auch in keinem anderen Ort vorstellen als dort, wo die Stube ist, das Brot, der Speck, der Hund, die Seilbahn. Denn sie können diese so genannte Freiheit nicht verlassen. Vielleicht würden sie in die Fabrik gehen, aber sie würden wieder zurückkehren. Jeden Tag wagen sie in der Seilbahn ihr Leben,

aber sie haben kein Recht auf Liebe. Es ist schwer, aus diesem Kreis mit seinem Zwang auszubrechen.
Hans, der Grubhofbauer, wollte uns zum Essen dabehalten. Aber wir glaubten, dass es nicht richtig sei, während des Brotbackens und bei all dem Durcheinander zu bleiben.
Wir ersuchten sie, mit der Seilbahn zum Rofen hinunterfahren zu dürfen. Ein Mädchen setzte die Seilbahn in Bewegung. Die zwölf Bewohner des Grubhofes standen oben auf der Stiege und grüßten uns. Kranz war wieder in der vordersten Reihe. Die Seilbahnkiste löste sich von der Wiese, machte einige Sprünge und schoss in die Tiefe.
Es war aufregend. Flavio sagte angstvoll: »Heute Nacht habe ich vom Tod geträumt. Er war blau gekleidet und hatte einen hässlichen roten Hut auf. Er ging durch mich hindurch.«
Tausend Meter unter uns war das Tal. Warum eigentlich sollte der Tod blau angezogen sein und einen hässlichen roten Hut tragen?

Die Diaspora des Linthofes

Der Linthof liegt rechtsseitig der Etsch am Nördersberg auf 850 Meter Höhe. Er ist in der Zwischenzeit an einen Bauern aus dem Burggrafenamt verkauft worden, er wird bewirtschaftet, bewohnt wird er nicht. Neun Kinder waren hier groß geworden, das letzte ist 1939 geboren, ein Jahr bevor der Vater starb. Schon damals, als Aldo Gorfer den Hof besuchte, wohnte nur mehr Josef dort, die acht Geschwister waren weggezogen, doch kamen sie oft, um ihm zu helfen, ihn zu bekochen, sich um ihn zu kümmern. Bereits in den 1970er-Jahren führte eine Straße nahe am Linthof vorbei, so dass das Dorf Naturns, zu Fuß rund eine Stunde entfernt, gut erreichbar war. Josef Gapp ist ledig geblieben, 2005 im Alter von vierundsiebzig Jahren bei der Arbeit tödlich verunglückt.

Linthof (Naturns), am 3. November 1971

Auf dem Linthof trafen wir den Bauern nicht an. Er war ins Tal hinuntergegangen zum Hubertusfest, der Hubertusjagd. Er nahm an der Gemeinschaftsjagd der Naturnser Jäger teil.
Um halb sechs Uhr früh hatten sie sich in der Kapelle des Schlosses Dornsberg zur Messe versammelt. Dann waren sie auf die Jagd gegangen und anschließend zu einem gemeinsamen Essen.
Lint bedeutet Linde und ist der heilige Baum der althochdeutschen Sagas. Die Ortsbezeichnung ist mit dem Hof entstanden. Eingeführt wurde sie von den Besiedlern dieses Waldgebietes. Sie hielten sich an den germanischen Brauch, die Orte nach ihren Umweltmerkmalen zu benennen.
Der Hof liegt direkt oberhalb des Schlosses Dornsberg, mit dem er durch ein altes Feldtelefon verbunden ist. Eine Schwester des Bauern hat dort hinuntergeheiratet.
Von einigen Stellen aus kann man den großen, gotischen Schlossbau auf dem Felsen sehen. Der romanische Turm ragt aus dem Dach hervor. Darunter breitet sich das flache Etschtal aus.

Der Linthof auf der Naturnser Nörderseit. Man sieht klar die winterliche Begrenzung des Sonnenscheins, gegenüber das Gebiet der Sonnseite und unten den flachen Vinschgau.

Die Gebäude des Linthofes sind in Dreiecksform auf dem Hang, mitten in einer großen Lichtung, angeordnet. Gleich daneben, im kleinen Tal, durch das der Linterbach fließt, fängt der Wald an. Die von Wildbächen geformten Einschnitte sind dicht bewachsen. Weiter hinten, jenseits des Pichlbergs, liegen auf großen Lichtungen andere Höfe bis hinüber zum Bichler.
Das Wasser des Linterbaches reicht aus, um die Turbine der kleinen Elektrozentrale des Hofes zu treiben. Es berührt eigenartig, wenn man in der Stube Radio- und Fernsehgerät erblickt. Da es sich außer dem Ecktisch um die einzigen Möbelstücke handelt, haben sie auch die Funktion, den Raum auszufüllen, wie dies etwa in den Wohnzimmern der Arbeiterwohnungen der Fall ist. Jedes Mal, wenn Barbara das Bügeleisen einschaltet, wird die Lampe über dem Tisch zu einem schwachen roten Pünktchen. Das violette Dämmerlicht des Novemberabends dringt in die Stube ein und mit ihm Trauer und Stille. Man möchte sich an den Ofen setzen und den Träumen hingeben.
Bis vor wenigen Monaten konnte man den Linthof nur zu Fuß erreichen. Jetzt bauen sie an einer Straße hinauf zum Mausloch, der Naturnser Alm. Damit werden die am Rande des Naturnser Waldes gelegenen Höfe, rechterhand im unteren Vinschgau, aus der jahrhundertealten Isolierung befreit.
Sie sagen, dass der eine und andere diese Straße mit Misstrauen betrachtet hat, aber jetzt, da sie einmal gebaut ist, sind alle zufrieden.
Im Gegensatz zur gegenüberliegenden Talflanke, die unfruchtbar und von der Sonne ausgebrannt ist, bildet hier der Wald das hervorstechendste Merkmal. Die Siedler haben sich durch den wilden Wald einen Weg aufgetan.
Die Höfe stehen, wie schon gesagt, auf anmutigen Lichtungen, der Mensch fühlt sich harmonisch mit der Natur verbunden. Aber es fehlt die Sonne. Zu Allerheiligen geht sie weg und kommt erst am 10. Februar wieder. Drei Monate hindurch gibt es nur Kälte. Wenn kein Schnee liegt, ist der Reif so dicht, dass man glaubt, es wäre Schnee. Drinnen in der Stube sammeln sich die menschlichen Gerüche.

Die abendliche Gemütlichkeit in der Stube des Linthofes.

INRI

Es ist mir nicht gelungen herauszubekommen, ob die lange Abwesenheit der Sonne das Brauchtum noch mit Sonnenriten aus längst vergangenen Zeiten beeinflusst. Barbara sagte, dass man mancherorts den Brauch hatte, das Brot zu brechen, sobald der erste Sonnenstrahl wieder auf den Stubentisch oder auf das Haus fiel. Hier besteht dieser Brauch nicht.

Auf diesem Berge wird weder gesungen noch getanzt. Warum? Weil die Sonne fehlt? Josepha nickt. »Ein Kaplan aus Naturns«, sagte sie weiter, »hat einmal bemerkt, dass die Leute hier alles in sich drinnen behalten, und es deshalb schwer ist, sie zu verstehen.«

Die in Bau befindliche Straße wird die gedrückte Atmosphäre wohl etwas mildern, vielleicht nicht nur psychologisch.

Der Bauer Josef, der mit den Jägern auf die Gemeinschaftshatz gegangen ist, hat sich ein Auto gekauft. In einer Viertelstunde fährt er nach Naturns hinunter. Zuerst brauchte man gut eine Stunde zu Fuß. Er ist vierzig Jahre alt und noch ledig. Geheiratet hat er nicht, weil er kein Mädchen fand, das ihm gefallen hätte und das bereit gewesen wäre, auf diesem einsamen Hof zu leben.

»Und jetzt will er nicht mehr«, sagt Peter. »Die Straße ist zu spät gekommen.«

Zum Unterschied vom Grubhof auf der anderen, sonnenbeschienenen Seite des Tales, hat hier die Diaspora bereits eingesetzt. Die »nicht privilegierten Erben« sind alle weggegangen. Die Schwestern haben auf andere Höfe geheiratet, Josepha ist Lehrerin, ein Sohn ist Priester geworden.

Sie kommen auf den Hof zurück, wenn sie Zeit und Lust haben, mit der Familie zusammen zu sein. Die sich in der Stadt niedergelassen haben, weisen die Vergangenheit irgendwie fast instinktiv ab. Sie haben eindeutig damit gebrochen.

»Man wird bürgerlich«, murmelte Peter. »In uns bleibt nur mehr das ferne Echo süßer Kindheitserinnerungen, während wir uns an die bitteren und leidvollen Dinge kaum mehr erinnern. Wir leiden nicht mehr. Sie schon, auch wenn sie nach außen hin mit dem Leben, das sie leben müssen, zufrieden scheinen.«

Was ist das, die Leiden auf dem Hof? Eigentlich sind nur wir es, die sich diese Leiden einbilden wollen, während die, die diese Leiden verkörpern, sich damit abfinden und keine philosophischen Wutausbrüche zeigen. Was sie bedrückt, ist die Abgeschlossenheit von der Außenwelt, sind die Kinder, die unter den Lawinen umgekommen oder aus der Seilbahn gefallen sind, während sie zur Schule gingen; es ist die unbezahlte Arbeit, das verzweifelte Kämpfen gegen den Hunger, die kulturelle Unterentwicklung, die Einsamkeit der einzelnen Familie, das Sichabfinden mit dem Schicksal, indem man sagt: »Für uns ist es immer so gewesen.«

Peter erzählte: »Als wir Kinder waren, pflückten wir im Wald Körbe voller Himbeeren. Himbeeren wurden damals gut bezahlt. Im Dorf unten bekamen wir siebenunddreißigtausend Lire dafür. In unserem ganzen Leben hatten wir noch nie so viel Geld gesehen. Mutter erlaubte uns, das Geld für unsere kleinen Wünsche zu behalten: für ein Paar neue Schuhe oder ein Kopftüchlein oder auch Süßigkeiten. Und dann, einige Tage darauf, kam sie und verlangte das Geld von uns. »Kinder«, sagte sie, »wir haben kein Mehl fürs Brot mehr.«

Der Linthof strahlt die herzliche Atmosphäre eines bescheidenen landwirtschaftlichen Ansitzes aus. Nicht nur wegen des Radios, des Fernsehgerätes, der Straße und der Elektrozentrale. Kinder sind keine da. Barbara besorgt geschickt den gesamten Haushalt. Sie kommt vom Öbersthof, ihre Kinder sind bereits erwachsen. Sie braucht Arbeit.

Der andere Bewohner ist Hans. Der Bauer hat ihn aufgenommen. Als Gegenleistung muss Hans ihm bei der Feldarbeit helfen. Hans wusste auch nicht, wohin er hätte gehen sollen. Er macht einen eher gebildeten Eindruck, liest Zeitung und empfindet einen feuerroten Sonnenuntergang noch als etwas Erregendes.

Der Hof, wie er jetzt steht, stammt aus dem Jahre 1927, der alte Hof wurde im 15. Jahrhundert gebaut, er ist jetzt nur mehr Stall und macht einen vernachlässigten Eindruck.

Dahinter steht die Mühle. An der Holzwand lehnen Schlitten und landwirtschaftliche Gerätschaften geschützt unter dem breiten Dach. Die Mühle war erst vor Kurzem in Betrieb gewesen. Überall lag noch der Mehlstaub herum, ganz fein, wie vom Wind hereingewehter Schnee. Auf dem Mühltrichter, der das gleichmäßige Hinunterfallen des Getreides regelt, ist ein hölzernes Herz und darüber ein Kruzifix angebracht. Man hat es dort befestigt, um die Gefahr abzuwenden.

Noch weiter drüben auf der Wiese gegen das Linterbachtal hin, wo der Novemberfrost alles mit Reif zugedeckt und ein herbstliches Farbenspiel verursacht hat, steht der große Bienenstand. Man nennt es auch Bienenhaus. Ein richtiges »Haus für Bienenvölker« sagt mir Hans.

Weil er nicht sehr hoch liegt, unter 900 Meter über dem Meere, ist der Linthof im Vergleich zu anderen Berghöfen, die wir gesehen haben, in bevorzugter Lage. Der Boden gibt mehr her. Äpfel und Schwarze Johannisbeeren gedeihen. Dasselbe gilt auch für andere Höfe in diesem Gebiet, so für die Höfe Hof, Höhrplatz, Labeben und Plon. Auf dem Labebenhof sind zehn Kinder, auf dem Plonhof gab es vor 1914 eine Schule.

Der Plonhof stimmt einen traurig. Dort leben drei Brüder, die alle über sechzig sind. Der älteste ist achtzig Jahre alt, seit dreißig Jahren ist er nicht mehr im Dorf unten gewesen. Sie sind arm, kein elektrisches Licht. Wenn ein Fremder bis hier heraufkommt, schließen sie sich im Haus ein und reden nur durchs Fenster mit ihm. Man erzählt, dass der alte Bauer den Söhnen das Heiraten verboten hatte. Einer gehorchte ihm nicht und wurde gezwungen, woanders hinzuziehen. Dann sind die Kinder nacheinander gestorben und in ein besseres Leben eingegangen. Nur diese drei sind übrig geblieben.

Mehrere andere Höfe sind auf Rodungen über 1000 Metern zu finden: die Höfe Pamer, Zischg, Partscheil, Öberst, Platt (dieser hat eine Elektrozentrale), Niederst, Partscheilberg und Nörderberg.

Welche Bindungen bestehen nun zwischen diesen kleinen, abgelegenen Gemeinschaften? Gefühlsmäßig fast keine. Die Männer treffen sich lieber am Sonntag unten im Dorfgasthaus. Zwischen den Höfen werden nur Vergleiche gezogen, und ich weiß nicht, ob das zu positivem Wetteifern führt.

Josepha sagte uns: »Als Vater starb, kamen die Nachbarn von dort drüben früh am Morgen auf unsere Felder, ohne dass wir sie darum gebeten hätten. Sie schnitten das Getreide und gingen wieder weg. Trotzdem lebt hier jeder für sich.«

Auch Barbara ist unseren Fragen nicht ausgewichen. Vielleicht fasste sie Mut, weil Josepha und Peter dabei waren. Sie war beim Wäschebügeln in der Stube. Sooft das Bügeleisen Strom zum Aufladen brauchte, wurde die Lampe schwächer. Draußen war es finster, Wind war aufgekommen. Auf der gegenüberliegenden Talseite sah man die blassen Lichter aus den Stuben der hoch oben liegenden Höfe. Sie glichen den roten Laternen ankernder Segelschiffe.

»Wir hier haben Wald, die dort oben dafür Vieh«, sagte Barbara. »Wer im Wald arbeitet, muss kräftig sein. Es kostet Mühe und Zeit.

Und was bleibt dem Bauern dann übrig? Die Lage ist hier wie dort die gleiche. Bei beiden reicht es nicht aus.«

In der Tat erreichen nur wenige Höfe ein Jahreseinkommen von über einer Million Lire. Die Arbeit wird schlecht bezahlt. Die Dinge, die sie kaufen müssen, werden ständig teurer, während der Preis der Produkte, die sie verkaufen, entweder gleich bleibt oder abnimmt.
In der Stube war es ruhig und friedlich. Wenn niemand redete, gab es fast klösterliches Schweigen. Die Pendeluhr stand still, sie machte keinen Lärm. Auch auf dem Grubhof und auf den Höfen des Ultentales hatten die Pendeluhren stillgestanden. Die Zeit schien ohne das Ticken einer Uhr zu vergehen.
»Und wenn Sie nicht Lehrerin geworden wären ...?«
»Dann wäre alles ganz anders«, antwortet Josepha, »denn es ist sehr beschwerlich, das Leben auf dem Hof.«
»Und im Winter?«
»Der Winter dauert sehr lang. Eis und Kälte, keine Sonne. Und totale Einsamkeit. Mutter wollte nicht, dass wir tanzten, und als sie gestorben war, haben wir es auch nie mehr getan. Angst haben wir nicht. Die Leute hier sind es gewohnt, allein zu sein, sich selbst überlassen zu bleiben. Doch in mancher Nacht, wenn der Wind um den Hof heult oder wenn einer krank wird und das Fieber steigt, wenn keiner da ist, der ihm helfen kann, dann kommt die Angst ...«
Barbara fragte ich: »Welche Stellung nimmt auf dem Hof eigentlich die Frau ein?«
»Haus, Stall, Wiesen und Felder.«
»Und die Kinder?«
»Die gibt's und auch viele, auf den Höfen.«
»Was kommt zuerst: die Kinder oder die Arbeit?«
»Wenn nicht viel Arbeit zu tun ist, kann die Frau bei den Kindern bleiben und mit ihnen spielen. Sonst nimmt sie sie einfach auf die Felder mit.«
»Warum heiratet der Mann? Aus Liebe oder weil er bei der Arbeit Hilfe braucht?«
»Der Herr des Hofes heiratet, weil er Hilfe, Stütze, Gesellschaft und jemanden braucht, der ihn pflegt.«
»Gibt es die Liebe überhaupt, wenn zwei heiraten?«
(Barbara wusste darauf keine Antwort. Sie war richtig verlegen. Niemand hatte ihr je solch freche Fragen gestellt. Aber ich gab nicht auf.)
»Viele Mädchen weigern sich einfach, das ganze Leben auf einem Berghof zu verbringen. Der Bauer muss sich eben umsehen nach

Die Mühle des Linthofes (links) wird von einer eigenen Elektrozentrale getrieben. Das Herz mit dem Kreuz auf dem Mühltrichter (rechts) ist nur eines der vielen religiösen Motive, die zur Abwendung von Gefahren oder als Segnung angebracht werden.

einem Mädchen, das bereit ist, ihm zu folgen und zu arbeiten. Wenn er eine findet, dann ist er zufrieden und heiratet.«
Einmal hatte mir in Mailand eine Studentin recht angriffslustig gesagt: »He, du Journalist, warum machst du nicht einmal eine Umfrage unter den gutstehenden Frauen einer Stadt, um herauszubekommen, wie viele von ihnen aus echter Liebe geheiratet haben? Du würdest eine große Enttäuschung erleben, weil wir mit jener Vernunft dahinleben, die für die traditionelle Gesellschaft zur Regel geworden ist.«
Ich drang nicht weiter in Barbara, ich hatte ein Gefühl der Schuld, mir war unbehaglich, als hätte ich mich vom Zynismus fortreißen lassen.
Zu Josepha sagte ich: »Was halten die Leute auf den einsamen Höfen von der Schule?«
»Die Schule wird zum Glück immer besser. Die Familien, die auf dieser Seite des Berges leben, wollten ihre Kinder nach Naturns in die Schule schicken. Aber den Winter über ist die neue Straße geschlossen. Und so wurde die Schule auf dem Partscheilhof eingerichtet. Fast zehn Jahre lang war sie auf dem Linthof. Bis vor Kurzem hielten die Leute nicht sehr viel von der Schule. Die Arbeit war ihnen wichtiger. Sie brauchten Hände zur Arbeit.«
Je mehr wir erfahren, umso verwirrter erscheinen die Ideen der Leute zu diesem Problem. Vor Tagen hatte ein Junge zu Josepha gesagt: »Ich bin jetzt zwanzig Jahre alt. Wenn ich siebzehn wär, würde ich zur Schule gehen.« Solche Dinge sagen sie noch mit dreißig Jahren. Bei wem liegt die Schuld?
Eine weitere Frage an Josepha: »Was halten die Bauern auf den Höfen von der sozialen Schicht, der sie angehören?«
»Das ist schwer zu sagen. Sie sind Besitzer, sie sind unabhängig und selbstgenügsam. Sie sind kleine Unternehmer, nur in einer schlechteren Lage. Sie müssen alle Wagnisse eingehen, die mit der landwirtschaftlichen Arbeit im Gebirge verbunden sind. Sie haben noch nicht begriffen, dass der Boden nicht mehr so geschätzt wird wie in vergangenen Zeiten. Auch der Fremdenverkehr scheint nicht so sicher zu sein. Beim Platthof haben sie eine Jausenstation mit einer Kegelbahn eingerichtet. Den Bauern gefällt es, miteinander im Gasthaus ein Glasl Wein zu trinken. So sind sie zufrieden. Das ist ihre freie Zeit. An die Zukunft denken nur die wenigsten. Und Geld hat keiner.«

Peter nickte zustimmend und schenkte mir Schnaps ein. Es war eher kalt. Die Lichtbirne leuchtete stärker und schwächer, je nachdem, ob das Bügeleisen Barbaras Strom brauchte oder nicht. Ein großes Holzkruzifix hing zwischen Efeu und Bildern vom Herzen Jesu und Maria an der getäfelten Wand. Neben der Pendeluhr hingen die Bilder der Eltern. Sie hingen höher oben als die Jagdtrophäen, als würden sie auf die Stube herabsehen. Leichte Traurigkeit erfasste uns, wie der Nebel im Herbst.

Sie waren ihrer neun Kinder. Das letzte 1939 geboren, ein Jahr, bevor der Bauer starb.

Josef ist geblieben, um die Erde zu bearbeiten. Der Hof ist zu einer Art Konvent geworden. Auf jeden Eingang hat der Bauer mit Kreide die Anfangsbuchstaben der Heiligen Drei Könige geschrieben, darüber das Kreuz: K. M. B. Das bedeutet »Kristus mansionem benedicat« (Christus segne diesen Hof). Aber Lateinisch versteht man schon seit Jahrhunderten nicht mehr. Also hat man dafür die Heiligen Drei Könige genommen: Kaspar, Melchior, Balthasar.

Bis vorgestern musste Barbara für die Baggerfahrer, die auf der neuen Straße arbeiteten, das Essen kochen. Der Hof war aufgewacht. Jetzt ist der Winter da, weniger bösartig und verzweifelt wie in vergangenen Jahren, weil es die Straße gibt. Doch der Linthof verliert seine Selbstgenügsamkeit. Ist ein solches Schicksal für die Berghöfe gerecht?

»Manchmal reicht es zum Leben ...«

Der Wiesfleckhof liegt auf 1620 Meter Höhe im hinteren Ultental. Man erreicht ihn von St. Nikolaus aus in einer halben bis Dreiviertelstunde über einen steilen Waldweg. Die Straße zu den abgeschiedenen Höfen wurde in den frühen 1980er-Jahren errichtet, eine Zufahrt zum Hof gibt es seit 1994. Als Aldo Gorfer und Flavio Faganello dort waren, wohnten zwei Brüder mit ihren Familien am Hof, im ersten Stock Josef Gamper, der wenig später ins Dorf gezogen ist, im zweiten Stock Luis Gamper mit seiner Frau Berta und den sechs Kindern. Der älteste Sohn Ulrich hat den Hof übernommen, die inzwischen erwachsenen Kinder und Enkel kommen abwechselnd auf Besuch. Vater Luis ist 1981 verstorben, Mutter Berta ist im Altersheim, wo eine Tochter arbeitet.

Wiesfleck (St. Nikolaus, Ulten), am 10. Dezember 1971

Nicht selten, wenn Peter oder Josef oder einer meiner anderen Freunde auf den Berghöfen den Grund unseres Kommens zu erklären versuchten, begriffen die Leute das einfach nicht, weil es für sie etwas ganz Neues war. Man sah es in ihren Augen, dass sie verwundert waren und es kaum glauben konnten. »Warum wir heute hier sind? Bei knietiefem Schnee, der eisigen Kälte und dem Wind, der uns um die Ohren heult?« Ich hätte antworten wollen: »Wir sind nicht gekommen, um einen Ausflug zu machen, auch nicht, um unsere Neugier zu befriedigen oder etwa die ausgefallenen Merkmale einer archaischen Existenzform zu finden, um sie dann dem städtischen Leserpublikum vor Augen zu führen. Im Gegenteil, wir sind gekommen, weil wir uns davon überzeugen möchten, dass es die »Dritte Welt« nicht nur in Brasilien und den Verwundeten nicht allein auf der Straße nach Jericho gibt.«

Sie hätten es vermutlich nie begriffen.

Die Tiroler Gesellschaft, nicht die gesamte, wohlgemerkt, gleicht einem Kreis. Die Abgeschiedenheit der Bergbauern dauert an, weil die Tiroler Gesellschaft sich nicht umformt. Und umgekehrt.

Der Zernbriglhof im Ultental, wie man ihn vom Söller des Wiesfleckhofes aus sieht.

Ähnliche Situationen findet man auch im Trentino, im Bellunesischen oder im Veltlin. Freilich bemerkt man dort einen wenn auch schwerfälligen Übergang, während wir in vielen Gebirgsorten Südtirols noch beim Vorgestern stehen geblieben sind.
Welcher Ausweg bietet sich an?
Darauf kann ich keine Antwort geben. Und auch sie, die direkt Betroffenen, wussten keine. Doch warum wird nicht der Versuch gemacht, das Steuer in Richtung einer gerechteren Lebensweise herumzudrehen?
In einem Arbeitsdokument, das der Synode der Diözese Bozen-Brixen zum Thema »Die Kirche in der Welt der Arbeit« unterbreitet worden ist, heißt es: »Man beeinträchtigt die Würde des Bauern, im Besonderen jene des Bergbauern, wenn man ihm die Anerkennung für seine tägliche Mühe, für die Wagnisse, die er eingeht, versagt, und die öffentliche Hand ihn immer nur am Rande berücksichtigt ...« Ich führe diese Worte hier an, weil sie ein heißes, sehr aktuelles Thema aufgreifen, das nicht weniger problematisch ist als jenes der Arbeiter.
Berta, die junge Bäurin auf dem Wiesfleckhof, gab mir in ihrer bescheidenen Art lächelnd zu verstehen: »Manchmal reicht es zum Leben, aber die Arbeit ist sehr schwer. Was will man machen ...?«
Sie hat vier Kinder »bis jetzt«. Das fünfte erwartet sie. Sie stammt vom Oberstuanhof, dem höchst gelegenen unter den weit verstreuten Gehöften auf der Südostflanke des Stuanbergs. Ihren Mann, den Bauer Luis, hat sie in der Schule in St. Nikolaus kennengelernt. Sie haben sich gut miteinander verstanden und geheiratet.
Während sie mir diese Dinge erzählt, geht ein weicher Zug über ihr Gesicht. Sie sitzt auf der Ofenbank, neben ihr Helga. Die Bergschuhe hatte sie ausgezogen. Sie strickte an einem großen Sweater. Auch der Bauer hatte die Schuhe ausgezogen. Draußen regnete es in Strömen auf den Schnee. Es war finster. Aus dem Tal zog Nebel herauf und über die Gipfel der Tannen hinweg.
Zum Wiesfleckhof sind wir durch Zufall gekommen. Zuerst verfehlten wir den Weg, dann verirrten wir uns im Wald, bis Peter durch eine Schlucht emporkletterte. Wir folgten den Drähten der Seilbahn. Ein Mann kam in der Seilbahnkiste heruntergefahren. Wir schrien ihm etwas zu, aber er nahm uns nicht wahr. Endlich fand Peter den richtigen Weg. »Er ist breit wie eine Autobahn«, sagte er. Er glich aber mehr einer abschüssigen Skipiste aus der Zeit, als man sie noch nicht mit Baggern planierte.

Es heißt, dass man von St. Nikolaus bis herauf zum Hof eine halbe Stunde braucht. Wenn viel Schnee liegt, braucht man bedeutend länger. Ganz abgesehen von der Lawinengefahr.
Das Erste, was wir auf dem Wiesfleckhof wahrnahmen, war der penetrante Mistgeruch. Den Hof sahen wir erst, als wir um eine Felswand herumgingen, durch die ein Wildbach herunterstürzte. Auf dem Dach bemerkten wir die Radioantenne, das dunkle Holz stach vom steilen, verschneiten Boden ab.
Das Holzgatter ist so hoch, dass man fast einen Sprung machen muss, um es zu erreichen. Dahinter führt der Weg geradewegs die steile Wiese nach oben. Wenn er vereist ist, benötigt man Steigeisen. Wir, die wir's nicht gewohnt sind, würden wohl ein Seil brauchen. In einem kleinen Bach schießt das Wasser über die Felsen herunter.
Vor dem Stall begegneten wir dem Großvater Josef. Er stand unter dem schützenden Dach und schaute, wer wohl bei diesem Hundewetter des Weges kam. Peter kannte ihn und Großvater Josef rief nach seinem Sohn Luis.
Die gesamte Familie versammelte sich auf dem schmalen Platz vor dem Hof. Der Platz war nicht breiter als der Hausgang einer Stadtwohnung, das Dach überdeckt ihn, und die großen Rinnen schützen ihn vor dem Regen.
Sie hatten ein Schwein geschlachtet. Der Geruch frischen Blutes vermischte sich mit dem Gestank des Mistes. Das Blut rann unter dem Zaun durch und längs dem Weg hinunter, wo es den Schnee zinnoberrot färbte. Die Kettenhunde heulten vor Aufregung.
Der Bauer Luis hat bei einem Jagdunfall den linken Arm verloren, was ihn aber nicht davon abhält, weiter auf die Jagd zu gehen. Die Jagdleidenschaft hat er von seinem Vater Josef geerbt. Der ist sechsundachtzig Jahre alt und geht noch jeden Tag ins Dorf hinunter, und wenn er den Weg viermal hinunter- und heraufgeht, fühlt er sich erst richtig wohl, sagt er. Er streicht selbstzufrieden den rötlichen Schnurrbart und erzählt, dass er in dieser Jagdsaison bereits fünf Hasen, einen Rehbock und einen Spielhahn erlegt hat. Den Spielhahn hat er an dem Tag, als die Jagd aufging, über 2000 Meter hoch oben geschossen.
Zu seinem jüngsten Sohn, der noch nicht zur Schule geht, sagt Luis: »Wenn du einmal groß bist, nehm ich dich mit auf die Jagd.«
Die Mutter Berta hat etwas dagegen einzuwenden: »Ich sag, du wirst dableiben und arbeiten.«

Sie boten uns gleich einen Schnaps an. In der Stube war ein ziemliches Durcheinander. Wenn man in die Stube will, muss man durch die rußgeschwärzte Küche. Das Backofenloch aus roh gehauenen Steinen erinnert an die Bauweise, wie man sie beim Bau von Burgen verwendete. Aber der Hof ist nicht alt. Er wurde 1913 nach der Abtrennung vom Unterstuanhof erbaut.

Er hat eine eigenartige Lage. Es ist kein Einfamilienhaus mehr, da im Erdgeschoss der Bruder des Bauern wohnt. Das Erdgeschoss reicht in den Felsen hinein. Dieser Teil des Berges ist ziemlich stark besiedelt. Es gibt im Wald eine ganze Reihe von gerodeten Flächen, alle auf rund 1600 Meter Meereshöhe, auf denen die Höfe stehen. Das Gebiet ist rau und wild, aber die Häuser, die von plastischer Schönheit sind, wie man sie überall dort findet, wo Mauerwerk und Holz verwendet werden, gleichen fast einem Krippenwerk, mit all dem Schnee und den dunklen Bäumen.

Auf diesem Berg wohnt eine kleine Gemeinschaft. Die Höfe liegen nicht weit auseinander, man kann sich durch einen Pfiff oder durch Zurufe verständigen. St. Nikolaus, im Sommer Urlaubsort, liegt relativ nahe, die Abwanderung ist noch gering. Ob der Umstand, dass dort die Höfe geteilt werden, Fortschritt oder Verfall bedeutet, ist in diesem Zusammenhang schwer zu sagen.

Den Getreideanbau hat man weitgehend aufgegeben. Man kauft das Mehl lieber im Dorf unten. Nicht aufgegeben haben sie den Brauch, das Brot im eigenen Backofen zu backen.

Trotzdem ist das Gefühl der Einsamkeit erdrückend. Die Einsamkeit ist gleichsam ein Gesetz, das sich auf die absolute Selbstgenügsamkeit stützt. Bei der Templer Mühle, die vom Messnerbach betrieben wird und immer geöffnet bleibt, damit neugierige Spaziergänger sie besichtigen können, begegneten wir einem Mann, der es sehr eilig hatte. Er sagte, es sei besser, zu gewissen Höfen erst gar nicht hinzugehen, weil »die Leute dort nicht reden«. Das ist uns schon des Öfteren passiert. Auf dem Wiesfleckhof aber haben sie uns mit großer Herzlichkeit aufgenommen, und doch fühlten wir uns ungemütlich und kalt, als wir vom schneebedeckten Weg in die dunkle Küche eintraten. In einer großen Pfanne kochten Blutwürste, daneben stand

Der Zernbriglhof blickt wie die Bergstation einer Seilbahn auf das Tal hinunter.

ein geschwärzter Backtrog, eine steile Holztreppe führte nach oben. Weiter unten stand der Stadel, an ihn angebaut die Strohschupf.
An der Holzwand des daneben liegenden Zimmers hingen zwei doppelläufige Flinten. Sie gehören Luis und Josef. Die Pendeluhr in der Stube stand still. An den geheimnisvollen Ablauf der Zeit erinnern nur die Jagdtrophäen, das Kruzifix zwischen Efeuranken, Bildern vom Herzen Jesu und Mariens, Familienbilder. Auf dem Ofengestell ist die Wäsche zum Trocknen aufgehängt, auf den Fenstersimsen stehen in Blechgeschirren die Geranien. An einer Wand hing ein Wandschoner aus weißem Leinen. Berta hatte mit rotem Seidenfaden die Worte eingestickt: »An Gottes Segen ist alles gelegen.«
Seit den 1960er-Jahren gibt es auch hier elektrisches Licht. »Wir haben kein eigenes E-Werk«, sagt Luis, »wir bekommen den Strom vom Enel.« Das ist wohl auch mehr als gerechtfertigt in einem Tal, wo die Wasserreserven seit jeher zur Erzeugung von Strom genutzt worden sind.
Luis hat in diesem Gebiet die Milchmessung übernommen. Er bezieht eine Kriegsrente. »Damit können wir das Leben ein bisschen ausziehen«, sagt Berta, »ausziehen«, sagt sie. Die Arbeit muss sie fast alle selber machen, fügt sie hinzu: das Vieh versorgen, auf den Wiesen und im Wald arbeiten. Die Kinder gehen in St. Nikolaus zur Volksschule oder in die Mittelschule nach St. Walburg. Wenn der Weg schlecht ist, fahren sie mit der Seilbahn. Das ist gefährlich.
»Fühlt ihr euch eigentlich einsam?«, frage ich Luis.
»Ich denke, dass es im Winter schon gut wär, wenn wir ins Dorf hinuntergingen zu wohnen. Aber das ist kaum zu machen. Im Sommer, wenn im Dorf unten die vielen Frischler sind, lebt es sich auf dem Hof besser.«
Dann reden wir vom Bauernbrot, das in der Bergbauernfamilie ja eine große Bedeutung hat. Es wird gegessen, auch wenn es hart wie Stein ist. Ich begriff nicht recht. Da ging Helga aus der Stube und kam gleich wieder mit einer Art Schneidebrett, der Brotgrommel. Mit der Grommel wird das steinharte Roggenbrot in kleine Stücke geschnitten.
»Meine Schwester«, unterbrach uns Josef, »hat ein Buch mit Glaubenslegenden.« Das interessierte mich. Ich hätte gern gewusst, ob irgendwelche Reste von Legenden aus der Zeit übrig geblieben waren, als diese Waldlandschaft besiedelt wurde und die Menschen in ihrer Einsamkeit das Leben und die Naturereignisse mit Legenden beseel-

Die Stube, »die einem Feldlager glich ...«.

ten. Sie schüttelten den Kopf, nur Großvater Josef begann, in seiner Erinnerung zu suchen, und erzählte von seinen Jagdunternehmungen. Er erzählte auch eine etwas unheimliche Geschichte davon, dass die Menschen auf den Höfen vor mehr als hundertfünfzig Jahren mit den Hexen ihre Händel gehabt hätten. Die Hexen stahlen Butter und verzauberten die Gewehre, so dass diese nicht rechtzeitig losgingen. Josef erinnerte sich sogar noch an die Namen, an das Klasele und die Trina. Aber er glaubt selber nicht daran. »Alles Unsinn«, scheint er zu sagen.[2]

Als er noch ein Kind war, wohnte er auf dem Zernbriglhof. Sein Vater war Tischler und hatte das Recht, dort zu wohnen, obwohl er nicht Hoferbe war. Damals soll es einen sonderbaren Vogel gegeben haben. Jedes Mal, wenn er sang, fiel eine weiße Kuh tot um. Man vermutete, dass ein Mann im Wald umgebracht und unter einer Fichte vergraben worden sei. »Aber richtig erfahren hat man es nie.«

Josef ist sogar in Pennsylvanien, in West Virginia und in anderen amerikanischen Gebieten gewesen. Er arbeitete dort im Wald und in den Kohlengruben. Aus seinem schweigsamen Wesen spricht eine ganz besondere Weisheit. Er war sicher ein sehr mutiger Mann und hatte auch ein Maß an Schläue.

Er hörte schweigend zu, während Luis erzählte, dass im Sommer die neugierigen Fremden bis hier heraufkommen. Mit den benachbarten Höfen hat man hingegen kaum Verbindung. Wennschon, dann trifft man sich am Wirtshaustisch unten in St. Nikolaus.

Elisabeth, die älteste Tochter des Bauern, sagt: »Ich würde nie auf einen Hof heiraten.«

Ich fragte: »Singt man auf den Höfen?«

Luis: »Nein.« Nicht einmal Josef kann sich daran erinnern, dass auf den Höfen je gesungen worden wäre.

»Und tanzen?«

Luis: »Jetzt nicht mehr. Bis zum vorigen Jahr wurde jeden Sonntag getanzt, und die aufspielten, gingen von einem Hof zum anderen.«

Geblieben ist der fromme Brauch mit dem Palmbesen und den Kräutern. Am Dreikönigstag werden die Felder mit Weihwasser besprengt, am Abend wird im Haus Weihrauch verbrannt.

Großvater Josef begann in seiner Erinnerung zu suchen und erzählte von seinen Jagdunternehmungen.

Es begann wieder, stark zu regnen. Obwohl es erst drei Uhr nachmittags war, dunkelte es schon. Peter teilte dem Bauern mit, dass wir zum Zernbriglhof weitergehen wollten. »Ja, das ist einer der ältesten Höfe des Ultentales«, murmelte der Bauer. »Einmal war er sehr bekannt, vielleicht der schönste Hof des Gebietes.« Er saß auf der Bank und wurde immer redseliger. Hinter jedem Wort kam ein »Oh« und es schien mir wie ein wunderlicher Refrain.
Er begleitete uns über eine Abkürzung durch das felsige Gelände. Der Steig führte durch die steile Wiese hinauf, unter uns fiel der Felsen ab. Wir gingen im Gänsemarsch, vorsichtig, denn der Schnee war rutschig. Der Wind trieb uns den Regen ins Gesicht.

An den nicht enden wollenden Wintertagen beschäftigen sich Männer und Frauen mit dem Wollespinnen.

Der halbnackte Christus im Schnee

Der Zernbriglhof liegt auf 1625 Metern an den Hängen des »Stuanberges«, er gehört zum 3256 Meter hohen Hasenöhrlmassiv. Es handelt sich um zwei Höfe, die 1973 von den Familien der Brüder Meinrad und Rudolf bewohnt wurden. Aldo Gorfer hatte nur den ersten Hof besucht, wenn man von St. Nikolaus heraufkommt. Acht Personen haben damals auf dem Hof gelebt, Meinrad Gamper mit seiner Frau und den sechs Kindern. Der Hoferbe Manfred Gamper ist jung an Herzversagen verstorben, der Hof ist seither verpachtet. Die Pächterfamilie kümmert sich auch um die Felder des zweiten Zernbriglhofes, wo Rudolf Gamper mit seiner Familie lebte. Das jüngste der fünf Kinder, Elmar Gamper, wohnt nun mit seiner Familie dort, er hat die Bauernschaft aufgegeben.

Zernbrigl (St. Nikolaus, Ulten), am 11. Dezember 1971

Verbissen stehen die Höfe auf den steilen Hängen des Steinberges, hier Stuanberg genannt, oberhalb von St. Nikolaus. Sie gehören zu den höchst gelegenen des Ultentales. Sie entstanden offenbar zu einer Zeit, als der Bedarf nach bebaubarer Erde die Menschen zwang, den Getreideanbau und die Viehzucht mit schwerer Arbeit und einem ständigen Kampf mit der Natur dort oben zu betreiben. Es brauchte viel Mut und Unternehmenskraft.

Die Rodung des Waldes wurde von den genügsamen mittelalterlichen Siedlern vorgenommen, die herbe Landschaft zeugt jetzt noch von den Taten dieser Pioniere, die zugleich faszinierend und furchterregend waren wie die Erzählungen aus dem Wilden Westen Amerikas.

Wenn man den Wegen durch die Wälder folgt und dann wie zufällig zu den Höfen auf den breiten gerodeten Flächen gelangt, hat man das bewegende Gefühl, in eine Welt zu kommen, wo die Uhren in der Urzeit stehen geblieben sind. Hier leben Bauern und Hirten. Sie haben die Natur und die Zeit bezwungen, aber jetzt sind sie allein geblieben und gehen einen Lebensweg, der in den Städten zumindest für wunderlich gehalten wird.

Der Zernbriglhof. Wenn man unter dem Schutz des Daches vom Wohnhaus zum Stall hinübergeht, sieht man dort die ärmlichen Werkzeuge, mit denen hier gearbeitet werden muss, an den Wänden, auf Bänken und auf dem hölzernen Boden.

auf Dich!

Im Sommer bieten die Wege entlang der Bergflanke zwischen Messnerbachtal und Tuferbach den Fremden Ausblick in sehr schöne alpine Gebietsstriche. Aber im Winter werden sie zu gefährlichen, wetterausgesetzten Steigen, die nur selten von einem Wanderer begangen werden. Die Höfe Unterstuan, Unterstuanerhütte, Oberstuan, Wiesfleck, Zernbrigl und Holz liegen hart an der Getreideanbaugrenze. Waale und Almhütten geben Zeugnis davon, in welchem Ausmaß der Mensch den Berg erobert hat. Auch hier sind die geschickt angelegten Bewässerungskanäle lebensnotwendig für die Bewirtschaftung der Höfe, gleich wie auf den Almen die Viehställe unentbehrlich sind. Einstmals hing von ihnen das Überleben des Menschen ab. Man soll sich nicht darüber wundern, wenn auf manch einem Schindeldach die Radioantenne emporragt. Die Radioantenne ist sichtbares Zeichen des Widerspruches, des Gegensatzes zwischen einer bis jetzt fast unverändert gebliebenen Lebensweise unter oft unmenschlichen Bedingungen und dem Recht, etwas zu haben, was die anderen auch haben.

Mir schien der Zernbriglhof ein Symbol dieser Kontraste zu sein. Er liegt weit oben am Ende des Weges, der von Sankt Nikolaus herauf und am Zaun des Wiesfleckhofes vorbeiführt.

Er weist mehr Gegensätze auf als der Wiesfleckhof, wo die Jagdleidenschaft der Bewohner ein gewisses Maß an menschlicher Abenteuerlust, die allerdings nicht als blinder Zerstörungsdrang gesehen werden kann, erhalten hat und der Kampf gegen die Natur in anderem Lichte erscheint.

Der Zernbriglhof gleicht der Bergstation einer Seilbahn. Der Ort selbst, die Felder und der ihn umgebende Wald zeugen von einer vom Verfall bedrohten Wirtschaft. Dieses Schicksal merkt man auch den Bewohnern an. In diesem Hof steckt viel Geschichte von unbekannten Generationen. In vergangenen Zeiten hat er wohl einmal einen bescheidenen Wohlstand erlebt, wenn man an die Selbstgenügsamkeit denkt, in der solche Berghöfe auf 1600 Meter Höhe einmal gelebt haben. Der Hof besteht aus mehreren Gebäuden, die mitten in den steilen Wiesen auf der anderen Seite des Perlerbachtales errichtet wurden. Die umliegende alpine Landschaft ist beeindruckend.

Im geschmückten Herrgottswinkel der Stube des Zernbriglhofs
wird an einsamen Wintertagen fleißig gestrickt.

Eine Lawine ist über den Weg gefegt. Sie hat einen langen grünen Streifen in den Schnee gezeichnet. Man sieht auch die Fußspuren der Kinder, die nach St. Nikolaus hinunter zur Schule gegangen sind. Der Weg führt zu einem Kruzifix, der Gekreuzigte hängt halbnackt an den Balken, er ist blass, leichenhaft, er scheint sich in dieser weißen, steil abfallenden Welt schmerzhaft zu winden. Gleich daneben steht ein Kreuz aus Holzstämmen. Beide zusammen bilden sie ein symbolträchtiges Diptychon, das sich gegen den braunen Holzaufbau des Hofes abhebt.
Wir sinken tief im nassen und schmutzigen Schnee ein. Ober uns wird die Einsamkeit von einem ziellos dahinfliegenden Vogelschwarm unterbrochen. Die Zeisige setzten sich auf die Äste einer Lärche und rasteten.
Die Mauern der terrassenförmig angelegten Felder sind nass von Regen und Schnee. Auch die Gebäude des Hofes ruhen auf solchen Mauern, und man hat den Eindruck, als würden sie jeden Augenblick zusammenbrechen.
Der Zernbriglhof ist zweigeteilt. Er wird von zwei Familien bewohnt: der Familie von Meinrad und jener von Rudolf. Zwischen den beiden Wohnhäusern stehen die Ställe und die anderen landwirtschaftlichen Gebäude. Die Giebel sind mit geschnitzten Balken abgestützt.
Sie sind breit, ragen weit vor und schützen so die darunter befindlichen Balkone im zweiten und ersten Stock vor Regen und Schnee, lassen aber die Sonne einfallen. Das Holz ist farbenfroh und harmonisch verwendet.
Zum Eingang von Meinrads Haus gelangt man über einen von Spaltenzäunen gesäumten Weg. Alte Eschen stehen dort. Das Laub der Eschen gibt gutes Viehfutter. Wenn die Bäume alt sind, werden sie zu Brennholz gehackt. Wegen dieser ihrer Verwertbarkeit findet man sie wie die Kirschbäume bei fast jedem Berghof. Nur auf Höhen von 2000 Metern wachsen sie nicht mehr.
Der Eingang des Zernbriglhauses ist nach modernen Maßstäben hergerichtet worden und beeindruckt mich. Nicht etwa, weil ich einer wäre, der um jeden Preis die Dinge so erhalten möchte, wie sie waren, sondern wegen der alten, verblichenen Bretterverschalung, und weil da ein kleines, ungeschickt gemachtes Kreuz (wohl seit vielen Jahren) hängt, das mit Zweigen geschmückt ist, aber verkehrt angenagelt wurde.

Wenn man unter dem Schutz des Daches vom Wohnhaus zum Stall hinübergeht, sieht man die ärmlichen Werkzeuge, mit denen hier gearbeitet werden muss, an den Wänden, auf Bänken und auf dem hölzernen Boden.

Peter kannte die Leute vom Zernbriglhof nicht persönlich, und trotzdem brauchten wir nur ein paar Worte mit ihnen zu wechseln, und die Bäurin Berta mit der Tochter Anneliese, die nach unserem Anklopfen auf der Türschwelle erschienen waren, luden uns freundlich in die Stube ein. Nicht nur der Eingang, sondern auch der Hausgang war renoviert worden, wie wir bemerkten. Letzterer machte fast einen städtischen Eindruck.

Die Stube hingegen ist gleichgeblieben. Es ist eine echte Tirolerstube. Man möchte sich am liebsten die Bergschuhe ausziehen und auf bloßen Wollsocken eintreten, wie sie es selber ja auch tun, um die peinlich sauberen, breiten Bodenbretter nicht zu beschmutzen.

Die Türflügel sind in ihrer einfachen Art dekorativ, die kleinen Fenster, durch die man ins Tal hinunterschauen kann, sind farbig eingerahmt. In der Ecke hängt das Kruzifix. Es wird von Efeu umrankt, der aus einer Tonvase herauswächst und auch die Bilder vom Herzen Jesu und die Familienfotos umschließt. Vom Oberboden hängt der Heilige Geist in Form einer weißen Taube herunter. Er ist von Sternchen umgeben. Ein Zeichen tiefer Gläubigkeit.

Meinrad und seine Frau Berta haben sechs Kinder, von denen drei wegen Krankheit, Schulbesuch oder Arbeit nicht auf dem Hofe sind. Anneliese arbeitet während der Fremdenverkehrszeit in einem Hotel in Meran, die beiden anderen Kinder besuchen noch die Volksschule in St. Nikolaus.

Zur Familie gehört auch der Bruder der Bäurin, Albert, der aber nur kommt, wenn er im Winter bei den Bauern oder im Sommer auf der Alm keine Arbeit findet.

Im Stall haben sie zwei Kühe und zwei Kälber. Den Anbau von Getreide haben sie aufgegeben, dafür pflanzen sie einige Felder mit Kartoffeln. Nur für den eigenen Gebrauch.

Der Bauer und Albert tragen blaue Schürzen. Die Beine übereinandergeschlagen, sitzen sie auf der Ofenbank. Es ist leicht, mit ihnen zu reden. Es ist, als hätten wir uns schon lange gekannt. Während wir reden, essen sie Äpfel, die sie zum Braten auf den Ofen gelegt hatten. Sie sagen uns, dass der Bergbauer von dem allein, was der Boden rund um den Hof hergibt, nicht leben kann, wenn zum Hof nicht auch ein gutes Stück Wald gehört. Die Kinder arbeiten in den Hotels, »damit es mit dem Hof weitergeht«, besser gesagt, »damit der Hof leben kann«. So macht es zum Beispiel Anneliese. Sie ist ein hübsches Mädchen, bescheiden, vernünftig, sie hat blonde Haare. Sie trägt einen kurzen Rock, der eigentlich angenehm von der strengen Sitte dieses Ortes und von den langen Kleidern der Mutter absticht.

Wir fragen sie, ob sie auf einen Bergbauernhof heiraten würde und ob es ihr gefallen würde, Bäurin zu werden. Zuerst wehrt sie spaßhaft ab, dann aber wird sie nachdenklich. »Ich denk, ich würde lieber auf einen Bauernhof heiraten, als das ganze Leben lang in einem Hotel (sie sagt »Pension«) zu arbeiten. Ich habe in den Pensionen viele unschöne Dinge gesehen ...!«

Die Pendeluhr steht still. Die Leute sind an die Einsamkeit und an den Zeitablauf gewöhnt. Sie achten gar nicht mehr darauf. Aber sie fühlen sie: die Melancholie an den langen Wintertagen, wenn sie am Ofen sitzen oder in den kalten Zimmern schlafen. Unter die Bettdecke kriechen ist, wie wenn man ins kalte Bergwasser tauchen würde. Wenn der Wind weht, treibt es den Schnee auf die Federbetten. »Ein gutes Bett genügt uns«, sagen sie. Auf das andere achten sie gar nicht mehr.

Manchmal ist der Schnee so tief und das Wetter so unwirtlich, dass es ein Wagnis wäre, ins Dorf hinunterzugehen. Wenn in solchen Zeiten jemand stirbt, wird die Leiche im Zimmer behalten, wo es kalt ist wie in einem Eisschrank, bis der Weg aufgetan wird und der Leichnam zu Tal gebracht werden kann.

Dann gibt es die Lawinen. »Es ist äußerst gefährlich«, erklärt uns der Bauer. »Oft kommt es vor, dass wir acht Tage lang von der Außenwelt abgeschnitten sind. Wenn schlechtes Wetter herrscht wie heute und die Gefahr besteht, dass sich vom Berg Lawinen lösen, gehen wir den Kindern bis zur Schule in St. Nikolaus entgegen. Es wäre unvorsichtig, sie allein heraufgehen zu lassen.«

Da die Wege hier oben oft monatelang vereist sind, müssen sie Steigeisen anziehen. Sagt der Bauer: »Aber die ziehen wir auch im Sommer an, wenn wir die Wiesen mähen. Schaut euch nur um. Hier ist alles so steil.«

Die Kinder des Zernbriglhofes auf dem verschneiten, steilen und im Winter nicht ungefährlichen Weg in die Schule nach St. Nikolaus.

Dann fragen wir Albert, der im Winter als Knecht arbeitet, im Sommer als Hirte: »Wenn Sie heiraten würden, wo würden Sie hingehen zu wohnen?«
Die Antwort, die er uns gibt, ist auf ihre Weise verwirrend, aber auch großzügig. Nach kurzem Nachdenken sagt er: »Für mich wäre es unmöglich, eine Familie zu gründen. Ich probier gar nicht, mir ein Mädchen zu suchen. Warum auch, wenn ich dann, wenn ich heiraten würde, ja doch nicht wüsste, wohin ich gehen sollte.«
Meinrad, der Bauer, unterbricht ihn laufend und einigermaßen erregt. Er erzählt mir, dass allein im Ultental mehr als dreihundert Männer sofort bereit wären, nach Lana zu gehen, um in der Türenfabrik zu arbeiten, die dort ein schwedisches Unternehmen bauen möchte, aber die Großbauern und Hotelbesitzer dort unten würden eine solche Fabrik nicht gern haben. Wahrscheinlich, weil sie dann nicht mehr genug billige Arbeitskräfte finden würden, die jetzt in großer Anzahl aus den Bergen hinuntergehen, um in einem der reichsten Gebiete der ganzen Gegend Arbeit zu finden.
»Wir sind arm, einsam und verlassen.« So sagen sie uns. Wie oft schon habe ich diese zu Herzen gehenden Worte auf den Höfen gehört? »Niemand denkt an uns.« Ja, wer denkt an diese Menschen? Es scheint, den anderen gleichgültig zu sein, dass diese hier leiden müssen, dass der Schnee in der Nacht vom Wind auf ihre Betten getragen wird, dass ihr Essen oftmals erschreckend knapp und einfach ist, sie dafür aber unter der schweren Arbeit fast zusammenbrechen.
Einmal – erzählen sie uns – gab es »für uns kleine Beiträge«. Wenn man stattdessen geholfen hätte, eine Fabrik zu errichten oder auch ein anderes Produktionsunternehmen aufzubauen, wäre vielleicht die Verzweiflung auf den Bergbauernhöfen weniger tief. Und vielleicht könnte sie mit der Zeit ganz aufhören.
Meinrad hat große braune Augen und ein intelligentes Gesicht. Er scheint unter all dem zu leiden, aber er gibt sich Mühe, es nicht merken zu lassen. Seit mehr als drei Generationen wohnt seine Familie bereits auf diesem Hof. Ich frage ihn: »Wenn Flavio und ich allein, ohne Peter, zu Ihnen gekommen wären, hätten Sie uns eingelassen und mit uns geredet?«
Er zögert nicht und sagt fast feierlich: »Ich hätte euch selbstverständlich gern eingelassen.« Um seine Sympathie für uns zu bekunden, erzählt er uns, er sei in Livorno gewesen und anschließend in Kuppelwies, dort draußen beim See (wahrscheinlich war das zu der Zeit,

als italienische Firmen am Falschauerbach den Staudamm bauten), und dass er ein bisschen Italienisch gelernt hatte.
An der Wand hängt eine große Stickerei. Die Bäurin hat sie gemacht. In roten Buchstaben steht dort geschrieben: »Das Herz der Mutter ist wie ein Schmuckkästlein, das die Kinder mit Perlen verschließen. Der Vater ist mit Gold umgeben und dieser Schmuck nennt sich Familienglück.« Wer weiß, woher Berta diesen naiven Spruch genommen hat, von dem eine verlorene Unschuld, denkt man an die schillernde Industriegesellschaft, ausstrahlt.
Die Bäurin stickt. Auch ihre Tochter Anneliese. Ich sage es dem Mädchen. Es sieht mich an und schaut dann lächelnd zu ihrer Mutter. Da fühle ich mich verlegen, und um diesen Augenblick zu überbrücken, sage ich zusammenhanglos: »Anneliese, du bist die Tochter einer weisen Bäurin.«
Darauf Anneliese: »Sie ist eine große Bäurin, weil der Zernbriglhof ein großer Hof ist.«
Und jetzt geht es lebhaft voran mit unserem Gespräch. Auch Anneliese beißt herzhaft in einen Apfel, den sie sich vom warmen Ofen heruntergeholt hat. Die Äpfel kaufen sie unten im Dorf und liefern sie mit der Seilbahn herauf. Auch das Mehl, mit dem sie den Teig und dann im großen Backofen in der Küche das Brot machen, liefern sie mit der Seilbahn herauf. Würste machen sie selber, Knödel, Kraut, Mus und Milch haben sie auch. Milch und Kartoffeln. Suppe und Milch. Zu Kirchtag, wenn der Kirchweihtag in St. Nikolaus begangen wird, und auch im Winter, wenn sie das Heu vom Berg herunterliefern, werden Krapfen gebacken. Am Heiligen Abend gibt es ein Festessen mit Würsten, Kraut, Krapfen, Glühwein und Weihnachtszelten. Zu Ostern gibt es Braten. So ist es auf den Höfen im Ultental Brauch. Aber sonst müssen sie alles, was dort wächst, auf dem Rücken tragen und auch im Sommer die Steigeisen anziehen ...
Sie erzählen mir von einem fünfundsiebzig Jahre alten Mann, der fünfzig Kilogramm Zeug vom Dorf auf dem Rücken heraufgetragen hat. Er heißt Johann. »Johann redet viel und raucht die Pfeife.« Den hätte ich gern kennengelernt.
Ein Sturm ist losgebrochen, der Wind treibt den Regen vor sich her, im Wald oberhalb der Wiese schneit es und bald wird es auch hier schneien. Im Tal unten leuchten schwache Lichter auf. Die Lichter spiegeln sich kalt im Schnee.

Peter sagt, es sei Zeit zu gehen, weil der Steinbergweg lang und beschwerlich ist. Wir gehen hinaus in die Kälte, wir fühlen im Innern die Traurigkeit, aber ihre Ursachen begreifen wir nicht. Flavio verwünscht sich, weil er vergessen hat, für seine Fotoapparate einen Rucksack mitzunehmen, und weil es jetzt so stark regnet. Der Regen ist eisig kalt, so kalt wie die winterliche Einsamkeit in dieser verlassenen Gegend.
Die Kinder, die von der Schule heraufkommen, begegnen uns dort, wo die Lawine hinuntergegangen ist. Sie gehen nebeneinander her, in ihren leichten roten Windjacken, die Kapuzen über dem Kopf, die Schultasche auf dem Rücken. Die Wollhosen stecken in den Schuhen. Mich wundert's, welche spannenden Dinge Walther und Manfred sich wohl sagen. Sie nagen an einem Stück Brot, und mir scheint fast, als kümmerten sie sich um das Sauwetter gar nicht. Wie sie uns erblicken, halten sie ein wenig erstaunt den Schritt an, dann erwidern sie unseren Gruß und lachen mit breiten Gesichtern.
In St. Nikolaus erzählen uns die Leute, dass auch beim schlechtesten Schneewetter die Kinder von den Berghöfen nie in der Schule fehlen, auch wenn sie zwei Stunden zu Fuß gehen müssen und die im Dorf in ihren Häusern bleiben können.
Flavio macht eine Bemerkung dazu. »Das ist einfach ihre natürliche Art, die Welt zu sehen. Für sie bedeutet die Herausforderung der Natur mit ihrer Gegensätzlichkeit nichts anderes als ein Spiel, ein großes Spiel.«
Ich glaube, es könnte wirklich so sein.

Die Stube ist der einzige warme Ort des Hofes, sie wird zu einem richtigen Gemeinschaftsraum.

MERANO

Zum Sterben kehren die Vögel ins Nest zurück

Der Löcherhof auf 1780 Meter Meereshöhe liegt auf einem Hang des hinteren Martelltales, damals etwa eine halbe bis Dreiviertelstunde von der Landesstraße entfernt. »Gleich wie andere auf der linken Flanke des Plimabaches verstreute Höfe ist der Löcher ein Bilderbuchbeispiel für die mittelalterliche Besiedelung des Berges, im spezifischen Falle für die Besiedelung der rauen südöstlichen Berghänge zu Füßen der Orgelspitze (3304 m), die zur Ortlergruppe gehört«, schrieb Aldo Gorfer. Am Löcherhof lebten damals drei Personen, Bauer Luis Pircher, sein Vater, der ebenfalls Luis hieß, und die Mutter Franze. Die sechs Geschwister des Bauern waren zur Arbeit weit weggezogen, teils in die Schweiz, ein Bruder war bei der Waldarbeit ums Leben gekommen. Die Straße kam zu einer Zeit, als Luis Pircher bereits sechzig war, zu spät, um noch den Führerschein zu machen, auch einen Fernsehapparat kaufte er sich nie, auch nicht, als er alleine blieb. Nach seinem Ableben hat die Familie den Hof an ein älteres Ehepaar aus München verkauft. Die zwei wohnen ständig dort, mit einigen Schafen, die die Wiesen rund ums Haus abweiden, die entfernt gelegenen Weiden sind verpachtet.

Löcherhof (Gand im Martelltal), am 16. Dezember 1971

Endlich einmal eine Pendeluhr, die geht und zu den halben und vollen Stunden schlägt. Sie hing in der Stube des Löcherhofes im hinteren Martelltal neben der Tür und machte die Stille nur noch fühlbarer. Solche Pendeluhren habe ich auch auf den anderen Höfen entlang des Sebelwaldes, auf der südöstlichen Flanke der Orgelspitze gefunden. Wenn eine Stube ohne Pendeluhr ist – weil sie den Altertumshändlern verkauft wurde –, findet man dafür gewöhnlich einen oder auch mehrere Wecker auf dem Sims, die geräuschvoll ticken wie ihre bretonischen Artgenossen aus der guten alten Zeit.

Man könnte annehmen, dass all das von weniger fatalistischer Lebensauffassung zeugt, dass in den Beziehungen zur Umwelt und zu den Nachbarn mehr Klarheit und mehr Optimismus herrscht und man die eigenen Nöte und Erfahrungen anders bewertet. Zwei

Beim Löcherhof im hinteren Martelltal hängt an einer Stange im Garten das Skelett eines Hühnerhabichts. Es ist eine Vogelscheuche, die in ihrem grausigen Anblick die unendliche Einsamkeit der Berghöfe in sich zu vereinigen scheint.

Der Löcherhof auf 1780 Meter Höhe, eine einsame Hangansiedlung und ein treffendes Beispiel mittelalterlicher Besiedelung.

Dinge waren es vor allem, die mich beeindruckt haben: die freundliche Aufnahme, die man uns überall bereitete, und das Institut des Gemeinschaftswaldes. Eine persönliche Deutung dieser Umstände verleitet mich fast, in diesen Orten und bei ihren Bewohnern eine gewisse ladinische Vergangenheit zu erblicken, nicht so sehr in volklicher, als vielmehr in ethnologischer Hinsicht.
Irgendwie geht das auch aus der Bauweise der Höfe hervor, die keineswegs jene mittelalterliche Strenge zeigen, die wir andernorts fanden. Im Gegenteil, die Bauweise weist eine gewisse Planlosigkeit auf, die wohl umweltbedingt ist. Auch der Umstand, dass die Wälder Gemeinschaftsbesitz sind, nämlich Gemeindebesitz, deutet darauf hin. Die einzelnen Höfe, die ich besucht habe, verfügen über keinen oder nur einen ganz kleinen Wald. Diese Besonderheiten kommen auch in der Art der Gastfreundlichkeit zum Ausdruck, die man dem unbekannten Wanderer entgegenbringt.
Ich muss allerdings hinzufügen, dass mein Reisebegleiter aus dieser Gegend stammte und dort allgemein bekannt und geschätzt war. Schon seine Anwesenheit und noch mehr sein Eintreten für mich haben das Misstrauen abgebaut. Um mich zu vergewissern, wie die Leute dort eingestellt sind, habe ich öfters die Frage gestellt, wie sie sich mir gegenüber verhalten hätten, wenn ich allein, mitten im Winter, bei tiefem Schnee, einer Saukälte und nach langem Marsch auf diesen »Klettersteigen« zu ihnen gekommen wäre.
Drei verschiedene Bauern haben mir dieselbe Antwort gegeben: Sie hätten mich angehört, aber gesprochen hätten sie nicht oder nur dann, wenn sie mich ganz genau verstanden hätten.
So, wie die Dinge lagen, war die Begegnung mit dem Löcherbauern von einer Selbstverständlichkeit und Natürlichkeit gekennzeichnet, wie man sie zwischen Leuten findet, die sich seit jeher kennen. Wir kamen von der Waldheimhütte an der Marteller Straße, wo sich die Tatstationen der Seilbahnen und die Autoabstellplätze des Stallwies- und Greithofes befinden. Der Weg beginnt genau an diesem Punkt, führt über eine enge Brücke über den Plimabach und dann aufwärts über steile Abhänge, durch Wälder und frühere Murengebiete. Der gefrorene Schnee hat unseren Weg alles eher als erleichtert. An manchen Punkten, wo die Felsen steil abfallen, war es geradezu gefährlich. Sepp teilte uns mit, dass bei der Abzweigung zum Oberhof der ursprüngliche Weg sehr gefährlich sei. Vor Jahren war ein Knecht des Stallwieshofes hinuntergestürzt. Sie fanden ihn am nächsten Morgen

im Neubrückwald unten im Schnee liegen ... Seither vernahmen die Leute, die in der Nacht von Gand auf die Höfe zurückkehren oder auch hinuntersteigen, seltsame Geräusche und sahen Lichter im Wald umherirren. Da ließen sie einige Messen lesen und Geräusche und Lichter hörten auf.

Am Weg zum Löcher- und zum Stallwieshof findet man, zum Unterschied von anderen Bergwegen, keine Bildstöcke. Dafür gibt es eine Menge kleiner Brücken, die über reißende Wildbäche hinwegführen. Die Landschaft ist wild wie im Hochgebirge, tief verschneit, schweigsam, unterbrochen nur vom leisen Rauschen des Plimabaches tief unten im Tal.

Der Löcherhof ist der erste einer ganzen Reihe. Man findet ihn hoch oben und muss einen schmalen Steg durch Felsgestein durchschreiten, ehe man die steile Hangfläche erreicht, auf der er sich majestätisch und einsam wie ein Schloss erhebt. Die Fassade ist der aufgehenden Sonne entgegengerichtet. Die Sonne steigt hinter den Kämmen der Zwölferspitze auf, von der in regelmäßigen Abständen Lawinen durch die Broatlahn heruntersaußen. Das breite Giebeldach schützt die beiden Söller. Stall, Scheune, Holzschuppen, Hühnerstall, Kaninchenstall, Garten, Hühnerhof (Hennenstoll) und Brunnendach – der Brunnen ist aus einem rohen Baumstamm gehauen – schmiegen sich malerisch an das Hauptgebäude an. Sie sind aus Holz gebaut.

Auf einer Stange im Gemüsegarten (Gortn) hängt wie am Kreuz das Skelett eines Hühnerhabichts (Hennengeier). Diese Vogelscheuche ist eine beeindruckende Allegorie des mittelalterlichen Galgens. Er hebt sich nach allen Seiten gegen den Himmel ab, die zum Greifen nahen Bergspitzen umgeben ihn. Dieser Vogelgalgen erinnert auch an eine jener Lebensrunen, die die Bauern des Oberen Vinschgau am ersten Fastentag auf den Hügeln aufstellten, um dann dort den geheimnisvollen Ritus des Scheibenschlagens zu feiern. Der in der Kälte erstarrte kahle Garten und der darüber befindliche Hühnerhof vervollständigen das Bild. Beide sind von dicken Steinmauern abgestützt und gleichen verfallenden Festungen.

Weiter drüben fällt der Hang zum Tal ab, durch das der Mühlegertbach fließt. Die terrassenförmig angeordneten Felder und Wiesen reichen hinauf bis zu einer aus Holzstämmen gezimmerten Almhütte.

Sepp sagt uns, dass auf diesen Äckern Getreide angebaut wird. Aus seiner Stimme klingt Bewunderung. Sie ist berechtigt, wenn man bedenkt, dass die Felder sich auf 1800 Meter Meereshöhe befinden.

Der Hofplatz ist schmal und windig wie ein Felsband. Keine Menschenseele ist da. Aus dem Tal kommt das Rauschen des Baches. In der Ferne hört man einen Hund bellen. Sonst nichts.
Wahrscheinlich haben sie uns zugesehen, wie wir den Schnee heraufwateten. Und jetzt warten sie, bis wir anklopfen. Wir halten an und nehmen den Sonnenaufgang in uns auf und versuchen, die Namen der Bergspitzen zu erraten, die gegen den Cevedale hin emporragen. Die Brunnennase ragt aus der Steinmauer des Hauses hervor, als ob die Quelle sich im Inneren des Hauses befinden würde. Längs der Mauer verläuft ein Pflaster aus Lärchenstöcken, die tief in die harte Erde eingegraben sind. Damit wird der Brunnen mit der Außenstiege verbunden, die zum Hauseingang führt.
Dann öffnet sich die Haustür und der Bauer Luis kommt herunter. Sein Vater, der auch Luis heißt, ist ins Dorf hinuntergegangen. Die Mutter Franze ist in der Stube. Der Bruder des Bauern arbeitet in der Schweiz, ein anderer Bruder ist bei einem Unfall im Wald ums Leben gekommen.
»Für einen zweiten Bauern ist hier kein Platz«, sagt Luis, »denn es ist unmöglich, mit zweieinhalb Hektar felsigem Boden und drei Kühen mehrere Personen zu ernähren.«
Geheiratet hat er nicht, weil er kein Mädchen gefunden hat, das bereit gewesen wäre, auf den Hof zu kommen. »Das ist nicht so einfach«, fügt er hinzu. »Vierzig Mädchen gehen hinunter ins Tal, heraufkommen höchstens drei.«
Den Hof würde er unter keinen Umständen verlassen. Auf dem Hof fühlt er sich frei und auf seine Art auch glücklich. Den Winter, die Einsamkeit, die Arbeit und die Schwierigkeiten fürchtet er nicht, auch wenn er alles mit Muskelkraft allein schaffen muss und die vereisten Wege es ihm noch erschweren. Daran hat er sich gewöhnt, wie sich ein Soldat an den Krieg gewöhnt.
Er lehnt sich an den Zaun und dreht sich eine Zigarette. Die Hosen sind auf den Knien mehrmals geflickt. Ich schätze ihn auf etwa vierzig Jahre. Er redet mit der abgeklärten Einfachheit eines Einsiedlers aus vergangenen Zeiten. In die Politik und in die Politiker hat er kein allzu großes Vertrauen, »weil die sich um unsere Probleme nicht kümmern«. Er denkt oft an den Stilfser-Joch-Nationalpark und die damit verbundenen Probleme. Der Hof liegt innerhalb der Parkgrenzen, und es besteht die Gefahr, »dass den Bauern die Freiheit genommen wird«.

Zu Grund und Boden hat er ein inniges Verhältnis, denn dieser Boden hat schon drei volle Generationen ernährt (und vorher noch viele weitere). »Das Einkommen ist sehr gering. Wir leben hart am Rand des Existenzminimums«, erklärt er uns. »Aber auch dort unten im Tal und in den Städten gibt es nicht nur Gutes.«

Ein trauriger Zug geht über sein Gesicht. »Geld verdient man hier keines. Das war in der Vergangenheit so und wird wohl in Zukunft auch so sein. In dieser Hinsicht gibt es für uns keine Zukunft.«

Ich frage ihn: »Werdet ihr den Hof einmal verlassen?«

Seine Antwort: »Ich glaube, es wird einmal sogar so weit kommen, dass die, die weggegangen sind, zurückkommen, denn das Leben in der Stadt ist hart und unmenschlich. Auch die Vögel kehren zum Sterben in ihre Nester zurück. Wenn meine Generation ausstirbt, werden vielleicht Verwandte den Hof übernehmen. Er wird auf jeden Fall überleben.«

Was er sagt, bewegt ihn offenbar selber sehr stark. Ich frage ihn danach, und er nickt, dann zündet er sich eine Zigarette an, die er geschickt auf dem rauen Hosenstoff gedreht hat. »Ich denke oft an diese Dinge und es ist schmerzlich«, sagt er.

»Hat Ihnen noch niemand solche oder ähnliche Fragen gestellt?«

»Niemand.«

»Was meinen Sie? Welches sind die schwerwiegendsten Probleme für die Höfe hier?«

»Der Kampf gegen den Stilfser-Joch-Nationalpark. Die Leute auf den Höfen haben kein Vertrauen mehr, weil alles unsicher ist und man nichts Genaues weiß. Sogar der Bau der Straße von Gand zum Niederhof, wo die Schule ist, wird in Frage gestellt. Was dann?«

»Wie viele Stunden am Tag arbeitet ihr hier?«

»Im Sommer oft sechzehn Stunden.«

Sepp, Flavio und ich rechnen es uns aus. Wenn die Arbeit eines Bergbauern gleich bezahlt würde wie jene eines Arbeiters, das heißt rund dreihundert Lire die Stunde, würde Luis an den längsten Arbeitstagen viertausendachthundert Lire verdienen.

Unvermittelt frage ich ihn: »Verdienen Sie viel an einem Tag?«

Luis belustigt das und er sagt: »Nein«, um dann hinzuzufügen, »wenn ich viel verdienen würde, hätte ich ja genug Geld.«

Flavio hat inzwischen neben dem Holzbrunnen ein eigenartiges Holzgestell entdeckt. Luis erklärt uns, dass es sich um das Gestell für den Schleifstein (Schleifstoan) handelt. Er holt den Schleifstein aus dem Schuppen und fügt ihn in das Gestell ein. Der Stein dreht sich. Er ist ins Wasser eingetaucht. Luis legt ein Messer an und die Funken stieben.

Die Sonne ist inzwischen höher gestiegen. Um diese Jahreszeit geht sie um elf Uhr auf und um vier Uhr nachmittags unter. Am Tag der Wintersonnenwende scheint sie nur zweieinhalb Stunden, von halb eins bis drei Uhr. Aber am Josefitag, wenn die Leute von den Höfen am Morgen zur Messe hinuntergehen, scheint die Sonne schon. Auf diesen Tag warten sie mit Ungeduld, und es ist fast ein Ritus, in der Sonne ins Tal hinunterzugehen.

Flavio hat noch etwas anderes entdeckt. An den Bretterverschlag des Kaninchenstalles sind zwei Haselhäher genagelt. Wir fragen den Bauern, ob er sie erst kürzlich auf der Jagd erlegt habe?

Luis erklärt uns, dass er sie dort für den Fuchs aufhängt. »Der Fuchs kommt und frisst die Vögel. Dafür lässt er dann die Kaninchen in Ruhe.« An der Wand des Hasenstalls hängen nebeneinander die Sensen, die »Misthuanz«, die »Kraxn« zum Heutragen und andere Geräte, die für den Bergbauern notwendig sind.

Unter dem Holzdach befindet sich der große Backofen, seine grauen und schmutzigen Mauern nehmen sich nur unklar vom Halbdunkel ab. Dann ist da noch der Stall und darüber der Heustadel. Die Stalltür ist so niedrig, dass man den Kopf senken muss, wenn man eintritt. Auch die Decke, getragen von alten Balken, ist niedrig. Mattes Licht gelangt durch enge Fenster wie durch Schießscharten ins Innere. Das Vieh: Kühe, Kälber und Schweine leben in Holzumfriedungen, wo sie auch fressen, sich entleeren, urinieren, schlafen, gemolken werden oder Milch trinken. Das Heu wird durch eine Luke vom Stadel heruntergeschafft.

Die letzten Bewohner des Löcherhofes: Mutter Franze (rechts) und Luis (Seite 80).

Bockshörner hängen an verschiedenen Stellen, aber auch geweihte Palmbesen.
»Glaubt ihr daran?«, frage ich.
»Bis jetzt schon«, sagt er lächelnd, »dann wird man ja sehen ...«
Franze, die einundsiebzigjährige Mutter, ist inzwischen ungeduldig geworden. Vor ihr springt der Hund Fuasl daher, ein recht anhängliches Tier! Er springt auf meine Arme, dann saust er herum wie ein Kobold. Ich begreife. Luis ist Jäger und braucht einen Hund. Im Winter trägt er Heu hinaus in den Wald, um die Rehe zu füttern. Warum?
»Damit sie überleben können«, sagt er.
Und dann bringt ihr sie um.
»Genau. Aber nicht alle. Nur einen kleinen Teil.«
Franze ist ein scharfsinniges altes Frauchen. Sie steht mitten auf der Stiege mit ihrer rosa geblümten Schürze, die in der Taille mit türkisfarbener Wolle geflickt ist.
Jetzt ist es endlich so weit. Wir betreten das Haus. Luis stellt Brot und Wein auf den Stubentisch, Franze holt ein Stück Almkäse und fordert mich auf, nur ruhig zuzupacken. Sie steckt das Messer tief in den Käselaib.
Wir wollen den Speisezettel des Hofes erfahren. Sie haben nichts dagegen, im Gegenteil, es belustigt sie. Es beginnt am Morgen mit »Supp und Muas«, zu Mittag gibt es Knödel, Kraut, Schaf- oder Schweinefleisch und Kartoffeln, hie und da auch ein Glas Wein, »der zu viel kostet«, als dass man ihn öfter trinken könnte. Zum Abendessen gibt es Suppe, Brot und Erdäpfel. Zwischen den Hauptmahlzeiten gibt es noch am Vormittag das »Holbmittog« mit Brot, Speck oder Käse, dann dasselbe zur Marende, so dass also fünfmal am Tag gegessen wird.
Wie die »Herren«?
Luis lacht. »Wie die Herren? Die Herren schaffen sich an, was sie wünschen, und was sie wünschen, finden sie dann auch auf dem Tisch.«
»Und Franze, was haben Sie im Leben alles durchgemacht?«
»Es gab Freud und Leid. Zur Hälfte Freuden, zur Hälfte Leiden.«
»Welches war der größte Schmerz?«

Luis war überzeugt: »Es wird vielleicht einmal so weit kommen, dass die, die weggegangen sind, zurückkommen, denn das Leben in der Stadt ist hart und unmenschlich. Auch die Vögel kehren zum Sterben in ihre Nester zurück ...«

»Das war, als mein Sohn dort oben bei der Waldarbeit ums Leben kam.«
Das Bild des Verstorbenen hängt zwischen Heiligenbildern und der doppelläufigen Flinte des Bauern Luis.
Franze stammt vom Greithof. Zur Hochzeit ist sie mit den Verwandten hinunter in die Kirche gezogen. Nach der Trauungsfeier gab es ein »schönes« Hochzeitsmahl im Gasthaus, dann machten sie die Hochzeitsreise nach Maria Weißenstein.
Ich frage, ob es ihr zusagen würde, den Winter in einem schönen, geheizten Haus im Dorf unten zu verbringen.
»Nein. Lieber bleibe ich hier. Das hier ist mein Haus.«
»Hatten Sie nie Angst, wenn Sie allein auf dem Hof waren?«
»Nein. Ich bin daran gewöhnt. Am meisten Angst hatte ich damals, als mein Sohn oben im Wald bei der Arbeit verunglückte.« »Wenn jemand vom Hof stirbt, wie bringt ihr ihn hinunter ins Dorf?«
»Die Leiche bleibt zwei Tage auf dem Hof. Dann wird sie mit dem Schlitten hinuntergebracht und alle Bauern der umliegenden Höfe geben ihr das Geleit. Von Gand aus wird die Leiche in der Bahre auf den Schultern bis zum Friedhof getragen.«
»Glaubt ihr an die Geister der Toten«?
»Früher einmal redeten die Leute von Lichtern und Geräuschen. Manche sollen sie gesehen und gehört haben. Sie deuteten diese Dinge auf ihre Weise. Die Toten, sagten sie, kommen zurück und machen sich bemerkbar, damit die Leute sie sehen können. Von diesen Dingen ist jetzt aber nicht mehr die Rede.«
Ich schlage vor, sie sollen uns eine der Sagen, die Zingerle über das Martelltal gesammelt hat, erzählen. Franze und Luis beginnen auswendig: »I binn ein alter Mann, Dent'n Bederwald. Neunmal jung und alt, Den Rotspitz wie einen Glufenkopf, Und'n Schluderspitz, Wie a Kloa von an Kitz, Und die Schwarzwand Wie an Manderhand ...«
In der Stube wird es lebendig von jenen Wesen, die einmal in den Wäldern gelebt haben: Die »Wilden Fräulein« mit ihren langen, schmutzigen Haaren (»Auch heute gibt es Leute mit langen und schmutzigen Haaren«, bemerkt Luis dazu), der »Wilde Monn«, »die Orgen«, die »Trattla«, die »Hurla Widder«, die im Tal oberhalb der Kirche hauste und mit der die Mütter drohten, »damit die ungehorsamen Kinder brav würden«.
Aber Luis und Franze glauben nicht daran, das ist ganz offensichtlich. Sie haben auf dem Hof elektrisches Licht und auch ein Radio. Fern-

seher sehe ich keinen. Luis hat vermutlich meine Gedanken erraten, denn er sagt: »Vom Fernsehen halte ich nicht viel.«
»Warum?«
»Weil das Fernsehen die schönen Dinge aus unserer Welt nicht zeigt. Und deshalb lernen die jungen Leut nichts daraus.«
Dazu Franze: »Kartenspielen ist viel schöner.«
Wir müssen aufbrechen, denn wir wollen noch zum Stallwieshof hinaufsteigen, der über 1900 Meter hoch liegt. Der Schnee wird immer tiefer, aber die Sonne scheint warm. Hinter der Biegung des Felsens breitet sich eine Mulde aus, auf der die Spaltenzäune und Stangenzäune phantastische Formen in den Schnee zeichnen. Hier verlaufen die Grenzen der einzelnen Höfe. Entsprechend verlaufen auch die Zäune, einmal auseinander, dann wieder zusammen. Für diese Landschaft ist das ein typisches Bild.
Ein alter Bewässerungskanal aus Holz ragt aus dem Schnee hervor. Er hat offenbar ausgedient, ein Relikt untergegangener Zivilisation. In der Tat ist der große Hochegghof, auf 1856 Meter Höhe gelegen, verlassen. Die zwei Familien, die einmal dort lebten, sind ins Tal hinuntergezogen. Der Eindruck ist desolat, die Einsamkeit kalt wie der kristallklare Himmel.
Ein einsames Holzkreuz steht am Weg, auch eine kleine Kapelle voller Bilder, mit Mauerrissen breit wie eine Hand, steht noch da. Im Jahre 1881 hatten die Franziskaner in Bozen für jene, die hier den Kreuzweg gegangen wären, einen Ablass gewährt. Ein Bild Pius IX. hängt da, aber wenn man das Tor öffnet, kreischt es wie in einem Kriminalfilm. Der Verfall kommt einem buchstäblich entgegen.
In der Nähe führt die Seilbahn vom Waldheimhof zum Greithof vorbei. Der Greithof ist eine gute halbe Stunde Weges entfernt. Am Gehänge ist eine Kiste zum Transport der Schweine befestigt. Die Kiste liegt kopfüber im Schnee. Der Deckel ist weit offen.
Knapp am Rande des Abgrundes, auf dem ebenen Platz vor dem Hochegghof, einem »Doppelhof«, fließt aus dem Holzbrunnen noch immer das Wasser, hartnäckig und ausdauernd. Das Dach ist im Verfall begriffen. Vergessen steht ein geglätteter Stein da, auf dem die Wäsche ausgeschlagen wurde. Jahreszahlen sind darauf eingraviert. Vielleicht erinnern sie an frohe oder an traurige Ereignisse. Auch auf dem Stallboden sieht man, dass die Generationen seit Jahrhunderten darübergegangen sind.

Bei den Gebäuden ist Holz aufgestockt, an den kleinen Fenstern hängen noch die Vorhänge, aber aus dem Kamin auf dem Dache kommt kein Rauch, kein Hund bellt, kein Vogel singt, keine Pendeluhr zählt die Stunden. In der Nacht laufen auf dem Haushof die Rehe herum. Man sieht ihre Spuren im Schnee.
Ich denke, dass der Hof und die Scheunen bei Wind heulen müssen wie die armen Seelen im Fegfeuer.
»In einem dieser Häuser«, sagt Sepp so leise, als befänden wir uns in einer riesigen Kathedrale, »sind siebzehn Kinder auf die Welt gekommen.«

»Der Hochegghof, 1856 Meter hoch gelegen, befindet sich auf einer Moränenterrasse, etwa eine halbe Gehstunde vom Löcherhof entfernt. Er besteht aus zwei sehr alten Wohnhäusern, die noch einige mittelalterliche Bauelemente aufweisen. Im Jahre 1968 wurde dieser Hof verlassen. Die zwei Familien, die dort wohnten, sind nach Gand hinuntergezogen, wo sich die Männer als Arbeiter verdingt haben. In den letzten Jahren sind weitere sechs Höfe im Martelltal verlassen worden«, schreibt Aldo Gorfer. Auf dem Weg nach Stallwies ist er damals nur vorbeigewandert, haltgemacht hat er nicht. Der vordere Hochegghof wurde später vom Künstler Luis Stefan Stecher gekauft, dann von Uschi Demeter, der damaligen Frau des Extrembergsteigers Reinhold Messner. Johann Gamper, jüngster Sohn des hinteren Hochegghof-Hauses hat es ihr nach seiner Rückkehr aus der Schweiz abgekauft, als das hintere Haus ein Raub der Flammen wurde. Nach seinem frühen Tod hat sein Bruder Luis den Hof übernommen, seit seiner Pensionierung lebt er dort bei der Familie seines Sohnes.

Der Hochegghof auf einer kleinen Moränenterrasse. Er liegt 1856 Meter hoch. Im Hintergrund der Cevedale. Der Hof ist vor einigen Jahren verlassen worden.

Der Stolz, Bauer zu sein

Der Stallwieshof im Nationalpark Stilfser Joch auf 1953 Meter Höhe ist einer der höchst gelegenen Bergbauernhöfe in Südtirol. Bereits Ende der 1970er-Jahre hat eine Zufahrt eine Sanierung der Hofstatt ermöglicht, bald wurde aus dem Hof eine beliebte Jausenstation mit Streichelzoo. Damals lebten Personen am Stallwieshof, eineinhalb Stunden Gehmarsch waren es bis zur nächsten Straße. Der Vater Luis hatte damals schon den Hof seinem Sohn Eduard übertragen, Eduard Stricker ist heute zweiundachtzig und lebt mit seiner Frau Irma, dem Sohn Oswald, dem Bauern und Wirt, der Schwiegertochter Jana sowie zwei Enkelkindern am Hof. Neben dem Bergrestaurant gibt es auch Gästezimmer.

Stallwies (Martelltal), am 17. Dezember 1971

Der Stallwieshof ist das höchst gelegene ständig bewohnte Anwesen im Ortler-Cevedale-Gebiet und eines der höchst gelegenen Südtirols überhaupt. Man erreicht ihn über einen Weg, der auf der linken Flanke des Plimatales den Berg heraufführt. Der Hof liegt im hinteren Martelltal, mitten in einem fast unendlichen Kreis von Bergen, Tälern und Lawinen.

Die Wanderung dort hinauf ist beschwerlich, aber gesund und lehrreich. Die gesunde Bewegung, die man machen muss, wird belohnt von Eindrücken über die schwere, aber tiefe Liebe des Menschen zum Leben. Hier gibt es wilde Gebiete, aber auch bebaute Flächen und dann wiederum Striche, in denen die Natur erneut die Oberhand gewonnen hat, nachdem der Mensch den Kampf aufgegeben hatte. Der Winter ist plötzlich hereingebrochen. Mehrere Schneefälle und in deren Gefolge polare Kälte haben ihn gebracht. Der Weg ist das einzige Zeichen menschlicher Einwirkung. Die Leute von den Höfen haben ihn offen gehalten. Daneben versinkt man bis zu den Hüften im Schnee.

Hier oben ist die Einsamkeit fast unendlich. Fast haben wir Angst, dieses ungeheure Schweigen zu verletzen. Das Schweigen ist erdrückend wie die hohen Berge, die sich gegen den Himmel abheben. Und

Bauer Eduard sagte: »Es ist schwer, ohne Hoffnung auf eine bessere Zukunft zu leben. Aber vielleicht würde der Stallwieshof trotzdem nicht aufgelassen werden ...«

doch, es ist, als ob man weit weg einen langen, ununterbrochenen Hornton hören würde. Das Echo in diesem Amphitheater von Felsen und Wäldern pflanzt den Ton fort. Vielleicht ist es der Humus der Geschichte jener Menschen, die hier die Herausforderung der Erde angenommen und ihr den Stempel aufgedrückt haben. Es war ein Zwiegespräch zwischen Gewalt und Liebe. Vielleicht.

An der Kreuzung der Wege zu Füßen der Felsen – ein Weg führt nach Stallwies, der andere längs dem Sebelwald zum Greithof – steht ein Schafstall. Er ist von allen Seiten eingeschneit, ein länglicher, im Verfall begriffener Steinbau. In meiner Phantasie entsteht das Bild unbekannter Menschen, die auf der Flucht diese Unterkunft errichtet haben. Der Bau ist sehr niedrig und steht auf dem natürlichen Felsen, der einzige Dachflügel verläuft parallel zum Abhang, die Wände sind aus übereinandergelegten Holzstämmen roh gezimmert, breite, ungeschickt gezimmerte Brettertore führen ins Innere.

Im Sommer ziehen die Schafherden von einer Almwiese (Leger) zur anderen und machen auf diese Weise die Wiesen fruchtbar. Die einzelnen Flecken, mehr noch die Ortsnamengebung, zeugen von der Besiedelung dieses Gebietes. Die Besiedelung hört bei den hochgelegenen Höfen nicht auf, sondern erfasst den ganzen Berg bis hinauf zur Vegetationsgrenze.

Die Geschichte dieser Menschen ist bescheiden. Sie ist nicht gekennzeichnet von Jahreszahlen und Kriegen, von Mächtigen oder von Städten. Sie kann nur von armen und verzweifelten Leuten berichten, deren Wohlergehen von der Natur im Ablauf der Zeit selber bestimmt worden ist. Das ist immer so gewesen.

Die Besiedelung der Berggebiete ist in aller Stille erfolgt und trägt gerade deshalb etwas Geheimnisvolles an sich. Wenn man hier heraufkommt, packt einen die Forscherleidenschaft, aber wenn man dann näher hinblickt und die Realität erfasst, bleibt einem das Wort im Halse stecken, und man wird unsicher. Die intellektuellen und sozialen Gedankenspielereien verlieren Bedeutung und Wert, die Wirklichkeit wird eine andere, Träume, die man einst in der Einsamkeit hatte, werden Wirklichkeit. Sie sind nichts anderes als von der Natur selbst geschriebene Geschichte.

Der Stallwieshof mitten in einer kleinen Hochebene am Rande der Baumgrenze. Er liegt 1933 Meter hoch und ist eine der höchst gelegenen Südtiroler Dauersiedlungen.

Die Ortsbezeichnungen haben einen Sinn. Die Geschichten über die »Lichter«, die die stete Verbindung zwischen Lebenden und Toten, zwischen den guten und schlimmen Wesen, die die Wälder bewohnten, bedeuteten, dann die Feuer, die an gewissen Abenden angezündet werden, die Segnungen, die Palmbesen und geweihten Kräuter, die Bilder vom Heiligsten Herzen Jesu, die Kruzifixe: Sie alle gehören zu dieser Geschichte. Dazu gehört das jahrhundertealte Schicksal der Höfe, der verbissene, epische Überlebenskampf, der Wechsel der Generationen, von denen jede einzelne der nächstfolgenden etwas mit auf den Weg gegeben hat. Geht man den Weg in die Zeiten zurück, gleichsam wie an einem Ariadne-Faden, so stößt man auf das Brauchtum längst vergangener Generationen. Mit der Christianisierung sind diese Bräuche zum Teil veredelt, zum Teil unterdrückt worden. Etwas davon ist bis auf uns gekommen. Es wird heute als Besonderheit aus vergangenen Zeiten abgetan, obwohl darin viel authentische Geschichte des Menschen zu finden ist.

Der Stallwieshof liegt auf einer gerodeten Hochebene, im Hintergrund ein Waldstreifen den Berg entlang. Weiter oben, bis hinauf zu den Gletschern, ist Weideland. Jetzt befinden wir uns auf 1933 Meter Höhe, wir lesen es auf dem weißen Verputz des Hofgebäudes. Eine Stiege mit fünfzehn Stufen führt hinauf zum Eingang. Die Ställe und die Scheune befinden sich gleich daneben. Sie sind aus massivem Holz gebaut. Ein Spaltenzaun umgibt den Hof. In einem kleinen Tälchen steht die Mühle. Zwischen Wirtschaftsgebäuden und Wohnhaus steht der Brunnen, aus einem Lärchenstamm gezimmert und von einem kleinen Dach geschützt. Die Spaltenzäune zeichnen dunkle Muster in den Schnee, sie verlieren sich in der Ferne.

Einmal, so erzählt der Vater (Voter) Luis, war hier alles Wildnis. Er sitzt auf der Ofenbank. Dann kamen die Menschen herauf und hackten die Bäume um, sie legten Felder und Wiesen an. Sie arbeiteten mit primitiven Geräten, etwa mit scharfen Eisenstücken, die an starken Griffen befestigt waren. Später wurde beim Stallwieshof eine Mühle gebaut. Die Bauern der vier umliegenden Höfe kamen überein, dass jeder diese Mühle benutzen konnte. Damals war das Wohnhaus ganz aus Holz gebaut, ebenso der Stall und die Scheune. Im Haus gab es nur zwei Zimmer, ein großes und ein kleines. Von der Küche aus sah man das Dach.

Die Gebäude, wie sie jetzt stehen, stammen aus dem vorigen Jahrhundert. Stadel und Stall wurden 1857 erbaut, das Wohnhaus 1864. Die Holzstämme des vormaligen Wohnhauses wurden zum Bau des Stalles gebraucht.
Aber der Stallwieshof reicht viel weiter zurück, ebenso die umliegenden Gehöfte. Sie entstanden im Mittelalter. Der Bauer Eduard weiß sogar das genaue Jahr: 1332. Der Gründungsakt des Hofes, sagt er, steht in einer alten »Chronik« geschrieben, die im Widum von Gand aufbewahrt wird. Die ersten Siedler waren Leute, die vor der »Versklavung« und Ausnutzung durch die Grafen von Vinschgau hier heraufgeflüchtet waren. Dies weist wohl darauf hin, dass die Besiedlung der Berggebiete vom damals herrschenden Feudalsystem ausgegangen ist. Die Wälder des Martelltales befanden sich in der Tat im Besitz der Feudalherren von Schloss Montani, nach der Napoleonischen Reform gingen sie auf die Gemeinde über, die die alten, seinerzeit eingeräumten Rechte weiter beibehielt.
Was die Überlieferung im Volk weitergegeben hat, wird von den historischen Unterlagen bestätigt. Bereits im Jahre 1364 zitiert der Marteller Kanoniker Eberhöfer in seiner »Chronik« ausdrücklich den Stallwieshof und die anderen Gehöfte. Zu dieser Zeit war die landwirtschaftliche Besiedelung des Tales in vollem Gange.[3]
In den höher gelegenen Gebieten fiel die Wahl der Siedler auf die sonnenausgesetzten Hänge. Die vielen mit der ungünstigen Lage verbundenen Gefahren wurden hingenommen. Im Tal unten bestand für die Höfe die ständige Gefahr, vom Plimabach bei Hochwasser überschwemmt zu werden.
Die Grundzüge der Wirtschaft sind heute eigentlich kaum anders als in jenen vergangenen Zeiten, doch die Konsumwirtschaft hat ihren Weg auch in diese abgelegenen, altväterlichen Gebiete gefunden. Ehe sie die Menschen erreicht, wird sie aber abgemildert, gefiltert durch die Entfernungen, die Wege, die Seilbahnen, durch das magere Einkommen, das oft nicht ausreicht. Von außen wird das nicht richtig wahrgenommen. »Die Bergbauern«, sagt man, »sind die wahren Träger der Südtiroler Kultur« – und überlässt sie ihrem Schicksal.
Man fühlt sich weit zurückversetzt, wenn man die Blutlache auf der vom Schnee geräumten Erde sieht, zu Füßen der Stiege, die zum Eingang des Hofes hinaufgeleitet. Das zum Trocknen in der rußgeschwärzten Küche aufgehängte Schaffell, in einer Abstellkammer die Schafwolle, in der Stube die vielen Jagdtrophäen, die Holzschuhe,

das Roggenbrot auf den »Brotrechen«, die Bockshörner, die an den Stallwänden festgenagelt sind, die breiten Schalensteine auf den Wiesen: Das und viele andere Dinge stammen aus längst vergangener Zeit, als der Mensch in dieser Umwelt von Viehzucht, Ackerbau und Walderträgnissen lebte und sich fortpflanzte.

Dass sie eben erst ein Schaf geschlachtet hatten, ging mir schon auf, bevor Josef es mir sagte, denn ich sah die Blutlache, das zum Trocknen aufgehängte Fell in der Küche und die Leberknödel, die in einem Topf mit wohlschmeckender dunkler Suppe schwammen. Josef sagte mir, dass Rindfleisch nicht zur Bauernkost gehört. Die Rinder werden zur Milcherzeugung gehalten, aus der Milch wird Käse und Butter gewonnen. Man verkauft sie an die Händler. Aber man schlachtet sie nicht.

Der Hof ist ein wahres Wunderwerk aus Holz. Außer der Küche sind sämtliche Räume mit Zirbenholz ausgekleidet, über den Eingängen hängen zierliche Kiefernzweige.

Aus der alten Stube wurde das Schlafzimmer des Bauern gemacht. Hier merkt man den leichten Stileinfluss aus dem Tal (so wie man ihn etwa in den Vorstadtwohnungen findet): das große lackierte Bett, der Schrank aus Plastik, die Kommode, der große Spiegel, die auffällig geblümte Steppdecke und die große Schnapsflasche sehen sich sehr malerisch an. Ich frage die Leute, ob sie bei so viel Holz nicht Angst vor dem Feuer haben. Sie antworten, dass noch niemals ein Hof im Martelltal durch Feuer zerstört wurde und dass »der Blitz gar nichts macht«.

Die Frauen kamen und gingen aus der Stube und jedes mal hatten sie etwas zu lachen. Offenbar belustigte sie unsere Anwesenheit, da wir ohne Voranmeldung an diesem kalten Tag zu ihnen gekommen waren. Die beiden Frauen heißen Irma und Pauline. Irma ist die junge Frau des Bauern. Sie wurde jedes mal dunkelrot, wenn wir ihr eine Frage stellten. Pauline, die Schwester des Bauern, arbeitet während der Saison im Fremdenverkehr.

Pauline behandelte uns während des Essens mit großer Zuvorkommenheit, wie man sie Freunden der Familie angedeihen lässt. Es gab Schafsleberknödel. Wir saßen am Tisch in der Stube unter dem

Voter Luis mit seinen zweiundsiebzig Jahren: »Ich bin nicht mehr imstande, das zu leisten, was ein Bauer auf diesem Hof leisten muss. Wenn ich die Leitung des Hofes nicht Eduard übertragen hätte, wäre ich allein geblieben. Eduard wäre dann abgewandert.«

großen Kreuz, das vom unbekannten Künstler mit Blut bespritzt worden war, so, als hätte der Gekreuzigte viele Messerstiche erhalten.
Ich fragte Pauline, ob sie je daran gedenke, den Hof zu verlassen.
Sie überhörte die Frage ganz absichtlich, nahm das Transistorradio und ging hinaus in die Küche. Aus dem Radio kam Musik und füllte die Räume aus, während draußen die Sonne auf den Schnee schien und das Auge blendete.
Da kam es aus ihr heraus. »Nein«, gedehnt und entschieden, als würde sie es ein Dutzend Mal hintereinander sagen. Und weg war sie wieder, um die Lieder aus dem Radio anzuhören.
Der Bauer Eduard grinste und zog bedächtig an seiner Pfeife. Er schien, sich einen Spaß daraus zu machen.
Die neue Generation ist beweglicher geworden. Sie weiß, wie es in der Welt draußen zugeht, sie hat eine realistische Auffassung von der Bergwirtschaft, sie weiß um die Schwäche der Bergbauernhöfe, aber es fehlt ihr noch die Kraft, positiven Druck auf diesen ewigen Gang der Dinge auszuüben oder gar das Ganze hinter sich zu lassen.
Der Voter Luis seinerseits ist von einer Offenheit, wie man sie bei den »Yankees« findet. Ich wollte ihn provozieren, ihn und den Bauern, ich wollte sie gegeneinander ausspielen. Der Voter Luis war eben dabei, mit der Schneeschaufel den Weg zum Schmiedhof hin aufzuschaufeln und dann Heu in den Stall zu schaffen. Als ich zu fragen begann, verschob er diese Arbeit und zündete sich wieder die Pfeife an. Er sagte, das Leben auf den Bergbauernhöfen hänge von dem ab, was die Erde, der Stall und die Jagd hergeben. Jagd war für sie zugleich Freizeit und Notwendigkeit. Die Jagd auf Murmeltiere zum Beispiel war ganz einfach eine Notwendigkeit, denn das Fett war (und ist es noch immer) als Mittel gegen rheumatische Beschwerden und andere Schmerzen erprobt.
Ich fragte, ob das Leben heute ähnlich verläuft wie in der Vergangenheit. Worauf die beiden in ein gewaltiges Gelächter ausbrachen. Dann sagte der Voter Luis: »Heute ist das Leben viel schöner als zu der Zeit, als ich noch ein Kind war. Früher musste man nach Goldrain hinuntergehen, um einzukaufen und auch unsere Produkte zu verkaufen. Alles musste auf dem Rücken geschleppt werden. Von hier hinunter und dann wieder herauf. Das waren fünf Gehstunden. Ich habe unzählige Male Mehl hinunter- und Salz heraufgetragen.«
Ich wollte mehr wissen. »Warum ist das Leben auf den Höfen heute viel schöner?«

Voter Luis sagte: »Weil es die Straße gibt [sie geht bis zur Waldheimhütte, von der aus es bis herauf zum Hof noch immer eine gute Stunde harten Fußweges braucht, Anm. d. R.], weil es die Seilbahnen gibt und man nicht mehr gezwungen ist, immer alles auf den Schultern heraufzutragen.«
Der Bauer Eduard schwieg, seine Frau lehnte den Kopf an seine Schulter.
»Die Jungen«, sagte der Voter Luis weiter, »wissen gar nicht, wie gut es ihnen heute geht!«
Dann erzählte er uns von seinem abenteuerlichen Leben, wie er als Bub auf der Alm war und vierzig Kühe melken musste, sie hüten musste, unter freiem Himmel schlafen musste, und das alles für ein paar Stück Brot täglich, ein paar Schalen Milch und eine Schürze voll Kartoffeln.
Der Hof warf nicht genug ab, um die Familie zu erhalten. Luis war gezwungen, sich als Ziegenhirt zu verdingen. Täglich musste er die Tiere von den einzelnen Höfen längs dem Sebelwald abholen, auf die Weide bringen und sie dort hüten. Wenn er mit zwei Fingern pfiff, folgte ihm das Vieh, erzählte er.
Eng verbunden mit dieser Tätigkeit als Hirte und Jäger, als Teil des Überlebenskampfes, und auch in engem Bezug zum Aberglauben, zum Glauben an die Geister der Vorfahren, ist die Legende von einem Jäger, der eines Sonntags einen weißen Hirschen durch das Schludertal bis hinauf zur Schluderspitze verfolgte, die mit ihren 3230 Meter Höhe hoch hinter dem Hof emporragt. Der Jäger begegnete dem alten Stallwieser. Die ganze Nacht hindurch blieb er in den Felsen stecken. Am nächsten Morgen wurde er von einem Hirten gesehen. Da es nicht möglich war, an ihn heranzukommen, eilte der Hirte nach Gand hinunter, um den Geistlichen zu holen. Der Geistliche kam mit dem Allerheiligsten, um dem armen Manne den Segen zu erteilen. Dann rief jemand, aus Erbarmnis, plötzlich seinen Namen. Der Jäger drehte sich um und stürzte vom Felsen.
Üblicherweise halfen die Geister der Verstorbenen den Lebenden, wenn diese als Gegenleistung für die armen Seelen Messen lesen ließen. Die Geister warnten sie mit Lichtern oder dem Ticken der Uhr vor drohender Lawinengefahr. Einmal wurde diese Warnung auf den Felsen der Schneelahn, wo die Hochfläche des Stallwieshofes beginnt, den Murmeltierjägern zuteil. Sie waren schon vorher im Pedertal von einer großen Feuerkugel gewarnt worden. Aber der

Oswald aus Gand – er befand sich auf der Hirschjagd – konnte nicht mehr rechtzeitig davonlaufen, weil es zu stark schneite. Eine Lawine, die von der Zwölferspitze herunterrollte, erfasste und tötete ihn. Ein Gedenkstein beim Zufritt-Staudamm erinnert an dieses Unglück: Es hatte sich im Oktober 1893 ereignet.

Voter Luis ließ in seiner Erzählung von diesen Vorkommnissen, die engstens mit der Landschaft verbunden sind, in der der Hof steht, immer wieder die tiefe Besorgnis durchscheinen, wie es mit dem Stallwieshof weitergehen werde. Als ich ihn fragte, warum er denn den Hof an seinen Sohn weitergegeben habe, obwohl er mit seinen zweiundsiebzig Jahren noch immer sehr rüstig sei, antwortete er: »Ich bin nicht mehr imstand, all das zu leisten, was ein Bauer auf diesem Hof leisten muss. Wenn ich die Leitung des Hofes nicht Eduard übertragen hätte, wäre ich allein geblieben. Eduard wäre dann abgewandert.«

Der Stolz, Bauer zu sein, »Herr des Bodens«, reicht also aus, um einen jungen Mann hier oben zu halten? Eduard war in diesem Punkt eher vorsichtig: »Wenn die Zukunftsaussichten besser sein werden als sie es jetzt sind, würde ich mich schon in der Lage fühlen, den Hof weiterzuführen. Sonst freilich wird es schwierig sein ...«

Was er sich unter »Zukunftsaussichten« vorstellt, erklärte er mir anschließend. Es ist nicht viel: nur eine Straße, die mehr Fremdenverkehr bringt oder überhaupt erst einmal Fremde bringt.

Die Bergbauern »arbeiten wie die Teufel«, sagt der Bauer. Sie arbeiten auf den Feldern und im Gemeindewald.

»Und wenn diese besseren Zukunftsaussichten nicht kommen«, fragte ich, »was dann? Werden die Höfe dann verlassen werden wie der Hochegghof?«

»Es ist schwer, ohne Hoffnung auf eine bessere Zukunft zu leben. Aber vielleicht würde der Stallwieshof trotzdem nicht aufgelassen werden.«

»Und wenn man Ihnen einen Arbeitsplatz in der Fabrik anbieten würde? Würden Sie annehmen?«

»Das käme darauf an, wo. In der Stadt nicht. In Schlanders oder in Laas allerdings wäre es etwas anderes.«

Der Greithof auf 1858 Meter Höhe wurde im MIttelalter gegründet und liegt eine gute Wegstunde oberhalb der Marteller Straße. Er wird von zwei Familien ganzjährig bewohnt.

Der Vater hört aufmerksam zu, was der Sohn mir sagt. Er ist mit den Antworten nicht einverstanden, besonders nicht mit der letzten. Er konnte nicht an sich halten, und noch bevor der Sohn antwortete, kam aus seinem Mund ein entschiedenes »Nein«.
Tatsache ist, dass der Bauer in seiner Tradition noch durchhält. Aber er wird wahrscheinlich weichen, wenn die alte Generation einmal nicht mehr da ist. Es wird schwer sein, die Kluft zwischen dem sozialen Gefüge im Tal unten und den abgelegenen Einfamilienhöfen zu überbrücken. Denn von beiden Seiten aus werden die Dinge des anderen zu voreingenommen gesehen.
Ich fragte den Bauern, ob die Leute auf den abgelegenen Berghöfen das »Leben derer da unten«, deren Nöte und Schwierigkeiten und Errungenschaften begreifen. Er sagte, er wolle nichts wissen von diesen Schwierigkeiten und Nöten.
Später kam dann auch die Großmutter aus Gand zurück, wo sie die Pension ihres Mannes abgeholt hatte. Ihr schien unsere Anwesenheit, Verlegenheit zu bereiten. Sie hatte gewusst, dass Leute auf den Hof gekommen waren, weil sie die Spuren im Schnee gesehen hatte. Aber sie wusste nicht, wer es war. Die Fußspuren ihrer Angehörigen kannte sie. Die unseren waren ihr fremd.
Sie setzte sich zum Ofen und erzählte ihrem Mann, was es im Dorf Neues gab. Von den sechs Kindern ist nur einer, nämlich Eduard, auf dem Hof geblieben. Die anderen sind weggegangen oder werden noch weggehen.

Die Stallwieser Mühle neben dem Wald. Seit undenklichen Zeiten dient sie den vier Höfen dieses Gebietes.

Langer Weg durch die Nacht

Der Greithof im hinteren Martelltal liegt auf 1858 Meter Meereshöhe. Wie Aldo Gorfer in seiner Fußnote schrieb, erreichte man ihn damals von der Waldheimhütte aus, die an der Landesstraße ins Martelltal liegt, in einer bis anderthalb Gehstunden. Der Hof ist bereits im Mittelalter erwähnt und besteht aus zwei Wohnhäusern mit Ställen und Nebengebäuden. Im November 1971 wohnten insgesamt zehn Personen hier, Aldo Gorfer hat die Familie des Greithofes besucht, in Greit, wie der zweite Hof sich nennt, war er nicht. Damals wohnten drei Personen dort, und dann lange eine Frau, Elisabeth Holzknecht, allein. Ihren Hof hat Neffe Josef Kuenz übernommen, er bewirtschaftet ihn mit seiner Frau Frieda und den drei schulpflichtigen Kindern. Am Greithof hingegen wohnen die alte Bäurin Rosa Gamper, ihr Sohn Franz Josef, der damals vier Jahre alt war, und dessen Frau Sabine. Auf beiden Höfen werden Ferienwohnungen vermietet.

Greithof (Martelltal), am 18. November 1971

Sobald es am Firmament dunkler wird, steigt die Nacht schnell vom Tal herauf, der Frost malt kalte Arabesken auf die doppelten Fenster der Stube, unbemerkbar fließt Melancholie in die Gemüter der Menschen, das Reden wird schwerfälliger, man beginnt zu schweigen und lässt die Stille auf sich einwirken.

Starker Wind hatte sich draußen erhoben, die Hühner des Greithofes waren in den Stall zurückgetrippelt und drückten sich an die Holzplanken, der Mann vom Viehzuchtverband war von Gand heraufgekommen und dann mit Adolf vom Schmiedhof hinauf zum Stallwieshof gegangen. Er hatte Filzgamaschen über den Schuhen und einen Stock mit Eisenspitze. Er sprach gut Italienisch und war mit uns recht freundlich.

Adolf lebt auf dem Schmiedhof allein. Den Hof hat ihm der Vater erst auf dem Totenbett überlassen. Er wollte das Kommando nicht aus der Hand geben, obwohl er schon dreiundachtzig Jahre alt war. Mit dem angeborenen Misstrauen alter Menschen, so erzählt man sich, hatte er Angst, dass er nach der Hofübergabe womöglich unter der Stiege

Eine Begegnung in der Nacht auf dem Hocheggweg bei fast polarer Kälte. Die Rosa vom Greithof ging nach Gand hinunter, um Medikamente für die kranke Tochter zu holen.

die Alpenrosen blühn
die Berge glühn
Ruh' bring ich mein Almleben zu.

oder in der Hundehütte schlafen müsste. Der Gedanke von der biblischen Gewalt des Bauern war tief in ihm verankert. Jetzt ist Adolf allein und er fühlt die Einsamkeit. Es sei schwer weiterzumachen, sagte er uns, aber er könne seinen Hof trotzdem nicht verlassen.
Und wenn er einmal nicht mehr ist, wird der Hof dann verlassen? Die Angst, dass dem so sein könnte, ließ sich nicht verbergen, und auch der benachbarte Gartenegghof könnte aufgelassen werden, denn auch dort haust ein Einsiedler, der schon die zweiundsiebzig Jahre hinter sich hat.
Auf dem Lanegghof hingegen sind neun Kinder, acht Buben und ein Mädchen. Was werden sie tun, wenn sie einmal erwachsen sind und der Hof dem »privilegierten Erben« übergeben wird? Der Bauer scheint, nichts davon wissen zu wollen, dass seine Kinder »studieren gehen«, weil sie sonst »einfach zu gescheit werden«.
An diesem Abend habe ich am Greithof die Angst miterlebt. Marta hatte Fieber. Das Fieber stieg beunruhigend. Das Gesicht des Kindes nahm sich gerötet und zugleich bläulich von den Decken ab. In der Stube mangelte die frische Luft, es roch nach Tabak, Fett und Schnaps. Und es war kalt. Eine Tür führt hinaus auf einen baufälligen Vorraum, wo man die Sterne erblickt. Die Küche ist kalt wie ein Eiskeller. Sie befindet sich neben der Stube. Wenn es Wind hat oder schneit, muss sich die Bäurin damit abfinden.
Der Greithof ist einer der ältesten im hinteren Martelltal. Er liegt auf einer kleinen Terrasse im abschüssigen Berghang auf 1858 Meter Höhe, er ist so alt und verwahrlost, dass es den Eindruck macht, als wäre er im Verfall begriffen. Einige Balken stammen aus dem 16. Jahrhundert.
In einem der beiden Häuser wohnen drei Personen, im anderen, darunter liegenden, deren sieben: der Bauer Albert, seine Frau Rosa, die Großmutter und die vier Kinder Walpurg, neun Jahre alt, Fridolina, Marta und Franz Josef, der vier Jahre alt ist. Sie gehen täglich zum Niederhof zur Schule, zusammen mit achtzehn weiteren Kindern von den Sebelwaldhöfen.
Wenn es stark schneit und die Wege lawinengefährdet sind, müssen die Kinder daheim bleiben. Es ist nicht immer leicht, die Lawinen-

Marta beklagt sich nicht, obwohl das Fieber sie schüttelt. Mit neugierigen Augen verfolgt sie unsere Bewegungen. Die Großmutter sagte: »Wenn ihr hierbleibt, erzähle ich euch einen Haufen Sagen, alle, die der Benefiziat von Gand in seinem Buch gesammelt hat.«

gefahr vorauszusehen, aber sie fühlen es instinktiv. Wir wundern uns darüber. »Das müssen wir einfach wissen«, sagt der Bauer, den unsere Verwunderung einigermaßen belustigt.
Der Winter ist plötzlich hereingebrochen und die damit verbundenen Unpässlichkeiten haben auch diese Familie nicht verschont. Der Bauer hat Mandelentzündung. Er hat sich einen warmen Verband um den Hals gelegt, um so die Kälte draußen ertragen zu können. Der Bauer ist ein schneidiger Mann, höflich und gastfreundlich. Wir reden mit ihm über seine Sorgen, und da ereifert er sich, aber mit Zurückhaltung. Er hat seine Ansichten und glaubt daran. Die Großmutter ist weit redefreudiger. Sie weicht keinen Augenblick vom Stuhl neben dem Bettchen, in dem die kranke Marta liegt. Violettes Licht, viel schöner als es ein Farbfilm bannen kann, dringt durch die kleinen Fenster herein. Durch die Fenster hat man einen Ausblick auf die unendlichen Felsen der Zwölferspitze.
Marta beklagt sich nicht, obwohl das Fieber sie schüttelt. Mit neugierigen Augen verfolgt sie unsere Bewegungen. Das Federbett deckt sie zu. Neben dem Bettchen steht der Nachttopf. Marta ist schon seit drei Tagen krank und erbricht sich dauernd.
Die Großmutter ist uns offenbar zugetan. »Wenn ihr hierbleibt«, sagt sie, »erzähle ich euch einen Haufen Sagen, alle, die der Benefiziat von Gand in seinem Buch gesammelt hat.«
Im Jahre 1922 war sie Magd auf einem Hof im Schnalstal. Damals sah sie ein »Licht von oben« herunterschweben und über dem Zuhof stehen bleiben. Tatsächlich war zu diesem Zeitpunkt ein Mann mit der Seilbahn verunglückt. Die Leiche wurde zum Hof gebracht, das Licht erlosch.
In der Erzählung der Großmutter scheint ein wenig jene magische Poesie durch, die man in der althochdeutschen Skop'schen Dichtung findet. Man verspürt darin noch die religiöse Eingebung im Goethe'schen Sinne, worin das Unbekannte und das Wahrnehmbare vermittelt werden und in der Erfahrung des Zufälligen zusammenfließen. Beide versuchen sie, eine Erklärung der zahllosen Geheimnisse rund um das Leben zu geben. Oder anders: das Geheimnis um das menschliche Schicksal in Traum und in der Vision zu lüften.
Vielleicht handelt es sich um ein fernes, verzerrtes Echo des germanischen Heldenepos, das in der Literatur zur Zeit der großen Völkerwanderungen seinen Niederschlag gefunden und seine Größe und Wirklichkeitsnähe zur Zeit der »Totentänze« erreicht hat.

Als Kind vernahm die Großmutter einen »dumpfen Schlag« im Heustadel des Oberwieshofs, obwohl anscheinend niemand dort war. Sie wunderte sich sehr darüber. Am Abend erzählte sie den Vorfall dem Vater, der sie nur auslachte. Trotzdem ließ er am folgenden Sonntag vom Geistlichen in Gand eine Messe lesen. Und tatsächlich stürzte dann von der oberen Tenne ein schwerer Holzbalken herab, ohne dass jemand verletzt worden wäre ...

Die Großmutter erzählt ihre wundersamen Legenden in einer so pfiffigen Art und Weise, dass die Spannung zu einem richtigen Vergnügen wird. Diese Legenden lassen eine Atmosphäre fast mittelalterlichen »Minnetrinkens« entstehen. Die Kinder folgen den Erzählungen, ohne sich sehr viel daraus zu machen, weil sie offenbar daran gewöhnt sind. Oder vielleicht deshalb, weil auch auf den einsamen Berghöfen die Zeit, in der man noch wirklich an das Wirken der Geister der Vorfahren auf dem Hofe glaubte, geschwunden ist?

Walpurg malt mit ihren Farbstiften ein Haus, hoch und gerade wie ein Wohnpalast in der Stadt, aber kahl und starr wie ein Hof. Fridolina mit ihrem spitzen, intelligenten Gesichtchen wartet ungeduldig auf mein Urteil über das Heft, in dem sie ihre Italienischaufgaben geschrieben hat. Sie sagen, dass die Italienischlehrerin sich nur zum Beginn des Schuljahres ein paar Mal hat blicken lassen, dann nicht mehr. Es sei schade, meinen sie. Aber mit der Deutschlehrerin ist es nicht viel anders. Auf dem Niederhof unterrichtet eine Hilfslehrerin. Im vergangenen Jahr hat eine Hilfslehrerin die andere abgelöst.

Der Bauer schüttelt den Kopf. Auch mein Freund Josef schüttelt den Kopf. Sie nennen ihn hier einfach Seppele. Er hat studiert und deshalb auf das Erstgeborenenrecht auf seinem Hof verzichtet. Den Hof hat sein Bruder bekommen.

Obwohl er es mir nicht offen sagt, begreife ich, was er denkt, nicht nur über die Schule, sondern auch über andere Dinge.

Hier befinden wir uns fast in der Wüste. Wie viele von jenen Leuten, die die Macht in der Hand haben, finden herauf zu diesen einsamen Höfen? Haben denn diese Leute weniger Rechte als die anderen?

Inzwischen hat die Großmutter davon zu erzählen begonnen, wie sie mit den Hexen zusammengekommen ist, und ihr Tiroler Dialekt hat das Timbre einer Zimbel. Es klingt wie der packende Rhythmus eines Liedes von Oswald dem Wolkensteiner, in dem mit Runenzeichen die wunderschönen Bilder eines Grimm'schen Märchens gezeichnet werden.

Die Hexe von den Plattahex-Wiesen hatte schmutzige, lange Haare, die ihr hinunterreichten bis zu den nackten Füßen. Die Großmutter war vier Jahre alt, als sie sie auf einem Lindenast herunterkommen sah. Als ein Hirte mit den Schafen vorbeizog, flüchtete sie in den Wald. Die Großmutter fragte den Hirten verwundert, ob er denn die Frau mit den schmutzigen, langen Haaren nicht gesehen habe. Der Hirt tat überrascht. »Welche Frau mit schmutzigen, langen Haaren«, fragte er. »Aber ich habe sie doch gesehen, wie sie an dir vorbeigegangen ist«, sagte die Großmutter. Ungläubig zog der Hirt seines Weges. »Ich habe sie mit meinen eigenen Augen gesehen«, ruft die Großmutter aus, als wollte sie uns von der Wahrheit dieser Legende überzeugen.
Sie mischt sich auch gleich ins Gespräch ein, das wir mit dem Bauern angefangen haben. Lebhaft sagt sie: »Die Bergbauern brauchen einen Haufen Geld. Wie sollen sie sonst weiterkommen?«
Einen Haufen Geld. Was stellt sich ein Bergbauer unter »einem Haufen Geld« vor?
Ich frage den Bauern, wie viel ein Bergbauer im Jahr über das, was er zum Leben und zum Schlafen braucht, hinaus noch verdient. »Nichts«, sagt er. Albert besitzt drei Hektar Boden, die Familie, die im benachbarten Hof wohnt, besitzt ebenso viel. Im Sommer arbeiten sie von Sonnenaufgang bis Sonnenuntergang. »Wenn einer«, sagt Albert, »den Hof richtig bearbeiten will, bringt ihn das manchmal fast an den Rand der Verzweiflung. Aber man arbeitet weiter und kümmert sich nicht um das, was morgen passieren kann.«
Und er fügt hinzu: »Wir müssen leben. Leben muss man. Was will man machen?«
Vor dem Küchenfenster hatte ich eine Art Gitter aus dünnen Holzstäben gesehen. Ich fragte nach dem Zweck dieses Gitters. Genau wusste es der Bauer selber nicht. Er hat sich die Frage auch nie gestellt. Er hat das Gitter immer da gehabt und so belassen. »Ich meine, dass es als Schutz vor Dieben gedacht war«, sagte er. »Man hat es vor Jahrhunderten gemacht.«
Ob sie Angst haben, dass die Diebe bis hier heraufkommen? Wäre es nicht ein Leichtes, diese Gitter zu zerbrechen?
»Das schon,« sagt der Bauer, »aber was sollen Räuber auf einem Berghof stehlen? Im Gegenteil, sie müssten etwas heraufbringen.« Er meint auch, dass die Holzstäbe als eine Art Alarmglocke dienten: Wenn die Diebe sie zerbrachen, hätten sie dabei so viel Lärm gemacht, dass die ganze Familie aufgewacht wäre.

Das alles scheint dummes Gerede zu sein, aber hier, bei dieser Einsamkeit und Stille, die das Gemüt bedrückt, hilft es weiter.

In den langen Wintermonaten schleicht die Einsamkeit unmerklich ins Haus. Sie erfasst sie alle, ohne dass sie es merken, wie bei den Ungewittern und Blitzen im Sommer, wenn der Regen niederfällt. Dann haben sie nur ein einziges Gegenmittel, ein sakrales, fast magisches, nämlich die geweihten Kräuter im Herd zu verbrennen: wie ein Gebet, ein Bann gegen die Geister, die die Natur bevölkern.

Der Bruch mit der Außenwelt, mit dem glanzigen und unruhigen Stadtleben, ist in vielen Verhaltensweisen zu finden, nicht allein nur in der Einstellung gegenüber dem Fremden, nicht nur in den Gesprächen, die mit den Leuten von den Berghöfen in ihrem eigenen Lebensgebiet geführt werden. Dieser Bruch kommt noch schmerzlicher zum Vorschein, wenn die direkte Berührung mit einer anderen, mächtigeren Zivilisation hergestellt wird.

Im Gespräch mit vielen älteren Leuten ist die »Angst« vor dem Leben in der Stadt, beispielsweise in Meran oder Bozen, zum Ausdruck gekommen. Das hat mich sehr stark berührt. Bei den Kindern war es dasselbe.

Einmal begaben sich der Bauer Albert, die Bäurin Rosa und alle Familienangehörigen nach Meran, aber die Kinder bekamen es schrecklich mit der Angst zu tun, sie fingen an zu weinen. Albert und Rosa blieb nichts anderes übrig, als wieder umzukehren. Der plötzliche Übergang von einer »wilden« Umwelt, wo der Mensch, obwohl unter der Gewalt der Natur, noch Schmied seines eigenen Schicksals ist, auch wenn er ununterbrochen darum kämpfen muss, zu einer anderen Welt, die von einer Menge oftmals unverständlicher Regeln und Zwänge beherrscht wird, ruft nicht selten schockähnliche Emotionen hervor. Auch von diesem Blickwinkel her muss man die Realität des bergbäuerlichen Lebensstils mit seinen Hauptfaktoren Einsamkeit und Verlassenheit betrachten.

Es ist zu einfach, wenn nicht gar egoistisch, dass die Außenwelt leichten Herzens um die Figur des Bergbauern einen Mythos webt und ihm einfach den Heiligenschein der Bodentreue und geistigen Tradition anheftet. Zur Einsamkeit und Verlassenheit des Bergbauern kommt noch ein drittes: sein »Glück«. Die Bergbauern, vordem die ältere Generation, wiesen jedes andere Lebensmodell einfach zurück. Warum?

Hier wird das Problem vielschichtig: Wenn die Berggebiete verlassen werden, könnte das verheerende Folgen haben; das Gleichgewicht der Natur würde verloren gehen. Allerdings, wenn »von außen« mehr Entgegenkommen, mehr Verständnis und Liebe, dafür aber weniger Mitleid gezeigt würde, könnten Mensch und Gleichgewicht der Natur gerettet werden. Der Bruch zwischen beiden Gesellschaftssystemen – man redet ja so oft darüber – könnte zumindest abgemildert werden. Die Ungerechtigkeit würde kleiner, wenn man den sozialen, wirtschaftlichen und kulturellen Fortschritt der höher entwickelten Gesellschaft auch diesen Menschen näherbringen und sie zu Nutznießern desselben werden lassen würde.
Den Leuten auf den Höfen im Sebelwaldgebiet würde viel Vertrauen in die Zukunft geschenkt, wenn die Straße zum Niederhof, der trotz aller gegenteiligen Behauptungen und Gerüchte auch die Verwaltung des Stilfser-Joch-Nationalparks zugestimmt hat, endlich gebaut würde, das heißt, wenn der politische Wille, die Leute aus ihrer Isolierung zu befreien, endlich konkret durchgeführt würde.
Über diesen Punkt zeigte sich der Bauer Albert jedes mal, wenn wir darüber sprachen, sehr bekümmert.
Marta fieberte noch immer sehr stark, Rosa verbarg ihre Besorgnis darüber nicht. Sie fragte, ob sie mit uns zur Waldheimhütte hinuntergehen könnte und ob wir sie dann bis Gand mitnehmen würden. Die Hebamme in Gand hätte ihr vielleicht eine gute Medizin raten können, damit das Kind wenigstens in dieser Nacht eine Linderung erhielt.
Wir brachen sofort auf und stiegen eilig über den vereisten Weg hinunter. Die Lichtbündel unserer Taschenlampen spielten auf dem Schnee. Rosa wirkte beruhigt, aber sie trieb zur Eile.
Bei der Wegkreuzung nahe dem Hochegghof begegneten wir dem Mann vom Viehzuchtverband aus Gand und Adolf vom Schmiedhof. Sie kamen von Stallwies herunter. Eisiger Wind fuhr uns über die Gesichter. Wir verlöschten unsere Taschenlampen und gingen im unwirklichen Licht der Sterne weiter. Der Himmel war kristallklar. Man sah den Stern Sirius und weiter hinten Mars, der einer zinnoberroten Perle ähnlich sah. Der Mann vom Viehzuchtverband sagte,

»Wenn einer den Hof richtig bearbeiten will, bringt ihn das manchmal fast an den Rand der Verzweiflung. Aber es muss weitergehen, und man denkt nicht daran, was morgen geschehen wird ...«

auf dem Mars wüte jetzt ein Sandsturm. Wir alle lachten, denn es schien uns, alles absurd und jenseits der Wirklichkeit zu sein. Was ging uns schließlich ein Sandsturm auf dem Mars an? Und doch trug diese Bemerkung dazu bei, alles noch geheimnisvoller zu machen, wie das Gefühl um eine verlorene Liebe oder das grenzenlose Schweigen jener Nacht.

Dann trennten wir uns und eilten den Weg abwärts. Der Stern Sirius war immer noch gerade vor uns, bis sein Licht hinter dem des heraufsteigenden Mondes verblasste und wir wieder mit unserer Melancholie, Hoffnungslosigkeit und Einsamkeit allein waren.

In Gand ging Rosa zur Hebamme. Sie kam bald wieder mit zwei Medikamentenschachteln, die sie fest in der Hand hielt, so, als hätte sie die Heilung Martas in der Hand. Wir fuhren zum Waldheim zurück, aber Rosa wollte nicht, dass wir mit ihr bis zum Hof hinaufgingen. Sie sei es gewohnt, diesen Weg bei jedem Wetter allein zu gehen, sagte sie. Wir bräuchten uns, um sie nicht zu sorgen.

Uns schien es, als wäre sie um uns mehr besorgt, weil wir ja die Wege nicht kannten.

Sie ging über den Bach davon, und noch lange sahen wir das Licht der Taschenlampe den Berghang emporirren, bis es in der Einsamkeit des Waldes sich verlor.

Und Marta? Würde ihr Fieber zurückgehen und damit die Angst auf dem Hof gebannt werden? Josef sagte, dass alle Angst bekommen, wenn jemand plötzlich erkrankt. Der Betreffende wird dann mit der Seilbahn zu Tal befördert. Das sei fast ein Akt der Verzweiflung.

Mit der Seilbahn befördern sie nicht einmal die Toten. Die tragen sie auf den Schultern zum Friedhof.

Die Großmutter erzählt ihre wundersamen Legenden in einer so pfiffigen Art und Weise, dass die Spannung zu einem richtigen Vergnügen wird.

Die Mutter, die Hungers starb

Ritzail (Mauls), am 9. Dezember 1971

Von den vierundsiebzig Höfen auf dem Maulser Berg im oberen Eisacktal sind neunundzwanzig bereits verlassen oder nicht mehr ganzjährig bewohnt. Diese Entwicklung dauert noch nicht sehr lange, nicht mehr als ein Jahrhundert etwa. Wie es genau ablief, lasen wir im »Sammelkorn-Büchlein« des Pfarrarchivs. In diesem Büchlein werden sämtliche Höfe und der Getreideanteil angeführt, den sie alljährlich zur Erhaltung des Geistlichen abzuliefern hatten.

Je nach der Größe des Grundbesitzes mussten die einen mehr, die anderen weniger abliefern. Ein »großer Hof« etwa musste drei Viertel Star (Scheffel), das sind fünfzehn Kilogramm, Getreide abgeben. Die Abgabe der kleinen Höfe hingegen war sehr gering, aber trotzdem wertvoll, vor allem deshalb, weil sie für den kleinen Hof ein schweres Opfer bedeutete.

Das Sammelkorn-Büchlein ist eigentlich nur mehr eine romantische Erinnerung. Aber der Brauch besteht immer noch, auch wenn die Hälfte der Höfe ihn vergessen zu haben scheint. Es gibt noch immer Bauern, die ihren Sack Roggen ins Dorf hinuntertragen. Andere wiederum erstatten ihren Beitrag in Geld, weil sie kein Getreide mehr anbauen.

Ich konnte nicht genau herausbekommen, ob die Priester seinerzeit die Pflicht hatten, sämtliche Bergbauernhöfe zu besuchen. Ich bin überzeugt, dass sie ihre Rundgänge machten und nicht darauf warteten, bis die Leute zur Sonntagsmesse ins Dorf kamen. Aber es gab auch andere, die »Speckpater«, wie mir die Leute in verschiedenen Orten Südtirols mit hintergründiger Miene erzählt haben. Das sind jene stillen, gutherzigen Benefiziaten, die den kleinen Genüssen dieser Welt gar nicht so abhold sind und sie durchwegs den beschwerlichen Wegen bei Wind und Wetter vorziehen.

Im Unterdach des Widums von Mauls fanden wir einen malerischen »Alpenstock«. Für wen er gemacht worden war, erfuhren wir nicht, aber sicher für einen Priester, der seine Aufgabe ernst nahm.

Ich kann ihn mir fast vorstellen, wie er an einem Tag wie heute, wo es »weht«, über den Steig nach Ritzail hinaufgeht, eine schwarze,

Der Stofflhof ist verlassen. Der Wind reißt die Schindeln vom Dach, der daneben gelegene Backofen bricht zusammen.

Der Troterhof auf Ritzail im oberen Eisacktal.

vom Wind geschüttelte Figur, wie er sich auf den langen Stock stützt, der an einen Hirtenstab aus längst vergangenen Zeiten gemahnt. Dieser sakrale »Alpenstock« hat in der Tat etwas Wundervolles an sich. Der geschnitzte Holzgriff stellt den gekreuzigten Christus dar. Auf den beiden ausgebreiteten Armen des Gekreuzigten ruht in seligem Schlafe ein heiliger Mönch. Und darunter, das Kreuz umarmend, beten Maria und ein zweiter Mönch, während die Schlange, Sinnbild des Bösen, besiegt zu Füßen liegt.
Die Symbolhaftigkeit ist einfach wie das Glaubensmodell und die damit verbundene Lebensart, die nur mehr in diesen vereinsamten Berggegenden standhält. Hier kann man noch echte Menschlichkeit finden, Menschen, denen allerdings Dostojewski'sche Schwermut anhaftet, und deren Gesichter gemeiselt erscheinen wie jene Pacher'scher Figuren. Auch wenn diese Leute ihr Leben gewohnt sind, fühlen sie doch die Mühen und Leiden, aber sie fürchten sich nicht davor.
Dies zu behaupten, würde rhetorisch klingen, wenn es rhetorisch wäre. Aber die Einsamkeit des Einzelnen hinter den glitzernden Fassaden der Hochhäuser oder hinter dem Intellektualismus, der den Kopf bläht, das Herz aber aushöhlt, ist viel grausamer und bitterer.
Hier überlebt eine patriarchalische Zivilisation. Viele ihrer Werte sind zwar im Zuge der modernen Gleichschaltung verloren gegangen, aber trotzdem gibt es sie noch, auch wenn sie dem üblichen Weltbild nicht mehr zuzugehören scheint. Rein äußerlich kommt sie in den Heiligenbildern und in vielen anderen Symbolen zum Ausdruck, die man in den Höfen und an den Wegen, die zu den Höfen führen, findet. Diese Symbole versinnbildlichen jene Hoffnung, die die moderne Kultur unterwegs verloren hat. Ihre Seele ist leer, ohne Gott.
Der Bruch liegt zwischen den beiden Extremen: auf der einen Seite die atavistische Resignation vor dem Schicksal, um dafür im Jenseits die Belohnung zu bekommen, auf der anderen Seite die Überheblichkeit, Herren des Lebens zu werden. In der Mitte sollte oder müsste das Bewusstsein von der Evolution der menschlichen Gemeinschaft liegen. Gozzini hat geschrieben: »Gott entfernt sich und stirbt immer dann, wenn er als eine Art schenkender Ausgleich gegen Hunger, Ungerechtigkeit, Krieg und gegen andere Übel, die vom Menschen verschuldet sind, hergenommen wird. Er kann nur dann erkannt und der Glaube an ihn gelebt werden, wenn seine Gegenwart hier und

jetzt den Kampf gegen Hunger, Ungerechtigkeit, Krieg, gegen alle Ursachen der von Menschen verschuldeten Übel belebt.«

Wie der amerikanische Anthropologe E. Wolf schreibt, ist eines der alten Mythen, auf denen die Figur des Tiroler Bauern aufbaut, die »Aufrichtigkeit gegenüber der Kirche«, die nach der Reformation »im Bund zwischen den Tirolern als privilegiertem Volke und dem Heiligsten Herzen Jesu« ihre größte Bedeutung erlangte.

Doch die vielen Begegnungen mit der Außenwelt, das Radio, die Zeitungen, die Abwanderung und die Fabriken formen dieses Bild allmählich um, besonders unter den jungen Menschen. Man muss fast die politische Überzeugung teilen, dass die Südtiroler Kultur sich nur dann retten kann, wenn man den Bergbauern das Überleben ermöglicht.

Es wäre ganz einfach zu bequem zu sagen, dass die isoliert in den Bergen lebenden Menschen auf ihre Art glücklich sind. Und tatsächlich wird dies von gewissen »Zaungästen«, freilich nicht von den Betroffenen selbst, mit einem kleinen Hintergrund von Nostalgie gesagt, weil sie, obwohl sie alles oder fast alles haben können, sich irgendwo nach dem einfachen, naturnahen Leben sehnen. Sie erliegen einer Täuschung.

Unzweifelhaft hat sich vieles geändert. Die Welt geht mit Riesenschritten voran, man holt bereits Mondsteine herunter.

Aber jetzt ist Winter, und der Nordostwind wütet und schleudert uns eisigen Schnee wie Schrotkörner ins Gesicht. Die Leute bleiben auf den Höfen, weil sie wissen, dass es gefährlich wäre, sich zu entfernen. Gerade unter diesen Umständen erkennt man, wie tief die Kluft zwischen der Hochhäuser-Zivilisation und jener der »Erben der Einsamkeit« ist. Und nur die Priester oder »ein wenig betappte« Journalisten machen sich um diese Jahreszeit auf den Weg zu den Leuten im Gebirge.

Vom Ritzailhof aus kann man unten im Tal die Eisenbahn und die Autobahn sehen. Manchmal vernimmt man sogar das Geräusch dahin fahrender Autos und den Pfiff der Lokomotiven. Dieser Umstand kann vielleicht dazu beitragen, dass die Isolierung weniger schwer empfunden wird.

Die Alten und die mittlere Generation geben gar nicht mehr darauf acht. Für sie bedeutet ein Fenster im Tal unten, das in der Früh aufleuchtet, einen besseren Bezugspunkt zur Außenwelt. Sie sehen das Licht von ihrem Zimmer aus und wissen, dass es Zeit ist, aus dem

Bett zu steigen und die tägliche Plagerei wieder anzugehen. Bei den Kindern ist das anders. Auch wenn sie auf einem einsamen Hof geboren sind, richtet sich ihre Aufmerksamkeit hinunter ins Tal.
Heuer hat das Forstamt ein Stück Straße gebaut, das durch das Maulser Tal heraufführt bis zur felsigen Enge Nöcke, in der es um diese Jahreszeit kälter ist als in einem Eisschrank, wie mir ein Freund in Mauls zu verstehen gab.
Die Straße führt an den Berg heran und verkürzt die Gehzeit um eine gute halbe Stunde. Bis zum Plankhof, der auf 1414 Metern liegt, führt dann eine Seilbahn. Beim Plankhof befindet sich auch die Schule.
Das alles hat dazu beigetragen, den Eindruck der Einsamkeit, den ich anfänglich vom Ritzailhof bekam, im Vergleich zu anderen Höfen, die ich bisher besucht hatte, etwas abzuschwächen. Herbert hat seinen Hof maßvoll modernisiert, der Pfarrer kommt einmal in der Woche herauf, um Religionsunterricht zu erteilen, auch der Briefträger macht hier fast jeden Tag die Runde, es sei denn, das schlechte Wetter hindert ihn daran. Und die Leute zeigen hier große Herzlichkeit. Der Ritzailhof schien mir weniger isoliert.
Ritzail ist eigentlich ein Bergnamen. Die gerodeten Flächen breiten sich oberhalb der Wälder rechtsseits des Maulser Baches und unterhalb der Wälder der Sattelspitze (2418) aus und sind gegen Lawinen geschützt. Ein alter Weg führt »übers Jöchl« (»übers Jöchl gehn«, sagen sie hier) und verbindet Mauls mit Mühlbach. Das Valler Joch liegt 1935 Meter hoch.
Einmal war dieser Weg von Händlern und anderen Leuten stark begangen, jetzt ist er mehr ein Ausflugsweg für Fremde. Die gesamte Berggruppe Wilde Kreuzspitze ist hoch interessant sowohl vom modernen alpinistischen als auch vom touristischen Gesichtspunkt her. Aber auch die Naturforscher schätzen sie. Höchste Erhebung ist die Wilde Kreuzspitze, 3132 Meter hoch. Sie liegt zwischen Eisacktal, Pfitscher Tal und Valler Tal, einem Nebental des Pustertales. Auf ihren Ausläufern hat die Besiedelung von verschiedenen Seiten aus stattgefunden. Der Mensch ist bis weit hinauf vorgedrungen.

Der Stock der früheren Pfarrer von Mauls.

Eine Erinnerung an diese Zeiten liegt in der eher makabren Legende, die um den 2532 Meter hoch gelegenen Wilde See gewoben wurde. Der Geist eines Mannes, der in Neustift einen Freund umgebracht hatte, war verdammt, mit dem Kopf unter dem Arm herumzuirren, bis ein Pater heraufkam und den Fluch[4] von ihm löste. Das Zusammenleben zwischen den Maulser Bergbauern und jenen aus dem Valler Tal hat zum Entstehen von aufschlussreichen, weil bunt durcheinandergemischten Bräuchen und Aberglauben geführt, die man zum Teil noch heute finden kann. Die Leute von den Ritzailhöfen wissen von Hexen zu berichten, sagen aber, dass diese Hexen nach Vals hinübergebannt wurden, wo man sie Milch trinken und aus den Sennhütten den Käse stehlen gesehen haben will.
Die Landschaft rund um die Ritzailhöfe ist kennzeichnend für das obere Eisacktal. Die Höfe sind auf einem grünen Dreieck verstreut, das vom Maulser Tal und dem Gansörtal umgrenzt wird. Zum Unterschied von den Vinschgauer Höfen bestehen diese hier aus einem einzigen niedrigen, breiten und langen Gebäude. Die Hangneigung wird meistens sehr geschickt ausgenützt. So kommt es, dass die Höfe, wenn man sie von unten sieht, den Eindruck machen, als bestünden sie aus zwei Stockwerken. Wenn man sie hingegen von oben sieht, bemerkt man, dass das Dach bis zum Hang hinreicht.
Das Haus ist in zwei Teile getrennt: Stall und Heustadel und Wohnhaus. Der Stall liegt meistens so, dass das Wohnhaus etwas von seiner Wärme abbekommt. Über dem Stall liegt die Scheune. In beide gelangt man vom Wohnhaus aus durch direkte Zugänge. In den ganz alten Höfen wie beim Steiner befindet sich der Stall »unter der Erde und reicht in den Berg hinein«, erklärt mir ein Bauer. Der bewohnte Teil des Gebäudes besteht unten aus Mauerwerk, darüber aus Holz. Über dem Eingang springt das Dach vor. Unter dem großen Holzgiebel und geschützt vom Dachvorsprung befindet sich zumeist ein abgewinkelter Söller.
Zu ebener Erde, mit einer Verbindungstür zum Stall, befinden sich Küche, Stube und Elternschlafzimmer, weiters die Speisekammer und der Keller. Im Stock darüber, der aus schweren Holzbalken gebaut ist, liegen die anderen Zimmer und die Brotkammer. Die Türen zu diesen Räumen sind schmal und niedrig, so dass man beim Eintreten das Haupt senken muss. In der Brotkammer stehen die Brotrechen, wo das Roggenbrot trocknet (und gefriert). Von hier aus gelangt man auf den Söller und in die Scheune. Das Roggenbrot wird

im Backofen gebacken. Dieser befindet sich jedoch nicht in der von einem äußeren Vordach geschützten Küche, sondern in einem kleinen Nebenbau. Doch in Ritzail wird das Brot kaum mehr im eigenen Haus gebacken. Die Folge davon ist, dass die meisten Backöfen verfallen und in deren Innerem Schnee und Eis liegen.

Von den fünfzehn Höfen, die auf steilen Hängen oder ganz kleinen ebenen Flächen auf der Südwestflanke der Sattelspitze liegen, sind fünf nicht mehr ständig bewohnt. Die Höfe liegen alle über 1400 Metern.

Der Stofflhof zum Beispiel ist im Verfall begriffen. Wir gingen daran vorbei. Der Wind zerrte am Dach und trug die Schindeln in den Wald. In der Mauer hat sich ein großes Loch aufgetan. Alles scheint zusammenzufallen. Oberhalb des Troterhofes liegt der Plankhof, in dem für die Kinder Schulunterricht erteilt wird. Bis dorthin führt auch eine Seilbahn.

Auf dem Vöstlerhof leben nur mehr die Eltern. Von den zwölf Kindern ist kein einziges geblieben. Einer hat zwar auf den Hof geheiratet, aber nach einiger Zeit wollte die Frau fortziehen. Der Steinerhof wird von einer Witwe mit vier Kindern bewirtschaftet. Der Mann ist vom Weg hinuntergestürzt. Sie fanden ihn tot in einem Abgrund.

Auf dem Gaspererhof lebten einmal neun Leute. Jetzt sind die meisten weggezogen, zwei sogar in die Schweiz. Der Kassnerhof ist vor ein paar Jahren verlassen worden.

Dasselbe Schicksal widerfuhr dem Larcher-, Gasser- und Höggerhof. Im ersten wohnten dreizehn Personen, im zweiten die Eltern und vierzehn Kinder. Viele sind gestorben, die Übriggebliebenen sind entweder auf Arbeitssuche gegangen oder wurden weggeheiratet.

Auf dem Pfitscherhof leben noch sieben Personen, auf dem höchst gelegenen, dem Fürlerhof sechs, auf dem Loachnerhof acht, auf dem Häuslerhof sechs (aber das Familienoberhaupt arbeitet in der Fabrik) und auf dem Schintlerhof drei Leute.

Geht die Welt verkehrt? Aber nein, die Welt dreht sich wie immer und niemand kann den Gang der Dinge aufhalten. Man erzählt uns, dass Ritzail einmal stärker besiedelt war als die Talniederung. Unten stand zwar die Kirche, und es gab die Wege, aber hieroben reichte es aus zum Leben. Jetzt ist das Gegenteil der Fall. Hier oben, wo der Getreideanbau gerade noch möglich ist, ist der Kampf ums Überleben geradezu dramatisch geworden. Wie immer hängt alles auch hier davon ab, wie die Jahreszeiten verlaufen und wie weit man die

SCUOLA
ELEMENTARE
VOLKSSCHULE

schwere Arbeit zu leisten noch imstande ist. Ein bestechendes Beispiel liefert der Höggerhof, der etwa 1500 Meter hoch gelegen ist. Es ist noch nicht fünfzig Jahre her, da starb dort eine Frau aus Hunger. Man fand sie tot auf, während die Kinder halbwild auf den Wiesen herumliefen.[5]

Mein Gesprächspartner erzählt mir: »Ihr Mann war nicht imstande zu arbeiten [in der Sprache der Bergbauern heißt das, dass er zu schwach oder krank war, d. Schr.] und starb. Die Kinder hatten nichts anzuziehen. Sie gingen nur mit Hemdchen bekleidet in den Wald. Als sie auf dem benachbarten Hof Brot backten – auch dieser Hof ist jetzt verlassen – und es dann zum Hartwerden in die Brotkammer trugen, erfuhr es die Frau vom Höggerhof. Ihre Verzweiflung war so tief und der Geiz des Nachbarn so groß, dass sie heimlich durch die Stadeltür in die Brotkammer schlich, um einige Brotlaibe zu stehlen. Wenn sie den Bauern gefragt hätte, er hätte ihr keine gegeben, erzählten die Leute damals. Dann wurde die Frau immer schwächer und eines Morgens wachte sie nicht mehr auf. Die Kinder wurden auf die umliegenden Höfe verteilt und großgezogen.«

Unterernährung war damals gar nicht so selten. Hunger war ja auch nicht allein eine Erscheinung des Mittelalters, auch heute steht er allenthalben vor der Tür. Solche Fälle gibt es wohl auch heute. Eine Familienmutter hat Hunger, geht in die Brotkammer und will sich ein Stück hartes Brot in die Schürzentasche stecken. Dann aber hält sie an, sie legt das Brot wieder zurück, damit ja nicht ihre Kinder einmal ohne Brot bleiben.

Not und Hunger waren nicht selten die Weggenossen von Geiz und Misstrauen, was eigentlich verständlich ist, wenn man bedenkt, wie schwer das Leben hier von Geburt an ist und wie wenig sich im Ablauf der Generationen daran geändert hat.

So kam es vor, dass die Bäurin (in diesem Falle nicht mehr »Hausherrin«, sondern Magd des Bauern) die ausgefallensten Schliche erfinden musste, um ihren Hunger einigermaßen zu stillen. Aber lassen wir meinen Gesprächspartner weitererzählen. »Auf jenem Hof dort oben musste die Frau mit ihrem Mann immer auf die Felder gehen. Der Mann war krank und so musste sie für zwei arbeiten. Am Abend

Die kleine Volksschule von Ritzail. Hier kommen die Kinder von den Höfen zusammen, sie müssen zum Teil mehr als eine Stunde über die schlechten Wege gehen.

hatte sie Hunger, weil sie nicht genug gegessen hatte. Da wollte sie mehr Knödel kochen als üblich. Einen Teil trug sie in die Stube, die anderen ließ sie in der Küche. In der Stube aß sie deren zwei, die restlichen aß sie in der Küche. Der Bauer, der von alledem nichts merkte, hatte seine Freude daran und lobte seine Frau überall herum, sie sei eine gute Bäurin, weil sie sparsam esse.«

Elend und Geiz. Aber seien wir nicht voreilig. Geschieht denn heute in unserer Gesellschaft nicht Ähnliches? Auf den Bergbauernhöfen geht zwar eine gewisse Milderung vor sich, aber sie ist zweischneidig: Die alte Generation zieht sich immer mehr von dieser davonlaufenden Welt zurück, die jungen Leute hingegen können sich der Anziehungskraft dieser Welt nicht mehr entziehen.

Was sagte mir da das zehnjährige Peterle vom Troterhof? Er werde auf dem Hof bleiben, sagte der Bub, wenn es eine Straße geben wird und er ein Auto haben wird und er mit diesem Auto auf- und abfahren kann.

In Ritzail ist dieses zweischneidige Messer bereits erkennbar. Nicht nur, weil von fünfzehn Höfen fünf verlassen sind, sondern auch, weil es dort keine Pferde mehr gibt, dafür aber Elektromotoren, und weil die sogenannten Knechte verschwunden sind, dafür aber das Verlangen, über eine Forststraße mit dem Tal verbunden zu werden, immer größer wird.

Die Pferde bringen nichts ein. Sie fressen und müssen gepflegt werden. Die Elektro- oder Dieselmotoren ersparen viel Mühe. Wenn sie einmal nicht funktionieren, können sie repariert werden, einen Knecht kann sich keiner mehr leisten, weil er »zu viel kostet«. Die sogenannten Knechte wollen heute so bezahlt werden, wie es richtig ist. Deswegen gehen sie ins Tal hinunter in die Fabriken.

Die Straße »könnte den Fremdenverkehr bringen« und darüber hinaus für den Fortbestand der Höfe von ausschlaggebender Bedeutung sein. Weiterbestehen wird das »sakrale« Recht auf den Grundbesitz, aber auch der Neid jener, denen Unrecht widerfahren ist. Die Folge davon wird sein, dass man streiten und nur schwer übereinkommen wird. »Es ist ein nationales Übel, ein nationales Übel«, rief mein Freund Georg, der sich viel Menschenkenntnis hart erworben hat.

Das Roggenbrot in den runden Formen, das im Backofen im Freien gebacken wird, wird in den eiskalten »Brotkammern« der Bergbauernhöfe hart wie Stein.

Sechs Personen wohnten damals auf dem 1375 Meter hoch gelegenen Troterhof in Ritzail in der Gemeinde Freienfeld, so die Bäurin Maria Zihl mit ihrer Mutter und den Söhnen. Auf den nahe gelegenen Plankhof, zu ihrem Ehemann, dem Bauern Rudolf Heidegger, zog die ehemalige Lehrerin und Troterhofbesitzerin erst, als ihre und seine Mutter gestorben waren. Der Troterhof ist 1997 abgebrannt, er war damals bereits unbewohnt. Er diente eine Zeit lang als Schafstall, heute stehen hier nur mehr einige wenige Mauerreste.
Der Troterhof war damals – wie auch der Plankhof und die neun anderen, von den ursprünglich fünfzehn Höfen an diesem Hang – von einer Elektrozentrale gespeist worden, die der Onkel von Herbert Bacher vom Kaspererhof 1927 erbaut hatte. Auch Herbert Bacher, dem Aldo Gorfer in seinem Buch einige Seiten, wenn auch kein eigenes Kapitel widmete, ist inzwischen verstorben. Seine Frau Anna Maria Rainer wohnt nun alleine am Kaspererhof, sie hat zwei Gästezimmer, die sie hie und da im Sommer vermietet.

Troterhof (Mauls), am 10. Dezember 1971

Der Troterhof liegt nicht weit vom Plankhof entfernt, aber wenn es, wie in dieser Zeit, stürmt und schneit, verschwindet der Weg unter der Schneedecke, und man muss über einen steilen, vereisten Hang gehen, um ihn zu erreichen; das wilde Nöckebachtal liegt darunter. Windstöße trieben den Schnee vor sich her. Georg ging vor uns her und stampfte durch den eisharten Schnee. Wir richteten uns nach den kaum sichtbaren Silhouetten der Eschen, die den Weg entlang standen, und nach dem baufälligen Zaun. Weiter oben, wo die Wiesen anfangen, sahen wir die Schule von Ritzail und die Bergstation der Seilbahn. Die Elemente waren entfesselt, alles schien unwirklich. Der Wind hatte die Holzhütte beim Troterhof abgedeckt, aber niemand hatte darauf geachtet. Gegen das Halbdunkel der Berge konnten wir vom Stubenfenster aus sehen, wie der Wind die Schindeln durch die Luft wirbelte. Der Hof ächzte unter dem Ansturm des

Ritzail während einer der schrecklichen Stürme, die den Schnee von den Wiesen fegen und Bäume entwurzeln.

Windes, im Gebälk arbeitete es ununterbrochen, die Geräusche gingen durch Mark und Bein.
»Bei solchem Wetter bleibt man zu Hause«, mahnte uns die Bäurin Maria. Wenn der Wind, wie es oft vorkommt, nach einem starken Schneefall einsetzt, werden die Wege unbegehbar. Der Sturm verursacht Verwehungen so hoch wie die Bäume.
Georg, der Priester ist, bestätigte das und erzählte, einmal sei er vom Troter zum Plank gegangen und dabei buchstäblich »auf den Gipfeln der Bäume« dahingegangen: Aus dem angewehten Schnee stachen vereiste Äste hervor, als wären es kleine Sträucher.
In Ritzail, auf den weiten Hängen und Terrassen an der Obergrenze der Siedlungen, ist der Wind eine ständige Erscheinung. Er gehört einfach zur Landschaft und dauert oft wochenlang, während nördlich des Brenners Schnee fällt. Das Thermometer sinkt dann immer tiefer und die Stube vermag die Menschen nicht mehr zu erwärmen. An solchen Tagen verlässt niemand den Hof! Nicht etwa aus Angst – Angst haben sie keine –, sondern weil sie die Gefahr wittern und sie rechtzeitig erkennen. Es wäre einfach verwegen hinauszugehen, »weil der Sturm einem den Atem raubt« und der vom Wind hergewehte Schnee mit solcher Wucht ins Gesicht prallt, dass man zu bluten anfängt.
Einmal wollte Rudolf bei einem solchen Sturm (Schneewehen) zum Plankhof gehen. Er kam nicht mehr weiter. »Der Schnee verstopfte ihm Mund und Nase«, erzählen sie uns, »und er konnte nicht mehr atmen.«
Später an diesem Tag kamen wir zum Plankhof. Rudolf sah uns überrascht an. Er sagte, dass wir in Ritzail kein schlimmeres Wetter hätten antreffen können.
Als sie uns durch die Fenster im Gänsemarsch heraufkommen sahen und Schneeböen uns einhüllten, glaubten sie zuerst, dass auf einem der Höfe etwas Schwerwiegendes passiert sein musste. Erst als sie erfuhren, warum wir gekommen waren, beruhigten sie sich, aber ihre Neugier blieb. Sie schauten uns an, als wären wir recht seltsame Leute, und Georg, der ihre Gedanken erraten hatte, musste sie beruhigen.

Die Großmutter saß im engen Loch zwischen Mauer und Ofen, wo es am wärmsten ist.

Der kleine Peter machte in der Stube des Troterhofes seine Schulaufgaben. Die dreiundachtzigjährige Großmutter saß im engen Platz zwischen Mauer und Ofen. Sie wirkte geistesabwesend wie eine Sphinx.
Ihren Mann Johann haben sie vor einigen Jahren auf dem Maulser Friedhof beigesetzt. Sein Bild hängt in der Stube. Seine Augen haben noch immer den mutigen Blick. So wie er war, als er mit seinen achtundachtzig Jahren noch ins Dorf hinunterging und selbst die Rente abholte. Die zwei Gehstunden machten ihm nichts aus.
Der Hof ist sehr alt. Maria sagte uns, dass er etwa vor vierhundert Jahren erbaut worden war. Wie viele Generationen sind wohl ein- und ausgegangen?
Der Wind drang durch die doppelten Gläser der kleinen Fenster kalt und eisig in die Stube herein. Die Blätter des Wandkalenders neben der Pendeluhr bewegten sich. Der Bauer Rudolf reißt jeden Morgen ein Blatt mit den großen schwarzen und roten (an Sonntagen) Tageszahlen ab und steckt es dann hinter die Deckenbretter. Er will die Sprichwörter, die auf die Rückseite der Blätter geschrieben sind, aufbewahren. In der Stube des Plankhofes wird es ebenso gemacht. Man braucht das Papier, um darauf zu schreiben.
Ihm gehört der Plankhof, während seine Frau Besitzerin des Troterhofes ist. Er arbeitet einmal dort, einmal da, also auf beiden Höfen. In der schönen Jahreszeit ist die Entfernung zwischen beiden Höfen gering, im Winter ist es manchmal unmöglich, von einem zum anderen zu gelangen. Rudolf zieht es deshalb vor, auf dem Plankhof zu wohnen, wo auch seine Mutter lebt und der Viehstall ist. Abgesehen davon würden die beiden Schwiegermütter nur sehr schwer unter einem Dach zu vereinen sein. Jede hängt zu sehr am eigenen Haus. Würde man die alten Leute aus der Umgebung, in der sie immer gelebt und wo sie alle ihre Erinnerungen an Liebe und Leid verhaftet haben, wegbringen, würde das ihren Tod bedeuten. Auf den Berghöfen läuft das Leben ähnlich einem durch den Wald fließenden Bach ab. Das Wasser kommt und geht immer über dieselben Steine, bildet dieselben Strudel, verursacht dasselbe Rauschen. Aber wenn einmal Hochwasser kommt, erkennt man den Bach nicht mehr.

Peterle räumte geschickt den Tisch ab und verzog sich mit seinen Schulheften auf den Nähmaschinentisch.

Die Leute auf den Höfen arbeiten bis zum Letzten. Anscheinend sind sie immer gesund. Wenn sie alt sind und im Bett bleiben müssen, wissen sie ganz genau, dass das Ende für sie gekommen ist. Sie lassen den Geistlichen rufen und dann sterben sie wie eine Laterne, die ihr letztes Öl verbrannt hat.

Der Troterhof, 1375 Meter hoch gelegen, befindet sich eine gute Gehstunde von der Maulser Kirche entfernt. Er besteht aus zweieinhalb Hektar Feld und fünfzehn Hektar Wald. Der Plankhof liegt auf 1420 Meter Meereshöhe. Zu ihm gehören vier Hektar Kulturgrund und fünfzehn Hektar Wald.

Der Wald ist es auch, »von dem die Berghöfe leben«. Aber die Bewirtschaftungskosten des Waldes sind sehr hoch, weil es keine Straßen gibt. Der Verdienst ist daher sehr knapp, kaum genügend, um die Leute vor dem Elend zu bewahren.

Maria war fünf Jahr lang Lehrerin. Weil der Hof keine männlichen Nachkommen hatte, fiel der Besitz an sie. Wenn sie nicht geheiratet hätte, wäre sie fast sicher ins Tal hinuntergezogen. Wahrscheinlich hat sie diesen Wunsch noch immer ein wenig in sich. Ich fragte sie:

»Wenn Sie in Mauls unten ein schönes Haus bauen könnten, würden Sie den Hof dann verlassen?«

»Jederzeit«, sagte sie, »aber meine Mutter will hier nicht zusperren.«

»Und Ihr Mann? Was denkt der darüber?«

»Der ist aus härterem Holz. Sein Leben ist hier.«

In der Vergangenheit weideten in Ritzail Hunderte von Schafen und Ziegen auf den Wiesen. Jetzt wird hier nicht einmal mehr Getreide angebaut.

An den Abenden versammelten sie sich damals auf den Höfen, und während in der Stube die Frauen Wolle spannen (auf manchen Höfen spinnt man auch heute noch), tanzten die Jungen zur Musik der Ziehharmonika. Die Handwerker zogen von Hof zu Hof und nähten Kleider, sohlten die Schuhe, reparierten die Dächer und machten andere Holzarbeiten.

Vor vielen Jahren gab es einmal einen Schuster, der sagte, er hätte weder vor den Lebenden noch vor den Toten Angst. Da traf es sich, dass ein Bauer ins bessere Leben hinüberging. Einige Spaßmacher, die wussten, dass der furchtlose Schuster zum Hof heraufkam, legten an die Stelle der Leiche einen Lebenden. Der Schuster betrat die Stube ohne Angst und bereit, den Toten und seinen Geist zu fordern.

Um seinen Mut zu zeigen, schlug er dem scheinbar Toten mit einem Hammer so gewaltig auf den Kopf, dass dieser tatsächlich starb. So dass es statt des einen nun zwei Tote gab.

Etwas ganz Besonderes ist mir in Ritzail aufgefallen. Die Erzählungen nehmen meist auf tatsächliche Vorfälle und weniger auf Phantasiegebilde Bezug, auch wenn man bei all dem etwas Geheimnisvolles belässt. Es sind sehr angenehm wirkende Lebensbilder, vermischt mit jenem Maß an Verschmitztheit und Bauernschläue, das zum Nachdenken über Gut und Böse anregt. Die Hauptdarsteller sind immer der Hunger, die Armut und der Tod.

Allerdings scheint es, dass die naturverbundenen, von allerlei Lebewesen beseelten Sagen, die man so häufig in den Berggebieten Südtirols findet, hier an der Schwelle der vergangenen Generation stehen geblieben sind. Überlebt haben nur die, die niedergeschrieben worden sind. Aber auch diese werden mehr in der Schule gelesen als auf den Höfen erzählt. Das kann vielleicht darauf hinweisen, dass die Isolierung dieser Gebiete zumindest in psychologischer Hinsicht durchbrochen worden ist. Gleichzeitig bedeutet es, dass die Leute hier der Veranlagung nach mehr den konkreten Dingen als den Träumen zugetan sind.

Man erzählt mir, dass die Bewohner der Ritzailgebiete von den Auswärtigen als »Stiere von Ritzail« bezeichnet wurden. Sie waren allenthalben als harte Menschen bekannt, die keine Arbeit und Mühe scheuten. Man sagte auch, dass sie dickköpfig, grob und manchmal geradezu angriffslustig waren.

Nicht selten gab es in der Vergangenheit blutigen Streit wegen irgendwelcher Besitzinteressen, Verdächtigungen oder anderer schlimmer Leidenschaften. Man erzählt von einem Knecht, der tot im Wald gefunden wurde. Kurz vorher war ein Stall abgebrannt.

Die Nähe zum Tal unten ist heute fühlbarer geworden. Und dieses Gefühl ist stärker als die Angst vor den schweren Wegen. Doch hat all das den Lebensstil noch kaum entscheidend verändert und auch die Abgeschiedenheit kaum vermindert. Dafür ist die Selbstgenügsamkeit weniger hart geworden, wiewohl es noch genug Fälle von Bedürftigkeit und Armut gibt. Mit den Mädchen ist es freilich viel schwerer geworden. »Sie gehen immer nur hinunter und kommen nie mehr herauf, es sei denn, sie sind auf einem Hof geboren und aufgewachsen.« So kommt es, dass mancher junge und heiratswillige Bauer mit den alten Eltern allein bleibt. Wenn dann auch seine Eltern

sterben, gibt es für ihn nur die Möglichkeit, entweder wegzugehen oder allein zu bleiben und in Menschenfeindlichkeit zu verfallen.
Die Arbeit der Frau ist sehr beschwerlich. Zeit zum Nichtstun ist nie da, noch weniger etwa, »die Dame zu spielen«.
»Die Frauen auf den Höfen«, sagte uns Maria, »müssen hart arbeiten und die Kinder großziehen. Wenn es die Kinder nicht gäbe, wer würde dann arbeiten, wenn wir einmal alt sind? Und welchen Sinn oder Trost hätte dann unser ganzes Leben?«
Sie tischte uns Tee mit Schnaps, selbst gemachte Butter und Roggenbrot auf. Peterle räumte geschickt den Tisch ab und verzog sich mit seinen Schulheften auf den kleinen Nähmaschinentisch.
An den kleinen Fenstern sind Gitterstäbe angebracht. Auch an den Stallfenstern zum Berg hin sind Gitterstäbe angebracht. Der Wind hatte so viel Schnee dahergeweht, dass sich zwischen Dach und Hang eine richtige Mauer gebildet hatte. Die unter dem Vordach abgestellten landwirtschaftlichen Geräte ragten aus der Schneemasse hervor. Die Wärme des Stalles, die durch die kleinen Fenster nach oben drang, hatte im Schnee trichterförmige Öffnungen herausgeschmolzen.
»Wozu braucht es eigentlich auf einem Bergbauernhof Gitterstäbe an den Fenstern?«, fragte ich die Bäurin. »Was kann denn auf einem solchen Hof überhaupt gestohlen werden?«
Meine Frage muss der Bäurin eher einfältig vorgekommen sein, denn sie lächelte nachsichtig. Sie saß auf dem Diwan in der Stube. Draußen entfesselte der Wind einen höllischen Sturm. Aus den Augen der Bäurin strahlte Ruhe, sie hatte ein eigenartiges Vergnügen an meinen Fragen. Es war, als ob meine Fragen sie aus ihrer kleinen Welt herauslösten, um dann über die großen Weltprobleme zu sprechen.
Die Diebe, sagte sie, stehlen Schuhe, Kleider, Brot, Butter, Käse und Speck. Aha. Und was konnten sie noch stehlen? Schuhe waren, gleich wie das Brot, überlebenswichtige Dinge. Früher schon und auch heute noch. So ist es immer gewesen.
Bevor wir uns auf den Weg zum Plankhof machten, nahm ich eines von Rudolfs Kalenderblättern an mich. Ein Spruch von Goethe stand darauf. Als wir zum Plankhof hinaufkamen, sagte ich es Rudolf, und

Auf dem Tischchen, neben einer Glasglocke mit dem Jesuskind von Prag, liegt quer über dem Jagdgewehr mit dem Fernglas.

er meinte, ihm gefalle es, diese Dinge zu lesen. Tatsächlich lagen überall Zeitungen herum, sogar an die Jagdtrophäen angelehnt. Durch die Fensterritzen zog kalter Wind herein. Wir rückten den Tisch näher zum Ofen. Rudolf kam eben aus dem Stall. Über dem Hemd mit dem offenen Kragen trug er eine Joppe aus leichtem Stoff. Er konnte nicht warm bekommen, obwohl sie in der Küche ein großes Feuer mit dürrem Holz gemacht hatten. Die Temperatur im Raum war nahe der Nullgradgrenze.

In einer Ecke neben dem Fenster, durch das man zugleich ins Tal hinunter- und zu den schneebedeckten Bergen hinaufblicken kann und dem Wind zusehen, der Schneewolken heruntertreibt, stand ein zierliches Kästchen aus geschnitztem Zirmholz. Die Schnitzerei zeigte die unverdorbene Phantasie der Handwerker aus vergangenen Jahrhunderten. Rudolf öffnete das Kästchen und zeigte uns die geschickt ausgedachten Geheimfächer, wo das Geld und die Wertsachen der Familie versteckt gehalten wurden. Ein Herr war einmal zum Plankhof heraufgekommen und hatte dieses Kästchen unter allen Umständen kaufen wollen. Er bot fünfzehntausend Lire dafür. Ebenso wollte er die Pendeluhr kaufen, ein einzigartiges Stück Tiroler Handwerkskunst aus dem 17. Jahrhundert. Für diese Uhr war er sogar bereit, hunderttausend Lire zu bezahlen. Rudolf wies das Angebot geschickt ab, indem er dem Herrn sagte, er würde ihm die beiden Gegenstände verkaufen, wenn er bereit wäre, innerhalb von drei Monaten den gesamten Hof zu kaufen.

Der Mann kam wieder. Aber auch diesmal musste er unverrichteter Dinge abziehen. Das ist nur eines von vielen Beispielen, wie die alten Gegenstände buchstäblich von den Höfen geraubt werden. Seit Jahren geht das schon so. Der verzweifelte Bedarf an Bargeld, den die Bauern haben, wird schamlos ausgenützt.

Von der Stube aus gelangt man ins Schlafzimmer. Das Schlafzimmer ist kalt wie eine Kühlzelle. Ein großes Kreuz beherrscht den Raum und nimmt sich in seinem volkstümlichen Realismus an der Seite des Bettes beeindruckend aus. Der Oberboden ist niedrig.

Auf einem Tischchen neben einer Glasglocke mit dem Jesuskind liegt das Jagdgewehr mit dem Feldstecher. An der Holzwand sind Hirsch-

Herbert bei der Arbeit in der kleinen Elektrozentrale, die die Ritzailhöfe mit Strom versorgt.

und Rehgeweihe befestigt, die zusammen mit dem gekreuzigten Christus, dem Jesuskind von Prag, dem kleinen Glasschrein mit den kostbaren Familiensachen, den Familienfotos, Bildern, Federbetten und dem geschnitzten Schrank ein malerisches Gesamtbild ergeben. Den Schrank hatte die Großmutter Walpurg, die 1893 auf den Plankhof geheiratet hatte, als Mitgift mitgebracht. Draußen blies der Wind und pochte an die Fenster. Er wirbelte den Schnee durcheinander, die Landschaft war ungastlich.

Rudolfs Mutter war in der Küche. Die Eisenringe, an denen der Speck zum Räuchern aufgehängt wird, hatten sie entfernt, auch den offenen Herd gibt es nicht mehr. Die große Kaminhaube war geschlossen und alles weiß angestrichen worden. Dadurch ist die Küche wohnlicher geworden. Als Aufenthaltsraum wirkt sie ziemlich freundlich, anders als die Küchen der hochgelegenen Höfe des Vinschgaus.

Die Lampe auf dem Gang brennt ununterbrochen, damit stets die Stromstärke kontrolliert werden kann. Die gemeinschaftliche Elektrozentrale erzeugt den Winter über Strom mit sechs Kilowatt Leistung. Im Sommer, wenn der Ritzailbach mehr Wasser führt, steigt die Leistung auf acht Kilowatt.

Von der Elektrozentrale werden neun Höfe gespeist. Die Leute haben sich die Zuleitungen selber gebaut. Herbert vom Gaspererhof hat die Aufgabe, für das gute Funktionieren des Ganzen zu sorgen. Am Ende eines jeden Jahres werden die Kosten aufgeteilt. Dann versammeln sich die Bauern in der Stube des Gaspererhofes und machen die Rechnungen untereinander aus. Manchmal streiten sie, aber dann kommen sie überein, und wenn alles vorbei ist, trinken sie miteinander. Doch sehr einvernehmlich gehen die Dinge anscheinend nicht. Seit es die Elektroöfen auf den Höfen gibt, sind die Höfe, die näher an der Zentrale liegen, bevorteilt und verbrauchen mitunter so viel Strom, dass die weiter weg gelegenen Höfe manchmal fast ohne Strom bleiben.

Dass man nicht immer in der Lage ist, über die gemeinschaftlichen Dinge Einigung zu finden, ist eines jener »nationalen Übel«, von denen wir schon geschrieben haben.

Einmal nisteten die Zaunkönige auf den Höfen, der Ruf des Kuckucks versprach Glück, das Getreide reifte besser, die alte Generation hatte das E-Werk gebaut und beim Pfitscherhof eine dem heiligen Antonius gewidmete Kapelle errichtet. Aber die Jungen sind nicht einmal mehr imstande, das Dach der Kapelle neu zu decken, obwohl das alte baufällig ist. Sogar gegen die geplante Forststraße, die bis zu den höchst gelegenen Höfen hinaufführen soll, maulen sie, obwohl sie sie in Wirklichkeit herbeiwünschen. Sie sind ja nicht gegen den Bau als solchen, im Gegenteil, sie wollen nur nicht, dass die Straße die Wiesen und Äcker durchschneidet. Sie beschäftigen sich auch viel zu sehr damit, wie viel Grund durch die Straße dem Nachbarn verloren geht und ob der Nachbar in irgendeiner Weise aus der Straße größeren Vorteil ziehen könnte als sie selber.

Und so geht es nun schon zwei Jahre. Mindestens dreimal schon sind die Vermesser heraufgekommen. Rudolf, der auch Fraktionsvorsteher ist, nennen sie jetzt einen »kleinen Diktator«.

»Ich bin der einzige Bauer, der bereit ist, für die Straße ein großes Stück Grund herzugeben«, sagt er uns.

Über diese Straße wird bei jeder Gelegenheit geredet. Wir reden vom Wald, der für die Bergbauern eine Art »Sparkasse« darstellt, und Rudolf sagt mir, dass es Ritzail recht gut gehen würde, wenn eine Straße herauffühen würde.

Ich fragte: »Und wenn die Straße nicht gebaut wird?«

Seine Antwort: »Dann würde es in zwanzig Jahren oder wahrscheinlich schon vorher auf Ritzail nur mehr ein paar Höfe geben. Siehst du: Alle unsere Hoffnungen sind auf diese vermaledeite Straße aufgebaut. Auch der Wald würde dann mehr hergeben, und der Fremdenverkehr, weil wir näher ans Tal rücken würden. Wenn man in anderen Gebieten solche Straßen baut, warum sollte man sie nicht auch hier bei uns bauen?«

Wir sprachen über die Beschäftigungsmöglichkeiten unten im Tal. Er meinte: »Wenn es dort unten in den Städten einmal schlechter gehen sollte, wenn einmal eine schwere Krise kommen sollte, dann werden die Leute auf die Höfe zurückkommen. Wenn es die Straße gibt, wird man auch die steilen Wiesen – hier ist alles ganz arg steil – wieder bewirtschaften. Die Familienoberhäupter könnten dann zwischen der Fabrik und den Höfen hin- und herpendeln.«

Immer wieder kommt Rudolf auf das Thema Straße zurück. Es ist, als würde ihn dieses Gespenst einfach nicht in Ruhe lassen. Er selber musste vor einigen Jahren die Wiesen auf der Plankhofalm düngen. Das bedeutete, zwanzig Zentner Düngemittel auf 1800 Meter Höhe hinaufzubefördern. Wie? Sollte er jeden einzelnen Sack auf den Schultern vom Dorf hinaufschleppen? Er wandte sich um Hilfe an die Alpinisoldaten. Ein Oberleutnant kam mit fünfzehn Soldaten

und zwanzig Maultieren. Das hat bei den Leuten einen tiefen Eindruck hinterlassen. In einer langen Reihe schleppten die Maultiere diesmal nicht Kanonen, sondern Dünger auf den Berg, um die Erde fruchtbar zu machen.
Ich fragte ihn, was die Leute hier von der Schule halten. Rudolf sagte: »Ohne Schule kommen wir nie weiter.« Und dann: »Die größeren Kinder gehen zu Fuß hinunter in die Mittelschule. Bei jedem Wetter. Aber wenn diese Kinder einmal die Welt und die Kultur kennengelernt haben und wenn sie dann einmal groß sind, werden sie alle von den Höfen weggehen, wenn es keine Straße gibt. Die Straße würde uns die Möglichkeit geben, anständig zu leben ...«
Auch zur Frage der Industrialisierung äußerte sich Rudolf: »Manchmal fällt es uns schwer, die Politiker zu begreifen. Jetzt sagen sie, dass es nicht vorteilhaft ist, die kleinen Fabriken in den Tälern zu bezuschussen. Sie wollen große Betriebe wie die Continental. Wie soll ein Bergbauer jeden Tag zum Arbeitsplatz gelangen, wenn sein Hof weit weg ist und zudem auch noch keine Straße besteht! Als Bergbauer bin ich der Ansicht, dass eine kleine Fabrik in Freienfeld für uns alle viel günstiger wäre als die großen Betriebskonzentrationen in Brixen und Klausen. Unsere Höfe könnten dann vielleicht wieder aufleben.«
Als wir nach Mauls hinuntergingen – der Wind hatte sich noch immer nicht gelegt –, begegneten wir auf dem Stofflweg den Kindern, die von der Schule kamen. Sie trugen die Schulbücher im Rucksack und zogen die Schlitten hinter sich her.
Der Wind zerrte an den Bäumen, aber das störte sie gar nicht. Sie achteten nicht einmal darauf. In der Früh sausen sie mit ihren Schlitten in halsbrecherischem Tempo den Weg hinunter.
Rudolf hat sich im vergangenen Winter einen Arm gebrochen, als er auf dem Eis stürzte. Und das, obwohl er Steigeisen an den Schuhen hatte.

Auf dem Plankhof, oberhalb der Troterhofes auf 1420 Meter Meereshöhe in Ritzail gelegen, wohnten 1971 der Bauer Rudolf Heidegger und seine Mutter. Seine Ehefrau Maria Zihl vom Troterhof ist erst später mit ihren gemeinsamen Söhnen zu ihm hochgezogen, als ihre wie auch seine Mutter verstorben waren. Nach dem Tode seiner Frau Maria, der Besitzerin des Troterhofes, im Jahre 1991, lebte Rudolf Heidegger lange mit seinen drei Söhnen alleine am Plankhof, er starb achtundachtzigjährig im Jahre 2013, zwei seiner Söhne in den Jahren darauf. Am Plankhof lebt heute nur mehr der Hoferbe und Bauer Peter Heidegger, den Flavio Faganello damals als Peterle beim Schreiben der Hausaufgabe fotografiert hatte. Die 1943 gleich neben dem Plankhof errichtete Volksschule ist schon lange geschlossen, das alte Schulhaus steht noch. »Elf Kinder«, so schrieb Aldo Gorfer 1973, »gehen hier zur Schule. Sie kommen von den einzelnen Höfen, mitunter aus einer Stunde Entfernung. Vor wenigen Jahren noch waren es mehr als dreißig Schüler.« Auch die Seilbahn, deren Bergstation sich nahe dem Plankhof befand, gibt es nicht mehr.

Plankhof (Mauls), am 12. Dezember 1971

Die Höfe von Ritzail verschwanden in der Ferne hinter einem Vorhang von Schnee, den der Wind hartnäckig daherwehte. Auf der gegenüberliegenden Seite schloss der schier endlose Pfeiler des Nock das Tal ab. Wenn nicht weiter hinten die Sarntaler Berge die Weite des Horizonts erahnen ließen, würde man sich wie eingekerkert fühlen und Platzangst bekommen.

Die Ritzailer Hochebene, die hinter dem Plankhof unvermittelt vom steilen Abhang zur sanften Fläche wird, hört plötzlich auf. Man gelangt zum tiefen Tal, das der Nöckebach sich gegraben hat. Der Abgrund ist so eng, dass es einen täuscht, wenn man nicht genau hinblickt. Blickt man von der Antoniuskapelle aus gegen Süden, so glaubt man, dass die Felder, die von den Siedlern terrassenförmig angelegt wurden, bis hinüber zum Nöckewald reichen. Aber dieser

Das Begräbnis eines Jägers in Ulten, der auf tragische Weise ums Leben gekommen war, als er auf einem vereisten Weg heimwärts ging. Die brennende Lampe ist Symbol dafür, dass die Seele des Dahingegangenen unter den Lebenden weilt.

liegt bereits auf der anderen Seite des tief in die Felsen gefressenen Nöckebach-Schlundes.
Ein gut Teil des Nöckewaldes wurde vom Feuer vernichtet. Die ausgebrannten Flecken erinnern an eine verödete Mondlandschaft.
Im November 1968 hat ein schweres Unwetter auf der Bergflanke von Infang große Furchen aufgerissen. Der Sturmwind entwurzelte damals einen breiten Waldstreifen. Infang fällt zum Sengestal hin ab, einem weiteren tiefen, aber unbewohnten Einschnitt, der sich nordwestlich von Ritzail zwischen den Abhängen der Sattelspitze und der Sengesspitze dahinzieht und dann ins Maulser Tal einmündet. Die Bäche aus diesen Tälern haben, bevor sie in den Eisack einmünden, einen breiten, grünen Kegel gebildet, auf dem die Ortschaft Mauls steht.
Man erzählt sich, dass im Sengestal einmal ein großes Dorf stand. Eine große Mure stürzte vom Berg herunter und riss das Dorf samt der Kirche mit sich. Die alten Leute hörten noch das gespenstische Geläute der Glocken, die jetzt zusammen mit den Leichen der übermurten Christenmenschen irgendwo tief unter dem Bett des Wildbaches begraben sein sollen.
Im Sommer weist dieses von rauen Bergen eingeschlossene Gebiet alle Schönheiten einer Almlandschaft auf. Im Winter wird es zu einem abgelegenen eiskalten Flecken, wo die Wege über gefährliche Abgründe führen. Die Höfe gleichen dann eingeigelten Schützengräben, die langen Nächte sind grausam wie der Wind, der von Nordosten herbläst.
Steil führt eine Seilbahn hinunter ins Maulser Tal bis zur neuen Straße, die vom Dorf herausführt. Sie ist die einzige direkte Verbindung zur Außenwelt. Die Seilbahnkiste braucht eine gute halbe Stunde bis zur Bergstation herauf, ein luftiges Abenteuer, mit dem ein Höhenunterschied von fünfhundert Metern überwunden wird. Wenn starker Wind weht, wagt man es nicht, die Seilbahn in Betrieb zu setzen. Aber auch bei Windstille ist es mehr als gewagt, sich in diese Art Totenbahre zu setzen, die mit ein paar Ketten an das Seil gesichert ist. »Man weiß nie, wie es enden kann«, sagen die Leute.

Der Schnee wird vom Wind durch die Luft gefegt und prallt wie viele Schrotkörner ins Gesicht, so dass die Haut zu bluten beginnt. Oft muss man das Gesicht mit behandschuhten Händen schützen.

Rudolf vom Plankhof, der gleichzeitig Fraktionsvorsteher von Ritzail ist, sorgt sich, weil die Leute von den Höfen die Seilbahn viel zu leichten Herzens benutzen. Sie sind zwar daran gewöhnt und haben keine Schwindelgefühle. Und doch, jedes Mal wenn einer hinunter- oder herauffährt mit dieser Kiste, ist es wie eine Herausforderung an den Selbstmord. Jetzt noch mehr, weil die Seilbahn schon fünfzehn Jahre alt ist und das Zugseil ausgewechselt werden müsste. Es ist abgebraucht und könnte reißen, ehe man sich's versieht.
Seinerzeit, als die Seilbahn gebaut wurde, suchten die Höfe von Ritzail auch um eine Telefonleitung nach Mauls an. Aber daraus ist nichts geworden, weil der Kostenvoranschlag der beauftragten Gesellschaft sich auf rund sechshunderttausend Lire belief. Das war für den mageren Geldbeutel der Bauernfamilien zu viel.
Es gibt keinen Ausweg. Die Einsamkeit hat fast den Beigeschmack einer Verbannung. Welche Schuld haben die Bergbauern? Vielleicht die, dass sie den Vorspielungen der »vergoldeten, modernen Gesellschaft« widerstehen und hartnäckig in einer schweren sozialen und wirtschaftlichen Lage ausharren und am Rande unseres Gesellschaftssystems dahinleben müssen? Aber was sollten sie auch tun, wenn man ihnen sogar das Telefon verweigert, während man auf der anderen Seite jede Schutzhütte ans Telefonnetz anschließt?
So kommt es, dass, wenn eine Kuh erkrankt (die Kuh stellt den höchsten Reichtum des Hofes dar), die Bauern bis hinunter nach Sterzing zum Tierarzt gehen müssen. Wenn ein Mensch erkrankt, legen sie ihn auf einen Schlitten, binden ihn zusammen mit den Decken fest und ziehen ihn hinunter nach Mauls.
Die Elektroleitung führt auch nur bis ins Dorf. Die Enel verlangte dreißig Millionen Lire, um die einzelnen Häuser an die Leitung anzuschließen. Als man sich zu Recht darüber beschwerte und der Enel Vorhaltungen machte, halbierte dieses, ohne sich zu schämen, den Betrag. Vorsichtig stellte ich dem Rudolf vom Plankhof die Frage, warum denn die Leute sich versteiften, in dieser Abgeschiedenheit und unter solch schwierigen Bedingungen weiterzuleben. Rudolf gab mir eine recht philosophische Antwort, die zugleich ergeben und fatalistisch klang: »In der Tatsache, dass wir hier bleiben, liegt schon ein Sinn. Das hier ist unser Kreuz. Auch jene, die in der Stadt leben, haben ihr Kreuz zu tragen.«
Da war mir, als ob draußen vor den Fenstern des Plankhofes jemand eine magische Laterne anzünden würde, die auf den schillernden

Eisflächen der Berge die Wolkenkratzer von Manhattan und zugleich das Trugbild der »idealen Stadt« entstehen ließ. Die Weisheit der mittelalterlichen Siedler hat ein Zivilisationsmodell entstehen lassen, das jetzt allmählich in Traurigkeit und Verlassenheit untergeht. In Manhattan und in anderen Städten, die ideale Orte zum Leben zu sein schienen, weisen fünfundsiebzig Prozent einer breiten Schichte von Bewohnern, die »nach ganz bestimmten Kriterien ausgesucht wurden, um festzustellen, in welchem Ausmaße sie von psychiatrischen Störungen befallen sind, Verhaltensänderungen auf, die ohne fachärztliche Betreuung nicht mehr behoben werden können« (V. Andreli).

Das moderne Leben bringt die kollektive Entfremdung mit sich: Der Mensch fühlt sich als ein von der Natur losgetrenntes Wesen, so als wäre die Natur die »Widernatur« des Menschen. Die Folgen davon breiten sich in der sterilen Wüste dieser Großstädte aus, die »die vollkommensten Beispiele von Zivilisation sein sollten«.

Auf sie trifft die Drohung des Apostels Jakobus zu: »Wohlan nun, ihr Reichen! Weint und heult über die Drangsale, die über euch kommen. Euer Reichtum ist verfault und eure Gewänder sind zum Mottenfraß geworden, euer Gold und Silber ist verrostet und der Rost daran wird zum Zeugnis wider euch dienen und wird euer Fleisch verzehren wie Feuer« (Jak 5, 1–3).

Die Apokalypse des Umweltschutzes äußert sich in den sinnlosen Attacken auf die natürlichen Werte und in der fortschreitenden Vergiftung der Umwelt und des menschlichen Gewissens.

Die Zivilisation, die von der Konsumgesellschaft noch nicht erfasst worden ist, wird der »Dritten Welt« zugerechnet. Die Gefahr ist, dass sie sich bestechen lassen: Das würde sie zu Desperados, zu geistig Kranken machen, wie sie Erasmus in seinen »künstlichen Paradiesen« beschreibt.

Die alten Leute und die mittlere Generation auf den Höfen haben diese Gefahr bereits überstanden, aber sie haben zwischen sich und der Außenwelt auch einen nicht weniger gefährlichen Trennungsstrich gezogen. Bezeichnend dafür ist, dass die Berghöfe nur mehr von alten Leuten oder von Kindern bewohnt sind. Die Jugend ist davongegangen.

Eine jahrhundertealte geistige Einstellung verändert sich allmählich. Rudolf selbst macht bereits eine Unterscheidung zwischen seiner Einstellung, derjenigen seiner Generation und derjenigen der Alten.

Er sagte uns: »Größte Sorge der Alten ist es, ob der Hof wohl in Ordnung ist. Sie können abends nicht ins Bett, bevor sie nicht die Sicherheit haben, dass im Stall alles recht ist, dass die Kühe gemolken sind, dass sie gefressen und getrunken haben, dass alle Leute auf den Hof zurückgekommen sind und dass sie den Rosenkranz gebetet haben.«
Rudolf hat ein asketisches Gesicht mit heller Hautfarbe. Seine Augen sind blau, er kann so gut reden, dass es eine Freude ist, ihm zuzuhören. »An den langen Winterabenden«, sagt er, »wenn alle Arbeit getan ist, ziehe ich mich in die Stube zurück und lese die Zeitungen. Unten in der Stadt und in den Dörfern haben sie die Fernsehgeräte, sie können zusammenkommen, reden und diskutieren.
Von all dem habe ich hier nichts, weil ich allein und vereinsamt bin. Das lastet auf uns, und wir leiden darunter, aber doch nicht so sehr, wie ihr vielleicht zu glauben verleitet seid. Wir haben uns daran gewöhnt. Wenn wir die Illustrierten durchblättern und mitbekommen, was in anderen Gegenden geschieht, kommt uns zum Bewusstsein, dass unser Leben von dem der anderen recht verschieden ist. Doch wir machen daraus kein Drama, wir sind gewöhnt, so zu leben.«
Mit dem Rücken lehnte sich Rudolf an den Ofen. Mir schien, als würde er unter etwas leiden. Er redete weiter. »Die Leute in meinem Alter achten nicht mehr darauf«, sagte er. »Sie nehmen das Leben so, wie sie es von ihren Eltern bekommen haben. Bei den kommenden Generationen wird alles ganz anders sein.«
Da fragte ich ihn, ob sie die »Ausgeschlossenheit« des Einzelnen, die im Grunde nichts anderes ist als eine Folge des Egoismus der modernen Welt, wahrnehmen und ob sie sie als Vergleich heranziehen zu ihrer eigenen Art von Einsamkeit, die ja auch individuell ist, jedoch gewissermaßen gemeinschaftlich, weil hier zur Natur ein instinktives Verhältnis besteht. Diese Frage war mehr eine Erläuterung, aber Rudolf bedeutete mir, dass er den Sinn wohl verstanden hatte. »Wenn ihr in die Stadt hinuntergeht, erkennen die Leute auf den ersten Blick, wie es um euch steht. Fühlt ihr euch auch unten isoliert oder verhöhnt? Kommt es euch nicht vor, dass man euch teilnahmslos oder gar mit Verachtung anschaut?«
»Da kommt ein Bauer, sagen sie«, so Rudolf, »und wir sagen dann halt zu ihnen, dass sie Stadtler sind. Aber wir stoßen uns nicht weiter daran.«
Wie auf anderen Höfen habe ich auch hier im Gespräch mit Rudolf gemerkt, dass die Rede sofort nachdenklicher, aufrichtiger und un-

mittelbarer wird, sobald man mit den menschlichen Problemen anfängt. Die Leute hier ähneln den Tschechov'schen Charakteren. Diese Bergbauern sind jederzeit bereit, das Innerste ihrer Seele preiszugeben, ihre eigensten Angelegenheiten und intimsten Gefühle, und sie tun das ohne übermäßige Zurückhaltung oder falsche Scham.

Ich fragte ihn, wie sie es mit der von den Vätern übernommenen Religion hielten. In der Stube wurde es unter dem Ansturm des kalten Windes noch eisiger.

»Ein guter Arbeiter«, sagte Rudolf, »ist auch ein guter Christenmensch. Alle braven Arbeiter sind gute Christen. Schau mal: Wenn der Herbert vom Gaspererhof meine Hilfe braucht, muss ich ihm helfen.« Gerade in diesem Augenblick kam der Herbert vom Gaspererhof in die Stube. Ein scharfer Windstoß begleitete ihn. Er hatte die Wollmütze tief in die Stirn gezogen und Schneestrümpfe an den Beinen, die bis zu den Knien reichten.

Oben auf dem Gaspererhof schlugen die betagten Eltern den Rahm in einem zylindrischen Butterfass, das sie zwischen den Knien einklemmten, zu Butter, während der Sohn bei diesem Sturmwetter unterwegs war, um die Drähte der Elektroleitung, die sich durch den Wind verstrickt hatten, zu entwirren. Er hatte gesehen, dass wir zum Plankhof kamen, und die Neugier hatte ihn heruntergetrieben. Er wollte sehen, wer wir waren. Zugleich mit ihm kam auch der Briefträger. Seit 1964 macht Gottfried fast täglich die Runde auf den Ritzailhöfen und trägt die Post aus (ich bemerkte darunter viele Zeitungen). Beim Gaspererhof holt er die wegzuschickende Post ab. Er erzählte, dass der Wind unten im Maulser Tal eine Menge Bäume wie Zündhölzer geknickt und dass beim Talaichner und auch weiter draußen sich einige Fichten über die Straße gelegt hatten. Die Straße war unterbrochen. Er fügte hinzu, dass kein Baum auf unser Auto gefallen war, wenigstens nicht bis zu dem Augenblick, als er vorbeigegangen war.

Herbert und Gottfried setzten sich auf die Bank unter dem Bildnis des heiligen Florian, das mit lebhaften Farben auf Glas gemalt worden war.

Der Hof ist großteils aus Holz gebaut. Ob sie vor einem Brand Angst haben, fragte ich sie. Sie verneinen. Es sei noch nie vorgekommen, dass ein Hof auf Ritzail vom Feuer zerstört wurde. Auch nicht durch Blitzschlag[6], was hingegen bei den Pustertaler Höfen nicht selten eintrifft.

Die Kinder, die die Welt und die Kultur kennenlernen, werden alle die Höfe verlassen, sobald sie erwachsen sind, wenn es bis dahin keine Straße gibt.
Links: Die alten Leut vom Gaspererhof.

Ich brachte das Gespräch auf das Thema Religion zurück und fragte sie, ob sie an die äußeren Zeichen, an Segnungen und dergleichen glauben, ob sie diese für sakrale oder gar magische Mittel hielten. Die Antwort kam von Rudolf. »Wir glauben daran, weil die, die vor uns da waren, daran glaubten. Diese Dinge sind eine Stütze in unserem Leben. Eine magische Bedeutung, wie du es sagst, haben diese Dinge für uns nicht. Vielmehr bedeuten sie für uns Vertrauen. Ohne Vertrauen kann man nicht leben. Ohne Vertrauen kann man nicht weitermachen.«

Auch Herbert denkt so. Er grüßte uns sehr herzlich und ging wieder hinaus in den Wind, der immer weiter heulte. Mit ihm ging auch der Briefträger. Flavio begleitete sie.

In der Zwischenzeit waren vom Troterhof die beiden Buben Rudolfs gekommen. Sie steckten schnell ihre Gesichter zur Stubentür herein, dann gingen sie in die Küche hinaus zur Großmutter.

Wir waren jetzt schon gute Bekannte geworden, und in Ritzail hatte es sich herumgesprochen, dass wir da waren. Rudolf erweckt den Eindruck leiser Schwermut und einer gewissen Unruhe, aber auch besonderer Klugheit. Er sorgt sich um den Hof und um die Gemeinschaft, er ist von geradezu kindlicher Offenheit, zeigt aber auch die Kraft und Ausdauer eines Menschen, der das Leben kennt und schätzt. Leute seines Schlages sind vermutlich von Natur aus philosophisch veranlagt. Wären sie es nicht, sie hätten längst die Flucht ergriffen oder die Geduld verloren.

Ohne Misstrauen führte er uns durch seinen Hof. In der Brotkammer, die dem Wind geöffnet war, hielten wir an, aber wegen der großen Kälte kehrten wir alsbald wieder in die Stube zurück.

Inzwischen waren Herbert und Flavio wieder zurückgekehrt. Herbert erzählte uns, dass in der Nacht die Hirsche auf den Wiesen rund um die Höfe weiden und spielen. Er hat bei Neustift unten ein Haus gekauft, aber er findet kein Mädchen, das bereit wäre, auf den Hof zu kommen und Bäurin zu machen. Ich glaubte, so etwas Ähnliches zu verstehen. Er hätte es gern, wenn wir zu seinem Hof hinaufkommen würden. Offen sagte er das nicht, aber er gab es uns zu verstehen.

Dann begleitete er uns bis zum Troterhof und riet uns, Steigeisen anzulegen. Als ich den Rucksack wieder zur Hand nahm, den ich zwei Stunden vorher auf eine Bank in der Stube gelegt hatte, war er noch immer weiß vom Schnee.

»Ein guter Arbeiter ist auch ein guter Christenmensch. Alle guten Arbeiter sind gute Christen.« Ist es nicht eine Art geheimnisvoller Verurteilung, so isoliert leben und bis zum Tode sich abmühen zu müssen, ohne dafür eine gerechte Entlohnung zu bekommen?

Einige Tage später wurden wir nach St. Walburg ins Ultental gerufen, wo der Franz vom Innerbachhof auf dem Weg, der zu seinem Hof führt, ums Leben gekommen war.

Es war so plötzlich gekommen, dass eigentlich niemand so recht darauf vorbereitet war. Franz war spät abends vom Dorf aufgebrochen und hatte den Weg genommen, der längs der Falschauer hinaufführt. Dann hatten sie unten in der Bar einen Schrei vernommen. Einer nahm die Laterne von der Wand und ging hinaus auf die Felder, wo er aber vergeblich suchte.

Tags darauf fanden sie den Franz im Schnee unter einer Bachsperre der Falschauer. Er war auf dem Eis ausgerutscht und in der Dunkelheit hinuntergestürzt. Während der Nacht war er verblutet. Im Schnee blieb eine große, rote Blutlache.

Fast jeder Weg, der zu einem Berghof führt, weiß von einer derartigen Tragödie zu erzählen. Denn auch das ist ein Tribut, den die Einsiedler dort oben entrichten müssen. Den Franz legten sie in eine große, schwarze Holzbahre, die sie in der Stube aufrichteten. Die Leute kamen zum Hof, zu Hunderten kamen und gingen sie durch den engen Hausgang unterm Dach, bei der großen Kälte. Schweigend kamen sie von den weitum verstreuten Berghöfen und besprengten die Bahre mit Weihwasser, in das sie kleine Tannenzweige eintauchten.

Als die Jagdfreunde die Bahre mit dem Leichnam des Franz über den Weg hinuntertrugen, vernahm man aus dem bedrückenden Schweigen der Menge, die zum Hof heraufgekommen war, unterdrücktes Schluchzen. Ein Jäger verteilte Tannenzweige, die sich die Jagdfreunde des Franz ins Knopfloch steckten. Ein anderer Jäger ging der Bahre voran, die mit Seilen am Traggestell befestigt war. In der einen Hand trug er ein kleines schwarzes Kreuz und einen Perlmuttrosenkranz, in der anderen eine brennende Laterne, die versinnbildlichen sollte, dass die Seele des Toten in der Gemeinschaft der Lebenden gegenwärtig war.

Die Menschenmenge ging den Weg hinunter, und mir schien es ein unwirklicher Anblick zu sein. Der Weg war eine Stunde lang und sie zogen gesammelt und betend bis zur Kirche.

Die Totenfeiern werden hier in der Überzeugung begangen, dass es ein besseres Jenseits gibt. Unsere Zivilisation hat freilich auch dieses Vertrauen verloren. Sie glaubt, den Tod dadurch bezwungen zu haben, dass sie nicht daran denkt oder indem sie ihn in die Gefrierzellen der Leichenhallen und in die Namenlosigkeit der Friedhöfe abdrängt.
Die allegorische Bedeutung der Laterne als Lebenslicht, das der Bahre vorangetragen wird, kommt in ihrer Einfachheit den Flügeln eines Kondor gleich, der sich über den Anden aufschwingt. Oder vielleicht hat sie Ähnlichkeit mit dem Lausbuben, der neben dem Eingang zur Kirche von St. Walburg gemalt ist. Wie der nordische Jüngling Dore geht er Flöte spielend durch den Wald und weckt die Natur aus ihrem langen Winterschlaf. Ein Vögelchen hat sich auf die Flöte gesetzt und singt um die Wette. Das ist das Leben, das sich entfaltet wie die Liebe. Wir haben den Sinn all dessen verloren: den Sinn der Liebe wie auch jenen des Todes.
Die Ermahnung Senecas erscheint zeitgemäßer denn je: »Die Seele musst du verändern, nicht den Himmel.«

Die Menschenmenge ging den Weg hinunter, es war ein fast unwirklicher Anblick. Sie gingen eine Stunde lang im Gebet versunken bis zur Kirche in St. Walburg in Ulten.

Die dramatische Landschaft des Egghofes

Der Egghof liegt auf 1677 Metern Höhe am Vinschger Sonnenberg. Abgelegen ist er – wie der benachbarte Vorrahof – noch immer. Rund vierzehn Kilometer, eine halbe Stunde Autofahrt herauf, sind es von Kastelbell. Von St. Martin am Vorberg, auch St. Martin im Kofel genannt, wohin eine Seilbahn von Latsch hochfährt, liegt der Egghof eine Stunde Fußmarsch entfernt. Als Aldo Gorfer hier war, waren die Wege gefährlich, und es gab noch kein Licht. Der Strom kam 1979, das Telefon 1989, die Straße bis hinüber zu den Vorrahöfen 1998. Fünfzehn Personen lebten damals am Egghof, das Wohnhaus teilten sich drei Familien, in einem Teil lebten sieben Personen, im zweiten acht, die Erben vom dritten Teil waren weggezogen. Beim Umbau, bei einer vernünftigen Trennung in drei Wohneinheiten bedurfte es zahlreicher Kompromisse und Diskussionen, bis jede der Familien, Gamper, Gruber, Kaserer, einen eigenen Eingang bekam und einen eigenen Gang zu den jeweiligen Zimmern.

Die junge Witwe Agnes, die damals mit den fünf Kindern und dem Vater in einem Teil des Hauses wohnte, ist später ins Tal gezogen, da der Hof ihrem Bruder gehörte. Erich Gamper, der Sohn des Hoferben, hat eine Jausenstation und etwas abseits ein neues, eigenes Haus erbaut. Nach seinem Tod führte seine Frau Theresia noch einige Jahre die Gastwirtschaft, bis sie schließlich ins Tal zog. Die Jausenstation wurde 2020 nicht mehr aufgesperrt, Sohn Daniel, der hier mit seiner Frau und den zwei Kindern lebt, ist gerne Bauer. Veronika Gruber, die während Aldo Gorfers Besuch mit ihrem Mann Martin und den sechs Kindern den zweiten Teil des Hauses bewohnte, ist früh verstorben, lange wohnten hier ihr Mann Martin und zwei Söhne allein. Ein Ehepaar aus Deutschland hat schließlich diesen Teil des nunmehrigen Zweifamilienhauses gekauft. Im dritten, damals unbewohnten Teil des ursprünglich so verschachtelten Wohnhauses wohnte eine Zeitlang ein junges Paar mit zwei Kindern. Heute wohnt hier niemand, Alois Kaserer zog auf den Heimathof seiner Frau Erika. Auf Egg war kein Einkommen, der Stadel klein. Die Felder bewirtschaften sie nach wie vor.

Der Egghof auf St. Martin oberhalb Latsch im Vinschgau, 1677 Meter hoch gelegen. Rechts im Bild sieht man den Weg, der über den rutschigen Moränenhang zum Vorrahof (im Bildvordergrund) hinüberführt.

Wenn man eintritt, ist es, als ob man die Schiffsluke eines Lastenseglers aus anderen Zeiten hinunterrutschen würde …

Egghof (St. Martin im Kofel), am 2. Februar 1972

Der Egghof steht auf einem so schmalen Felsgrat, dass man fürchtet, er würde jeden Augenblick mitsamt seinen Trockenmauern, seinem Elend und seiner Menschlichkeit in den Abgrund hinunterrutschen. Vor allem muss man die Frage stellen, wie dort oben Leute überhaupt ausharren und wohnen können, auf dieser Höhe, wo man sich bei jedem Sturm wie auf einer einsamen Insel fühlt, zwischen furchteinflößenden Schluchten, durch die Erdrutsche und Lawinen hinunterstürzen. Eine so dramatische Landschaft wie diese findet man nur selten und nur in einigen wenigen hochgelegenen Bergwinkeln. Zur schönen Jahreszeit kann der Weg von St. Martin im Kofel zum Vorrahof, der vom Egghof durch eine stets in Bewegung befindliche Klamm getrennt ist, sogar aufregend wirken. Im Winter ist dieser Weg gefährlich für jeden, der die Gegend nicht kennt und sich vor Eis und Schwindelgefühlen fürchtet. Das vor allem, wenn man bei Nacht von Schnee oder Wind überrascht wird.
Auf einem Täfelchen zu Füßen des gekreuzigten Christus bei der Seilbahnstation in St. Martin[7] ist eine Inschrift zu lesen, die mit mittelalterlicher Übertreibung von jenem symbolhaften Schwert spricht, das über den Häuptern der Menschen auf den Höfen schwebt. Die Inschrift besagt Folgendes:

Stehst du auf dem Berg oder bleibst du in dem Tal, der Tod findet dich überall.
Er fragt nicht, hast du Zeit, er fragt nicht, hast du Lust.
Er sagt nur: komm mit, du musst.
Darum, Wanderer, sei stets bereit, zu jedem Schritt und jeder Zeit.
Rasch vergeht die Zeit, schnell kommt der Tod.
Oh Mensch, tue recht und fürchte Gott.

Der Gekreuzigte blickt gegen die gewaltigen Berge hin. Tausend Meter tiefer schlängelt sich der Vinschgau dahin und erweckt in seiner Majestät den Eindruck eines Bach-Oratoriums, das in einer gotischen Kathedrale aufgeführt wird. Die geometrischen Ablagerungskegel von Tartsch, Morter, Allitz und Tiss erscheinen klar, wie von einem Aufklärungsflugzeug aus großer Höhe mit der Filmkamera aufgenommen. Der Mensch hat mit der Aufteilung des Grundbesitzes

viele Schnörkel in diese Landschaft gezeichnet, eine Verzierung, die der Natur einen geradezu choralischen Anstrich verleiht.
Die Seilbahn wurde im Jahre 1958 von der Gemeinde Latsch und mit Hilfe eines Beitrags der Region Trentino-Südtirol errichtet. Sie führt vom Etschboden freihängend bis zur Terrasse von St.Martin auf 1736 Metern hinauf. Man bezeichnete diese Seilbahn als beispielhaftes Werk, das die trostlose Abgeschiedenheit der Ortschaft verringerte, einen nicht unerheblichen Touristenverkehr in Bewegung setzte und der Berglandwirtschaft in ihrem einsilbigen Ablauf einen kleinen Tropfen Phantasie beimischte.
In der Tat versuchten es einige Bauern mit dem Anbau von Erdbeeren. Weil diese aber zu wenig Ertrag brachten, ließ man es bleiben und versuchte es mit dem Salatanbau. Mit der Seilbahn werden jetzt ganze Kabinen voll Salat nach Latsch hinunterbefördert. Jetzt ist man dabei, die Kanalisierung für die Beregnung zu bauen, die alten Waale aus Holz werden ersetzt, eine Seilbahn zwischen der Bergstation der bisher bestehenden Seilbahn und den Höfen von Oberhaus ist im Bau.
Ein einzigartiges Ding. Es genügte, die Trennwand zur Außenwelt mit einer kleinen Seilbahn zu durchbrechen und dadurch Mensch, Tier und Dingen einen Dienst zu tun, und schon ist die Dynamik der Bergbauern voll zum Ausbruch gekommen.
Der Kirchweg, dieser leidvolle und beschwerliche Kirchweg, ist nur mehr eine Erinnerung, die nur noch in den alten Menschen und in der mittleren Generation weiterlebt. Der Weg wird nur mehr selten begangen. Er ist tief verschneit, und nur hie und da sieht man die Spur eines Hasen. Der Weg führt von Latsch über das abschüssige Gesteinsfeld der Berghänge, für den Vinschgau bezeichnend, hinauf, erreicht dann den Wald, zuerst den Fichtenwald, dann den Föhrenwald, und schließlich gelangt er durch die terrassenförmig angelegten Felder und Wiesen nach oben, wo die mittelalterlichen Siedler die Natur dienstbar gemacht haben.
Der ganze Berg ist von Wegen durchzogen wie von einem Spinnennetz. Die mühevolle Arbeit der Menschen zeigt sich in den Waalen. Es ist eine beeindruckende Landschaft, Ergriffenheit packt den, der sie erlebt.

Der Egghof ähnelt einem Barackendorf.

Josef, der zugleich Mechaniker, Fahrkartenschaffner und Kontrolleur der Seilbahn ist und die Gastwirtschaft betreibt, sagt, dass die Seilbahn die »Beine der Menschen um drei Wegstunden erleichtert hat«. Wenn starker Wind weht, was hier oben ziemlich häufig vorkommt, läutet die Alarmglocke auf dem obersten Seilbahnmasten und die Kabinen werden stillgelegt. Dann darf man sie unter keinen Umständen in Bewegung setzen, denn die acht Minuten Dauer der Fahrt könnten zu einem »makabren Tanz« werden.

In solch schwierigen Lagen kehren die Leute, die von den Höfen zur Seilbahn gekommen sind, nach Hause zurück und verschieben ganz einfach die Reise. Das kann auch vier oder fünf Tage dauern. Dann allerdings bleibt St. Martin abgeschnitten wie jene Höfe, die sich in fast verbotenen Lagen befinden. Keiner will mehr die Mühe des Kirchweges auf sich nehmen. Nur bei Begräbnissen dient der Weg. Dann wird der Tote auf Schultern zum Friedhof von Latsch hinuntergetragen. Die Lebenden begleiten ihn. Es wäre etwas Unzumutbares – und alle wären sie dagegen –, die Bahre mit der Seilbahn zu befördern. Deshalb nimmt ein Begräbnis, wenn man den Hin- und Rückweg rechnet und die Totenfeier in der Kirche, einen ganzen Tag in Anspruch.

Die Frage stellt sich, warum nicht neben der Kirche von St. Martin ein kleiner Friedhof errichtet wird. Die Kirche ist nicht sehr alt, aber viele Leute pilgern zu ihr hin, weil sie dem Schutzpatron des Rindviehs geweiht ist. Ebenso wie die Höfe steht sie zuvorderst auf einem steilen Abhang. Sieht man sie von unten, beeindruckt die kühne Bauweise, die die Kirche wie ein Schloss erscheinen lässt. Erblickt man sie von oben, dann ist sie nichts anderes als eine arme Bergkirche, eine schweigende Silhouette im Wind, eingefügt in die Berglandschaft.

Der Weg führt hin bis zum gotischen Portal. Die Leute von den Höfen mit all ihren Leiden sind da raufgegangen. Dann weitet sich wieder der Horizont. All das ist von einer Symbolik behaftet, in der gemeinschaftliche Traditionen, Gläubigkeit, Aberglauben, Vertrauen, Angst und anderes sich vermischen. Sie alle scheinen das geweihte Gebäude zu umschlingen mit ihrer nie niedergeschriebenen Geschichte von Generationen von Bergbauern. Fast würde es einen reizen, ein Ende dieses unsichtbaren Belages zu lüften und zu versuchen, eine Verbindung herzustellen mit den angehäuften menschlichen Gedanken und Handlungen, die wie Bildnisse und ungeschriebene Worte auf dem Bildschirm einer unsichtbaren Welt haften.

Verblieben von all dem sind nur die farbigen Papierblumen, die volkstümlichen Votivbilder im Gedenken an krankes Vieh, dann die Hirten, die dort verweilen und um »gut Glück« für ihr Vieh beten, bevor sie es auf die Alm treiben. Geblieben ist die Bergdistel, mit der im September die Hörner der Kühe geschmückt werden, geblieben ist die Erinnerung an beschwerliche Wallfahrten, die aus allen Teilen des Vinschgaus und des Martelltales hier heraufzogen. Von hier aus kann man das Martelltal sehen, das sich zwischen den Massiven des Hasenöhrl und der Laaser Spitze hineinschlängelt.
Wir kamen vom Egghof und vom Vorrahof zurück. Das Stimmengewirr der Bauern, die in Josefs Gaststätte Karten spielten, bot ein optimistisches und familiäres Bild, nachdem wir die langen und beschwerlichen Wege durchwandert hatten.
Die Höfe, die rings um St. Martin auf den Bergstufen stehen, und auch jene am Rande des Bilebenwaldes haben aus der Seilbahn wirtschaftliche Vorteile gezogen. Oben aber, auf dem Egghof und dem Vorrahof, hat die Härte des Lebens die mittelalterlichen Züge beibehalten. Hier unten schicken sie Kabinen voller Salat ins Tal hinunter, dort oben aber müssen sie sich mit ihren Schafen und Karbidlampen abfinden.
Josef erzählt uns: »Geld haben sie keines. Es hat immer den Anschein, als würden die Bauern da oben von einem Tag zum anderen weggehen. Aber sie gehen nie weg. Sie sind glücklicher als die Menschen in der Stadt.«
Jedes Mal, wenn ich in der Stube irgendeines Bergbauernhofes saß, stellte ich mir die Frage, wo eigentlich das wahre Glück anfängt, wo seine Grenze liegt. Ob sie auf dem weißen oder dem schwarzen Ufer beginnt. Welcher Unterschied besteht denn zwischen der Einsamkeit und dem Mangel an Liebe jener, die in den Städten leben, und jener, die auf den Berghöfen leben? Vielleicht der, dass die Einsamkeit der ersteren gewollt ist, jene der Bergbauern hingegen eine Notwendigkeit ist?
Mich hat die Erfahrung gelehrt, dass es viel zu voreilig wäre, einfach zu behaupten, die Bergbauern seien glücklich, weil sie es gewohnt sind, als Eremiten zu leben und sich abzurackern. Die Seilbahn nach St. Martin im Kofel ist zweifelsohne ein anerkennenswertes Zeugnis, wie die öffentliche Hand in kluger Weise eingreift, um die Höfe neu aufleben zu lassen. Das Schicksal des Egghofes aber kann sehr schnell sehr bitter werden. Denn obwohl die Pioniere aus Verlangen

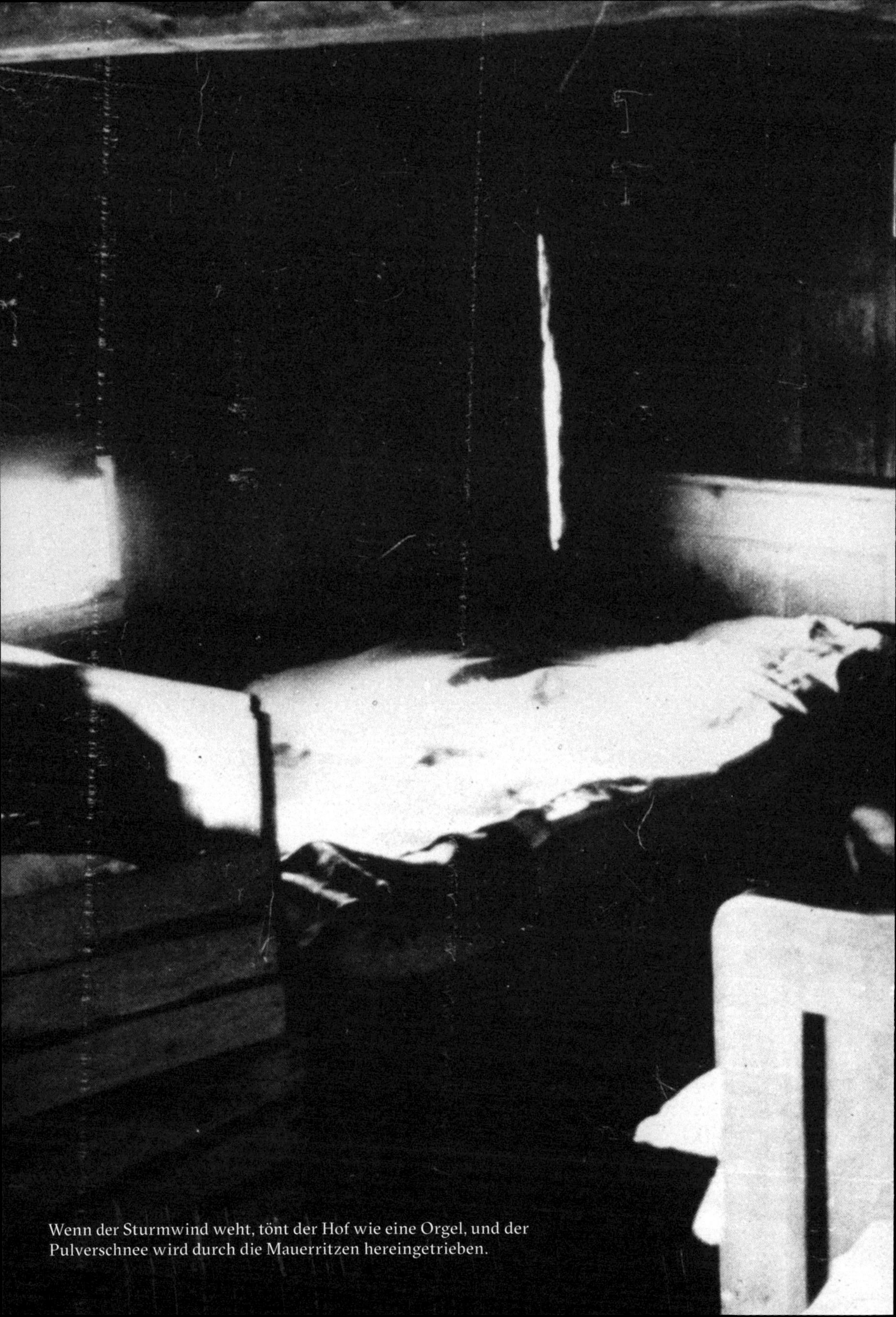

Wenn der Sturmwind weht, tönt der Hof wie eine Orgel, und der Pulverschnee wird durch die Mauerritzen hereingetrieben.

nach fruchtbarem Boden und aus Lebensnotwendigkeit heraus dort hartnäckig der Wildnis ein Stück Boden abgerungen haben, beugt sich die Natur gegen die Präsenz des Menschen immer mehr auf.
Bis zur Oberhausmühle, jenseits des Kasertales, ist der Weg nicht so schlecht. Im Stübele der Mühle ist ein altes Motorrad abgestellt, rot angestrichen. Wahrscheinlich fährt irgendein waghalsiger Bursche von einem benachbarten Hof in der schönen Jahreszeit mit diesem Fahrzeug, um sich den Weg nach St. Martin zu verkürzen. Bei der Oberhausmühle, die zugleich Mühle und Abstellplatz ist, treffen sich die Leute bei Begräbnissen, um von hier aus über den steilen Niederhauserweg hinunter nach Latsch zu ziehen.
Das besiedelte Gebiet auf 1700 Meter Höhe ist umgeben von Abgründen. Es wird auf der Südwestseite von der Goldrainer Alpe (höchste Erhebung ist die Vermoispitze mit 2929 m), von der der Tissbach herunterkommt, um dann in die Etsch einzumünden, mit fast topografischer Genauigkeit abgegrenzt. Zentrum des Siedlungsgebietes ist St. Martin im Kofel, zusammen mit den Kaserhöfen und weiter östlich mit dem Köbenhof. Zwischen dem Kasertal und dem Gruebachtal liegen Oberhaus, Niederhaus, Unterhaus und Pardatsch. Von den insgesamt achtzehn Höfen liegen diese am günstigsten.
Der Egghof und der Vorrahof befinden sich am äußersten Ende des besiedelten Gebietes. Der Weg dorthin führt zuerst hinunter ins Gruebachtal, klettert dann die Felsen hoch, leitet durch einen dünnen Lärchenwald und überquert schließlich die abschüssigen, Erdrutschgefährdeten Abhänge, die der Rifflbach durchfließt. Dort drüben steht der Hof. Die Gebäude sind stufenförmig übereinander auf dem schmalen Felsband errichtet worden. Kruzifixe erinnern an die stete Gefahr: »Hier starb Paulina Filzenz Tscholl«, anno 1880. »Hier starb Sebastian Kofler«, anno 1929. Lawinen gehen fast ununterbrochen durch das Eggerbachtal hinunter. Dort bleibt der Schnee bis zum Juni liegen. Wenn es regnet oder taut, kommen am Riffl die Erdrutsche in Bewegung. Wenn es schneit oder starker Wind weht, sind die Wege kaum begehbar. Die Kinder gehen dann nicht zur Schule, niemand verlässt den Hof. Wo der Weg am gefährlichsten ist, sind Drahtseile gespannt worden, aber es ist kein voll gesicherter Weg, sondern ein einfaches, mehr psychologisches denn wirkliches Hilfsmittel, das allerdings dann sehr zustattenkommt, wenn der Weg vereist ist.[8]
Vor einigen Jahren stürzte ein großer Felsbrocken vom Berg herunter, blieb aber wie durch ein Wunder wenig oberhalb des Schaf-

stalles liegen. Wäre er weitergerollt, er hätte die in seiner Bahn stehenden Gebäude eines nach dem anderen weggerissen. Im Herbst 1966 gingen links und rechts vom Hof Erdrutsche nieder, und Wildbäche schossen in die Tiefe, als wäre das Ende der Welt gekommen. Die Bäurin Agnes erinnert sich gut daran. Es war schrecklich damals, aber Angst ist ihr keine verblieben. Ein paar Tage nach den Ungewittern kamen die Feuerwehrleute von Latsch herauf und richteten den Weg zu den Höfen wieder her.

Die Frage »Warum bleibt ihr hier?« kam mir spontan.

Agnes machte es nichts aus, sie zu beantworten. »Wir haben keine andere Möglichkeit, denn wir wissen nicht, wohin wir gehen sollten.« Dann sah sie sich in der alten Stube um, wo der Voter Martin, zweiundachtzig Jahre alt, seine Pfeife rauchte und sich ein Viertel Wein munden ließ und fügte hinzu: »Hier haben wir wenigstens eine Wohnung und können leben.«

Ich fragte: »Seid ihr glücklich?« Da kam mir vor, als legte sich über die klaren Augen der Agnes ein Schleier von Traurigkeit.

»Wir müssen glücklich sein. Es bleibt uns gar nichts anderes übrig. Hauptsache ist, dass man gesund ist.«

Die Seilbahn nach St. Martin hat den Weg ins Tal hinunter um gute drei Stunden verkürzt. Aber zwischen dem Egghof und der Seilbahnstation ist der Weg unter normalen Umständen noch immer eine gute Stunde lang, anderthalb Stunden braucht man, wenn man etwas zu tragen hat. Von der Seilbahn bis hierher muss alles auf Schultern getragen werden: das Salz für das Vieh ebenso wie die Baumaterialien. Daher ist es auch ein mühsames Unterfangen, auf dem Hofe größere Ausbesserungsarbeiten vorzunehmen. Das Zinkblech, mit dem ein Teil des Daches auf einem der Gebäude repariert worden ist, wurde von den Leuten heraufgezogen und zum Teil mit rudimentären Seilwinden befördert.

Die extreme Härte dieser Landschaft kommt so richtig im Katzensteig zum Ausdruck, kurz unterhalb des Egghofes. Er wird Katzensteig genannt, weil man die Geschicklichkeit einer Katze haben muss, um dort voranzukommen, wenn man nicht in die Tiefe stürzen will. Man geht diesen Weg nur, wenn es unbedingt sein muss. Man sagt hier, dass fast immer etwas geschieht, wenn man über diesen Steig geht. Man meidet ihn deswegen, und auch die Schafherden werden nur selten darüber hinweggetrieben.

Sobald man zum Egghof gelangt, wird man von der Unwirklichkeit der Landschaft gepackt. Man ist versucht, die Gebäude mit den Händen zu berühren, um sich davon zu überzeugen, dass sie wirklich dastehen. Sie stehen in einer Art Trichter zwischen den kristallenen Felsen, der Vinschgau liegt tief unten. Der Name des Hofes steht auf dem Hauptgebäude geschrieben. Dieses ist neu aufgebaut worden. Neben den Hofnamen hat jemand einen Enzian und ein Edelweiß gemalt. Die Hunde kommen uns entgegen und fletschen die Zähne. Sie bellen aber ohne große Überzeugung und schnuppern dann an uns herum. Schließlich folgen sie uns schwanzwedelnd durch eine Art Gang, der zwischen einer Anhäufung von Holz- und Steinschuppen durchführt. Das macht den Eindruck, als wären wir in einer Barackenstadt. Ein Schaf schaut neugierig aus einem Schlitz des Schafstalles hervor.

Rudolf kommt mit der Herde von der Wiese herunter. Hennen und Vieh leben in Schlamm, Schnee, Mist und zwischen zerfallenden Trockenmauern, Holzstößen und dem Gestein, das überall aus dem Boden hervorragt. Wo die Sonne nicht hinscheint, ist Eis, und man läuft Gefahr auszurutschen und hinunterzustürzen.

Der Egghof wie auch der Vorrahof, beide jenseits des abschüssigen Voragreibn, setzen sich aus mehreren Gebäuden zusammen. Sie sind mehr Gehöft als Hof. Drei Familien lebten einmal dort. Dann hat eine Familie resigniert und ist weggezogen.

Der Gang wird von allen benutzt. Er ist mit Steinen gepflastert und führt zwischen den rauchgeschwärzten Mauern hindurch, ein scharfer Almgeruch haftet ihm an, und der Wind bläst hindurch. Der Wind weht Schnee vom Dach herunter.

Jede Familie hat ihre Stube, Küche und die anderen erforderlichen Räumlichkeiten. Eine Art paradoxen Zusammenlebens, wo sich das Leben scheinbar immer nur provisorisch abwickelt und der Stall von ausschlaggebender Bedeutung ist.

Wenn man in das obere Stockwerk hinaufsteigt, das zur Gänze aus Holz gebaut ist, muss man sich bücken, um nicht anzustoßen oder

Man sagt, dass der Egghof aus der Zeit Adams stammt. Die Menschen kamen hier herauf und bauten auf den Felsen die ersten Hütten. Sie arbeiteten nur mit den Beilen, weil man damals noch keine Säge kannte. Die Jahrhunderte gingen vorüber, und der Egghof wurde allmählich zu dem, was er jetzt ist.

auszurutschen. Hier findet man die Schlafzimmer dieser kleinen Gemeinschaft. Wenn man sie betritt, ist es, als ob man die Schiffsluke eines Lastenseglers aus anderen Zeiten hinunterrutschen würde.
Alles ist alt, dunkel, eng, im Verfall begriffen. Mit dem Kopf berührt man die Balken der Decke, zwischen denen Kälte und Wind herunterkommen.
Die Türenbänder sind alt und verbraucht infolge jahrhundertelanger Benützung. Ebenso das Holz. In den kleinen Fenstern der Kammern sind keine Gläser. Sie werden mit einem Schiebefenster verschlossen, das zwischen zwei Holzleisten gleitet.
An der nordwestlichen Ecke ist in den Brettern ein Loch. Ich streckte den Arm hindurch und konnte ihn in die Sonne halten, über dem Abgrund. Dort stehen die Betten nebeneinander und Heiligenbilder hängen an den Wänden. Die Bäurin Agnes verfolgte amüsiert alle meine wunderlichen Entdeckungen. Auch die anderen Mitglieder der Familie, Hunde inbegriffen, versammelten sich beim engen Türrahmen. Das Halbdunkel wurde nur durch das scharfe Licht aus der Wandritze gebrochen. Es war, als würde man in einer Höhle ein Blitzlicht aufflammen lassen. Sie lachten, es machte ihnen Spass. Sie ärgerten sich keineswegs darüber, dass ein Fremder seine Nase in ihre Angelegenheiten steckte. Sie waren ohne Misstrauen.
Warum eigentlich sollte sich einer da so wundern?
Wenn der Nordwind weht, tönt der Hof wie eine Orgel, Pulverschnee wird durch die Mauerritzen hereingetrieben. Sie sind es gewohnt und machen sich nichts mehr daraus.
Schließlich konnte ich nicht mehr an mich halten. »Aber Bäurin Agnes, hier ist es ja, als ob man unter freiem Himmel schlafen würde. Habt ihr nicht zu kalt ...?«
Agnes mit ihren klaren Augen, ihrer schlanken, fast dünnen Figur, die Haare im Genick zusammengebunden, antwortet: »Man schlüpft einfach unter die Federbetten wie in einen Schlafsack, dann schläft man warm. Wir haben gute Luft hier und wir sind immer gut aufgelegt.«
Wir trafen auch Veronika, die Bäurin der anderen Familie. Sie trieb unten die Ziegen vorbei, eine Erscheinung aus unbekannten Zeiten in einer zeitlosen Szenerie.
Da fragte ich den Voter Martin nach der Geschichte des Egghofes. Er war recht umgänglich, schloss den Bauernkalender, in dem er gerade gelesen hatte, lehnte sich an das Ofengestell und blickte mich mit

seinen durchdringenden, hellen Augen an. Er trug einen Schnurrbart. Er antwortete mir schlagfertig, was die anderen sehr erheiterte: »Du fragst mich, ob der Egghof alt ist. Man sagt, dass er aus der Zeit Adams stammt. Die Menschen kamen hier herauf und bauten auf den Felsen die ersten Hütten. Sie arbeiteten nur mit den Beilen, weil man damals noch keine Säge kannte. Die Jahrhunderte gingen vorüber, und der Egghof wurde allmählich zu dem, was er jetzt ist.«

Die Anziehungskraft der Schaufenster in der Stadt

Egghof (St. Martin im Kofel), am 3. Februar 1972

Die Bäurin Agnes vom Egghof hat ihren Mann vor einigen Jahren verloren. Sie blieb allein mit dem Vater Martin und fünf Kindern. Der Hof gehört ihr nicht. Er gehört dem Bruder, der sie dort bleiben lässt, bis die Kinder erwachsen sind. Das älteste der Kinder, Rudolf, ist zwanzig Jahre alt. Er ist schon siebenmal in der Schweiz auf Arbeit gewesen, ein aufgeschlossener, schneidiger junger Mann. Die anderen gehen noch in St. Martin zur Schule: vier Stunden Weg täglich. Nur wenn es stark schneit und das Eggbachtal oder das Gruebachtal wegen Hochwasser nicht überquert werden können, bleiben sie zu Hause.

Es kommt nicht selten vor, dass die Lehrerin allein in der Schule ist oder auch umgekehrt: die Kinder allein. Denn wenn starker Wind weht, kann die Seilbahn, die von Latsch heraufführt, nicht in Betrieb gesetzt werden.

Heute ist Rudolf zu Hause und auch der kleine siebenjährige Martin, Zwillingsbruder von Markus. Sie haben ihn zu Hause behalten, weil er krank ist. Er spielt mit den Hunden, lässt sich aber keine Silbe der seltsamen Gespräche entgehen, die wir in der Stube führen.

Rudolf hatte die Ziegen heimgetrieben. Er begleitete uns in die Stube, nicht ohne vorher die blaue Schürze abgelegt zu haben. Zusammen mit der Bäurin Agnes kam auch Veronika, die Frau des anderen Bauern, der auf dem Hofe wohnt. Auch er heißt Martin. Sie sind verwandt und helfen sich gegenseitig wie Geschwister. Wenn dem nicht so wäre, würde das Leben dieser kleinen Gemeinschaft auf dieser Höhe sehr viel schwerer sein.

Veronika hat sechs Kinder im Alter zwischen neunzehn und vier Jahren. Der Älteste ist Waldarbeiter. Er ist nicht da: Er arbeitet irgendwo im Wald.

Voter Martin empfing uns mit der Abgeklärtheit des Greises. Er redet wenig, hört lieber zu. Aus dem Täschchen der Lodenjoppe über der grünen Schürze ragt der Pfeifenstiel hervor. Er hat ein asketisches Gesicht. Er liest den Bauernkalender. Irgendjemand hat darin über einen Ausflug in dieses Gebiet geschrieben.[9]

Ein Stück des Weges, der den Egghof mit dem Vorrahof verbindet.

Die Ziegen sind für die Wirtschaft des Egghofes
noch lebenswichtig.

Die Bäurin Agnes ist eben erst aus Latsch zurückgekommen. Sie ist noch jung, geschickt, energisch und intelligent. Sie muss sehr schön gewesen sein. Sie ist mit Sorgfalt gekleidet, das Kleid ist dunkelfarbig, die Strümpfe aus weißer Wolle.
Ich fragte sie, wie es überhaupt möglich sei, auf dieser Höhe, in dieser steilen, kahlen Welt zu leben. Sie sagte, dass es das auch nicht wäre, in keiner Weise, wenn man das Geld nicht »zu drei Vierteln« anderswo verdienen würde. Das also bedeutet es, wenn Rudolf schon siebenmal in der Schweiz auf Arbeit gewesen ist. »Wenn die Kinder erwachsen sind«, fügte sie hinzu, »werden sie weggehen. Es bleibt ihnen keine andere Wahl.«
Da stellte ich dem Rudolf die übliche Frage, ob auch er den Hof verlassen werde?
Rudolf: »Wenn ich eine Frau finden würde [er sagt es im Vinschgauer Dialekt, eine ›Pfot‹], würde ich auf dem Hof bleiben. Mir passt die Arbeit mit dem Vieh. Aber siehst du, wenn ich mich entschließe, auf dem Egghof zu bleiben, werde ich wohl keine Frau finden, und allein könnte ich nichts tun.«
Wir gingen auf andere Dinge über. Die Sonne schien durch die Fenster, die Stube war hell, die Umgebung schweigsam. Das Holz der Bänke, der Wandschränke, der kleinen Tür, der Fensterbretter und Stellagen glänzte, es war von vielen Generationen abgebraucht worden.
»Siehst du«, sagte Rudolf, »wenn ich die Möglichkeit hätte, würde ich ins Tal hinunterziehen. Aber ich kann nicht. Ich muss für die Mutter und für die Geschwister sorgen.«
Die Familie lebt in Unsicherheit. »Der Hof gehört uns nicht«, sagt die Bäurin Agnes, »deswegen haben wir keine Sicherheit. Wenn wir die Besitzer wären, wäre alles ganz anders.«
Sie haben viele Ziegen und Schafe, aber wenige Kühe. Ziegen und Schafe können auch im Winter weiden, oben in den Felsen, wo die Sonne den Schnee schmilzt und das Gras bald hervorschauen lässt. Die Kühe hingegen brauchen viel Heu und das gibt es hier nicht.
Das Mehl kaufen sie unten im Dorf, das Brot backen sie selber im großen Backofen in der Küche. Im Herbst räuchern sie Schaffleisch (Gselchtes), gegen Weihnachten hin auch Schweinefleisch (Speck). Mit Gselchtem, Speck und Brot müssen sie das Jahr über leben.
Voter Martin ist auf dem Egghof geboren. Er hat immer auf dem Hof gelebt. Er ist Bauer gewesen und hat den Hof dem ältesten Sohn

vererbt, der schon mit sechzehn Jahren den Berg verlassen hat, nach Kastelbell hinuntergezogen ist, dort Arbeit gefunden und sich verheiratet hat. Der Mann der Agnes war vom Vorrahof. Er hat auf den Hof geschaut bis zu seinem Tod.

Rudolf gibt sich keinen Illusionen hin. Er sagt es mir ganz ruhig: »Wir haben keine Straßen, wir haben keine Transportmöglichkeiten, die Gebäude können auch nicht mehr wohnlicher gemacht werden. So ist es. Der Hof wird einmal verlassen werden. Er wird zerfallen, das ist gewiss.«

Gleich wie die wilden Ruinen des Zuckbühelhofes? Vielleicht. Das Gespenst geht um wie die Lichter in den Legenden: in den verzweifelt einsamen, langen Winternächten, wenn die Leute beim Dunkelwerden ins Bett kriechen, weil das Heizen zu teuer ist und der kalte Wind in die Zimmer eindringt und man vor Kälte zittert.

»An die Einsamkeit sind wir gewohnt«, sagte Agnes mit ihrem klaren Blick. »Wir sind seit unserer Kindheit daran gewohnt. Wir denken nicht weiter daran.«

Aber manchmal kommt doch leise und heimtückisch die Melancholie. Das gibt auch die Bäurin Agnes zu. Auch sie, eine mutige Frau, kann sich nicht immer dem Trübsinn entziehen. Es kommt dann, wenn die Kinder bei schlechtem Wetter unterwegs sind oder wenn der Weg durch eine Lawine oder durch Hochwasser unterbrochen ist oder wenn jemand erkrankt und kein Arzt da ist, kein Ratschlag, sondern nur die eigene Erfahrung. Dann schließt sich der Kreis. Es ist wie ein Bild des Gekreuzigten, der von unbekannter Hand in Erinnerung an schwere Unglücksfälle aus Zirmholz geschnitzt wurde. Diese Gekreuzigten offenbaren in ihrem Angesicht und in den Gliedmaßen die Leiden, die ihnen die Bildschnitzer unbewusst eingeprägt haben. Es sind ihre eigenen Leiden. Man fühlt es und man kann sich diesem Gefühl nicht entziehen. Es ist, als ob man die Hand auf einen Stein legen und aus diesem Stein eine Quelle hervorspringen würde.

Ich sagte zu Agnes: »Zürnen Sie mir nicht, wenn ich Ihnen jetzt eine unverschämte Frage stelle. Ich möchte Sie fragen, ob ihr in der Lage seid, ein wenig Geld auf die Seite zu legen.«

Agnes antwortete: »Hie und da können wir schon ein paar Groschen auf die hohe Kante legen, aber früher oder später müssen wir dieses Geld dann immer wieder hernehmen, um leben zu können ...«

Voter Martin fragte ich: »Eine andere freche Frage. Sagen Sie mir, warum sind eure Vorfahren hier heraufgekommen in diese harte Umwelt?

Hätten sie nicht besser daran getan, unten im Tale zu bleiben?«
Voter Martin: »Es war alles die Schuld der Überschwemmungen. Wenn ein Wolkenbruch kam, wurde das Tal in einen großen See verwandelt. Die Leute sind hier heraufgekommen, um sich davor zu retten, um weiterleben zu können ...«
Der Bäurin Agnes schien etwas Belustigendes eingefallen zu sein, etwas, woran Vater Martin wahrscheinlich glaubt: »Vielleicht ist die Arche Noahs hier stecken geblieben«, sagte sie.
Voter Martin ließ sich nicht aus der Ruhe bringen. Mit fast priesterlicher Würde, wie ein Patriarch, griff er ins Gespräch ein und mit tiefer Bitterkeit sagte er: »Das ist es ja, warum sie heute alle weglaufen.« Mir kam vor, als wollte er mit diesen wenigen Worten seine tiefe Besorgnis und sein ganzes Heimweh zum Ausdruck bringen. Er hielt die, die den Berg verlassen, wohl für Fahnenflüchtige.
Ich war versucht, aus meinem Rucksack den Aufsatz eines Schülers von einem dieser Höfe hervorzuholen, zum Thema: »Was denkst du über die Einwohner von Latsch?«
Dieser Schüler hatte geschrieben: »Ich möchte auch in Latsch unten wohnen, weil es unten viel schöner ist. Da kann man oft einkaufen gehen. Aber vom Berg kommt man nicht oft hinunter. In Latsch kann man die schönen Schaufenster ansehen. Aber bei uns gibt es keine Schaufenster. Da kann man nur die Berge ansehen. Aber diese habe ich oft schon gesehen. In Latsch gibt es auch viele Arbeiten. Dort unten haben sie auch Traktoren, Autos und Fahrräder und noch andere Fahrzeuge. Bei uns muss man alles selbst tragen. Ich möchte auch ein Auto, aber ich habe nicht das Geld dazu. Mir gefällt es besonders, wie die Autos herumfahren. Wenn ich das sehe, habe ich viel Freude. Außerdem ist es in Latsch unten nicht so kalt wie auf dem Berg. Die Kinder im Dorfe unten haben keinen so langen Schulweg wie wir. Ich werde auch zur Mittelschule gehen. Dann kann ich die Schaufenster bewundern, weil sie mir so gut gefallen. Im Tale unten gibt es viele Berufe: Bäcker, Maurer, Friseur, Metzger, Kellner, Schneider, Arzt und noch viele andere. Wenn ich nach Latsch fahren darf, sage ich oft zu meinen Eltern: ›Ich möchte so gerne hier wohnen!‹ Aber ich kann nicht sagen, dass es mir auf dem Berg nicht

Kinder kehren von der Schule in St. Martin auf die Höfe zurück.
Der Bernhardinerhund Josef begleitet sie.

gefällt. Im Winter kann man auf St. Martin nämlich Ski fahren und das gefällt mir besonders gut.«
Glaubt mir, es wird einem kalt ums Herz. Kalt wird einem angesichts der Wünsche und Vergleiche dieses unbekannten Schülers von St. Martin. In seinem Aufsatz ist weder Zorn noch Neid. Man findet nur den Wunsch nach all dem, was ihm abgeht, aber auch Ergebenheit, wie ich sie in den Augen der Bäurin Agnes und ihres Sohnes Rudolf bemerkt habe.
Für diese Leute hat eine Ortschaft wie Latsch die Bedeutung der »Neuen Welt« eines Dvořák.
Ein anderes Kind von St. Martin schrieb zum Thema »Was willst du tun, wenn du groß bist?«: »Wenn ich groß bin, bleibe ich nicht zu Hause. Da will ich mich einem Beruf widmen. Am liebsten möchte ich Tischler werden oder auch Mechaniker, damit ich Geld verdiene und eine Existenz habe für mein ganzes Leben. Der Tischler fertigt Kücheneinrichtungen, Möbel für Schlafzimmer und andere Möbel. In der Mechanikerwerkstätte werden viele Reparaturen durchgeführt. Er repariert Autos, Fahrräder, Traktoren und vieles andere mehr. An solchen Arbeiten hätte ich meine Freude. Ich möchte vor allem daheim weg, weil nicht für alle Kinder genug Arbeit ist und weil mir eine andere Arbeit als die Bauernarbeit besser gefällt.«[10]
Die Welt geht weiter, Düsenflugzeuge ziehen am Himmel dahin, die Selbstgenügsamkeit ist ohne Hoffnungsspirale.
Wir verließen den Egghof wieder, während die Bäurin Agnes mit ihrem schwarzen Kleid und den weißen Wollstrümpfen uns ohne Bitterkeit sagte, dass »die Jungen davongehen und nicht mehr auf den abgelegenen Höfen bleiben wollen« und dass »einmal für alle Arbeit genug war«, dass es einem aber »jetzt dort unten besser geht«.
Rudolf hat ein Transistorradio und einen Plattenspieler auf den Hof gebracht. Manchmal wird in der Stube getanzt, aber dem Pfarrer sagen sie es nicht.
Da kam die Bäurin Veronika mit ihrer blumenverzierten Schürze, der Lodenjacke darüber und mit einem Tüchlein auf dem Kopf. Sie trieb die Ziegen vorbei, durch Schnee, Schmutz, Holzstöße und Hennen.
Auf dem Spaltenzaun, der am Rande des Abgrundes verläuft, bewegt sich eine halbzerrissene Fahne im Wind. Eine malerische Vogelscheuche, die die Hennen beschützen und beruhigen soll.

Der Weg führt um eine Almhütte herum und dann quer über die steinigen Abhänge, an Steinblöcken und oftmals knapp am Abgrund vorbei. Die Vinschgauer Landschaft, die tausend Meter tiefer unten liegt, kann wie eine Landkarte eingesehen werden. Das Hasenöhrl glitzert in der prallen Sonne.

Der Weg geht auf und ab, es ist ein wahres Kreuz. Schließlich leitet er uns hinunter in das Voragreibntal. Felsen ragen zu beiden Seiten auf, alles scheint an sie geheftet, sogar die Lärchen und die von Menschenhand errichteten Zäune. Die große Moräne wird vom Bach mitten durchschnitten. Sie ist wie eine Mauer ohne Ende, in der Winterkälte versteinert.

Weiter unten hat das Forstamt einen neuen Weg gebaut, der im zickzack den steilen Berg heraufführt und von robusten Zäunen geschützt ist. Aber dieser Weg wird wenig benutzt, weil es schneller geht, wenn man über die Erdrutschhalde herüberkommt. Wohlverstanden, solange die Kälte anhält. Wenn es dann einmal taut, kommt dort alles in Bewegung.

Hinter dem Bach führt der Weg fast wie eine Hängebrücke die Felswand entlang. Er besteht aus Brettern, die mit Pfählen in der Moräne befestigt sind. Fichtenzweige und eine Schicht gefrorenen Schnees bedecken die Holzbretter.

Es gibt kaum einen hochalpinen Weg, der so ausgesetzt wäre wie dieser. Es ist kaum zu glauben, dass dieser Weg die Verbindung zu einem Hof, dem Vorrahof, darstellt, der auf 1689 Meter Höhe gelegen ist und von drei Familien bewohnt wird.

Und trotzdem findet man auch bei diesen Familien, wie bei den vielen anderen, die wir auf den Südtiroler Berghöfen besucht haben, eine Zivilisation, eine Ausgeglichenheit und Menschlichkeit, die anderswo nur schwer anzutreffen ist, es sei denn bei den Bescheidenen und Armen.

Sie zeigen in bewundernswerter Weise, wie man trotz allem leben kann. Hier wohnen Mut und Kompromisslosigkeit auf einem Fleck zusammen.

Die große Gemeinschaft der Menschen mit ihren Problemen und ihrem Herzeleid nimmt diese Leute wohl gar nicht mehr wahr. Was tut sie auch, um sie aus ihrer manchmal verzweifelten Lage zu befreien? Nichts. Sie werden angesehen als schrullige, hartnäckige Wesen, die ein Existenzmodell fortführen wollen, das für die anderen unfassbar, naturalistisch, autark ist.

Wenn die Wege weggerissen werden, finden sich diese Menschen noch immer zurecht. Sie bauen sie wieder auf und verlangen keine Beihilfen. Wenn jemand erkrankt, betten sie ihn auf den Schlitten und bringen ihn ins Krankenhaus.

Sie werden begleitet auf ihrem Lebensweg vom Gekreuzigten, von Bildstöcken, Waalen und Spaltenzäunen, die die Landschaft vermenschlichen. Wenn man eine der stufenweise angelegten Trockenmauern aufgeben muss, weil sie nicht mehr halten oder nutzlos geworden sind, berührt sie das nicht mehr. Sie leben weiter in der Hoffnung, dass auch in ihrem Leben einmal etwas Gutes kommen wird.

Mein Freund Josef hielt bei der Biegung des Weges am Rande des Lärchenwaldes und zeigte mir die alten Waale aus gehauenen Baumstämmen. Dass Wasser ist eingefroren, die Stämme sehen aus wie große bläuliche Rohre.

Jenseits des Voragreibn hängen die Gebäude des Egghofes im Felsen wie ein phantastisches Pendel, das frei im Raum schwebt. Der Gekreuzigte neben dem Waal hat die leichenhafte Starre eines Gehängten, der an einem Baumstamm festgebunden wurde. Auch er schwebt frei im Raum, er wird nur von einem Dächlein vor Schnee geschützt.

Seine Augen sind weit aufgerissen, die Haare fallen auf die rechte Schulter, die Arme sind vom Rumpf abgetrennt, weil er so lange in dieser Stellung gehangen hat, das Holz der zermarterten Brust bildet seltsame Formen. In die Spalten zwischen den Armen und dem Rumpf haben Vorbeigehende Papierblumen gesteckt, deren Farbe durch Wetter und Zeit vergilbte.

Etwas weiter drüben breiten sich im Schutz der Hänge die Gebäude des Vorrahofes aus.

Rudolf: »Wenn ich eine Frau finden würde, würde ich auf dem Hof bleiben. Mir passt die Arbeit mit dem Vieh. Aber wenn ich mich entschließe, auf dem Egghof zu bleiben, werde ich wohl keine Frau finden, und allein könnte ich nichts tun.«

Der Traum einer Bäurin

Vorra ist das abgelegenste Gehöft von St. Martin im Kofel, es liegt etwas tiefer als der Weiler auf 1689 Meter Meereshöhe. Eineinhalb Stunden Fußmarsch, so schrieb Aldo Gorfer in seiner Fußnote, habe es von der Bergstation hierher gebraucht, seit 1989 erst gibt es Strom. Eine Materialseilbahn verkürzte den Kindern für zehn Jahre den Schulweg, als die Straße kam, wurde sie wieder abgebaut. Damals wurde Vorra von drei Familien mit insgesamt sechzehn Personen bewohnt, kurz vorher waren es noch viel mehr gewesen, wurden in zwei der Häuser doch je elf Kinder geboren. Vorra-Stadt hat man deshalb des Öfteren gesagt. Heute sind es drei Personen, die hier noch wohnen. Auf dem letzten Hof haben Hedwig und Karl Tscholl elf Kindern das Leben geschenkt, Karl Tscholl ist vor Längerem gestorben, Hedwig geborene Lauggas im November 2022. Zweiundzwanzig Urenkel hat sie noch erlebt und sogar ein Ururenkelkind. Hoferbe Alfred wohnt in Naturns, auf Vorra lebt ein lediger Bruder allein. Der alte Josef, der damals bereits alleine lebte, hat sein Häuschen verkauft, ist ins Tal gezogen und bald gestorben. Sein Häuschen hat mehrmals Besitzer gewechselt, unter anderem kaufte es ein deutscher Arzt. Zuletzt erstand es Norbert Gruber, Gatte der Renate Holzknecht, Bäurin vom Hof nebenan. Sie wohnen mit ihrer Familie in St. Martin, bearbeiten aber die Felder auf Vorra und kümmern sich um die Eltern. Ihr Vater Luis Holzknecht, Sohn der Katrina, hat schlussendlich eine Frau gefunden. Er und Hildegard haben 2013 den Hof übergeben, Milchkühe haben sie seit Kurzem keine mehr. Doch viele Schafe und Ziegen.

Vorrahof (St. Martin im Kofel), am 3. Februar 1972

Hinter der Tür, die Josef öffnete, nachdem wir diskret an das von der Sonne ausgetrocknete Holz geklopft hatten, schoss ein missmutiger Schäferhund hervor. Wir besänftigten ihn mit einer Kosung und traten ein. Unsere schweren Schuhe widerhallten auf dem Fußboden. Von unten herauf drang das unruhige Blöken eines Schafes. Es war so eng, dass wir drei mit unseren Rucksäcken und Windjacken den

Das abschüssige Gelände, auf dem der Vorrahof steht. Er steht auf 1689 Meter Höhe, gut anderthalb schwierige Wegstunden von St. Martin im Kofel, Gemeinde Latsch, Vinschgau, entfernt.

Die Landschaft, in der der Vorrahof steht, hat etwas Sonderbares, Urzeitliches an sich.

Raum ausfüllten. Kranz, der Hund, schnupperte an uns herum, er war neugierig, aber auch argwöhnisch. Schließlich leckte er mir mit seiner langen, feuchten Zunge die Hand.

Das Haus machte einen provisorischen Eindruck. Es erinnerte an Pionierzeiten. Es ist an den steil abfallenden Hang gepresst, als müsste man es mit Ketten befestigen, damit der Wind es nicht wegreiße oder es beim Auftauen des Bodens nicht talwärts schlittere.

Der Vorrahof, 1689 Meter hoch gelegen, anderthalb Wegstunden von St. Martin im Kofel entfernt, drei bis vier Wegstunden von Latsch, ist der letzte auf dem Latscher Berg gegen Schlanders hin. Vorra ist vermutlich die Verdeutschung des romanischen Begriffes »la föra« (dort draußen). Die österreichische Militärkarte im Maßstab 1:75.000, die 1894 gezeichnet und 1916 sowie 1941 verbessert wurde, trägt noch die Bezeichnung Fora. Heute aber sind die Überbleibsel der früheren Namensgebung nur mehr eine Erinnerung für Forscher, die hier ihre Emotionen erleben wollen.

Vorra (das Vogel-V und das doppelte »r« haben sich allenthalben eingebürgert) besteht aus mehreren Baulichkeiten, die teils in Holz, teils in Stein errichtet wurden und in malerischem Durcheinander auf der Südflanke des Rosskopfes, einem langen und schmalen Bergrücken, stehen. Dieser Rücken wird, verglichen mit dem umliegenden, steil abfallenden Gelände, als »Ebene von Vorra« bezeichnet.

Die gerodeten Flächen ziehen sich zwischen dem Lorendwald und dem darunterliegenden Vorrawald hin. Gegen Morgen hin sind sie vom Voragreibnbach abgegrenzt. Durch diesen werden sie auch vom Egghof getrennt. Gegen Westen grenzt sie der Fallerbach ab, dort findet man den Lagar und die zerfallenen Reste von Zuchbühel.[11]

Der Weg, Kirchweg genannt, führt an der Waldgrenze entlang. Ihm zur Seite verlaufen der Zaun und die alten Waale, diese aus Holzrinnen bestehenden Wasserleitungen.

Ebenso wie der Egghof ist auch der Vorrahof kein Einzelgehöft, sondern ein Weiler. Scherzhafterweise wird er von den Einheimischen auch als »Vorra-Stadt« bezeichnet, wie auch Josef Rampold, einer der besten derzeitigen Kenner Südtirols, schreibt.[12]

Tatsächlich bekommt man, wenn man den Weg beim großen Kreuz heruntersteigt, den Eindruck, als würde man in ein Andendorf kommen, wo die Schuppen an den Felsen befestigt sind. Oder man wird an ein Pfahldorf erinnert, mit ausgebrochenen und vernachlässigten Pfählen, wo der Wind und die Neugierigen ungehindert

Einblick nehmen können. Andere Schuppen stehen auf Trockenmauern. Keine Menschenseele begegnet einem, alles ist Schweigen und Einsamkeit. Fast muss man sich fragen, ob diese Hütten Hals über Kopf in längst vergangener Zeit verlassen worden sind und darin nur mehr die Erinnerung an den Menschen verblieben ist. Die Landschaft ist sonderbar bestechend, fast archäologisch.
Josef sagte: »Hier wohnen vier Leute, dort einer, dort unten ihrer zehn.« Flavio sah sich rasch um, durchsuchte die Schuppen und balancierte dabei zwischen Eis und vom Wetter verrotteten Brettern umher. Schließlich kamen wir zum letzten Haus. Es war klein und eng, an den Berg gehaftet, das Dach war mit Blech gedeckt, darauf hatte man Holzleisten genagelt, um den Schnee zurückzuhalten. Auf einem Sockel Trockenmauer steht der einförmige, dunkelbraune Holzaufbau. Der aus Stein errichtete Grundstock beherbergt den Stall, der Holzbau die Wohnung.
Obwohl die Sonne kräftig schien, schmolz der Schnee nicht. Als wir aus dem blendenden Sonnenlicht ins halbdunkle Innere traten, konnten wir anfänglich nichts sehen. Es roch stark nach saurer Milch, nach Schafen und nach Fett.
Katrina kam aus der Küche. Sie war überrascht. Wer wird denn wohl mitten im Winter nach Vorra heraufkommen? Sie glich einer Hexe am Eingang der Höhle. Ihre Augen leuchteten unter einem großen Kopftuch hervor, das sie sich tief in die Stirn gezogen hatte. Die Küche ist ein dunkles, in den Felsen gehauenes Loch, schwarz von Rauch und Ruß. Jahrhundertealter Ruß haftet an den Felswänden. Die Tellergestelle und die Konsolen ruhen auf Stufen, die in die Felsen gehauen worden waren, in großen Nischen liegen Pfannen und andere ärmliche Gerätschaften. Von der Decke hängt Speck und Gselchtes. Es wurde dort zum Räuchern aufgehängt.
Alles ist dunkel, schwarz, mit Rauch imprägniert. Damit genug Licht hereinkommt, muss man entweder die Tür offen lassen oder eine Kerze anzünden.
Nach einem Augenblick begreiflichen Erstaunens hieß uns Katrina freundlich willkommen. Sie führte uns in die Stube und folgte uns zusammen mit Kranz. Es war eine ganz kleine Stube mit einem Fenster, durch das man ins Tal hinunterblicken konnte. An den Wänden hingen Bilder mit dem Heiligsten Herzen Jesu, Familienfotos, ein Alpini-Hut und anderes. Auf einer kleinen Stellage über dem Tisch stand eine Kerze.

Katrina hat ihren Mann vor vier Jahren verloren. Sie hatte elf Kindern das Leben geschenkt. Ihr Mann war der Bruder der Egghofbäurin Agnes.

Sie setzte sich nicht nieder. Sie blieb neben Josef stehen und redete ununterbrochen auf ihn ein. Ohne zu stocken, konnte sie alle wichtigen Vorkommnisse mit Datum nennen. Es war für uns keine Schwiergkeit, die Geschichte des Vorrahofes in Erfahrung zu bringen.

Um Mitternacht des 1. Juli 1922 fing der Hof Feuer. Die Leute konnten sich nur mit Mühe und Not in Sicherheit bringen. Sie sagen, dass irgendwer das Feuer gelegt hätte, ohne die Nachbarn davon in Kenntnis zu setzen. Er wollte das Geld der Versicherung kassieren.

Es war eine schreckliche Nacht, erzählte mir Josef, der Nachbar Katrinas. Es war Vollmond. Seither denken sie immer ans Feuer, wenn sie bei Vollmond aufwachen und die Nacht hell ist. Fünf Kühe, Schweine, Schafe und Ziegen kamen im Feuer um. Doch das meiste Vieh konnten sie in Sicherheit bringen.

Wir zeigten auf die abschüssige Umgebung, und da begann Katrina zu erzählen. 1908 fiel ein Bauer die Wiesen hinunter und starb. Doch zum Grasmähen benötigen sie weder Seile noch Steigeisen. Sie sind es von Kind auf gewohnt, im Gleichgewicht zu bleiben und die Schwindelgefühle zu überwinden. Katrina freilich hat Angst. Sie sorgt auch immer dafür, dass ihre Leute gute Schuhe anziehen, wenn sie auf die Felder gehen. Ihr Bruder hatte ihr einmal gesagt, dass die Steigeisen gefährlich seien, weil sich einmal, als er mit einer Trage Heu heraufstieg, ein Steigeisen im Hosenbein verfing und er beinahe hinuntergestürzt wäre.

Was ist dann mit dem Weg? Mit dem furchteinflößenden Voragreibnweg, der über Abgründe führt und von Erdrutschen gefährdet ist?

Im November 1966 hatte der Hof gezittert, als zu beiden Seiten die Waldbäche Hochwasser führten. Im Voragreibntal löste sich eine nicht enden wollende Erdlawine. Der Vorrahof blieb mehrere Tage von der Außenwelt abgeschlossen. Dann kam der Landesrat Alfons Benedikter. Das Wetter war schlecht, die Landschaft aufgewühlt.

Die Küche des Vorrahofes ist aus dem Felsen gehauen.

Er fragte die Leute vom Vorrahof, ob sie weiter bleiben oder weggehen wollten. Sie antworteten: »Wohin gehen? Und was tun? Wir wissen nicht, wohin wir gehen könnten. Es ist besser, wir bleiben hier.«
Benedikter hatte ihnen nicht gesagt, wohin sie hätten gehen können. Er versprach ihnen, er würde dafür sorgen, dass ein neuer Weg gebaut werde. Doch in der Zwischenzeit mussten sie sich ihren Weg über das Erdrutschgebiet selber herrichten.
Kann die Abgeschlossenheit auch Ursache schwerer Unglücksfälle sein?
1912 verblutete die Bäurin vom Oberhaus bei der Geburt des neunten Kindes. Sie war die Frau des Bruders von Katrina. Katrina selber hat elf Kinder geboren und ist nie vom Hof weggegangen.
Ob sie an die Geister der Toten glauben?
Katrina sagte, dass die »Lichter« die Menschen auf bevorstehende Unglücksfälle aufmerksam machten. »Ich erinnere mich, dass ich unter meinem Fenster einen Mann vorbeigehen sah, der einen Baumstamm zog. Der Baumstamm blieb bei einem Felsen stecken und der Mann rollte über den Felsen hinunter. Aber er tat sich nichts. Ein Lichtlein hatte ihn gewarnt und er hatte für diesen guten Geist eine Messe lesen lassen.«
Dann erzählte uns Katrina über den Hof selber. Sie lebt dort mit dem Sohn Luis und der Tochter Christine. Die anderen neun Kinder haben den Hof verlassen, einige sind in die Schweiz gezogen, andere haben geheiratet. Christine wartet nur noch, bis ihr Bruder Luis heiratet, dann wird auch sie vom Hof weggehen.
»Und er, wird er bleiben?«
»Wenn er gute Aussichten hat und wenn er eine Frau findet, dann wird er bleiben«, sagt Katrina.
Gerade in diesem Augenblick kam Luis herein. Er war hochgewachsen, höflich und lächelte. Er kam von der Seilbahn in St. Martin und hatte fünfzig Kilogramm Salz für das Vieh heraufgeschleppt. Er setzte sich auf den Diwan.

Das Kruzifix am Waalweg, der zum Vorrahof führt.

Ich fragte ihn: »Luis, wirst du heiraten?« Luis lächelte und überließ die Antwort seiner Mutter. »Und die Frau?«

Dann endlich sagte Luis: »Ich würde gern heiraten, aber wo ist das Mädchen, das bereit wäre, hier heraufzukommen?«

Und wieder mischte sich Katrina ein. Es ist ganz offensichtlich, dass die Mutter hier das Kommando führt und dass Luis für sie tiefe Verehrung und warme Anhänglichkeit hegt. Katrina sagte: »Luis ist siebenundzwanzig Jahre alt, es wäre Zeit, dass er heiratet. Scheint dir nicht auch?«

Die Geranien auf dem Fensterbrett standen voll im Sonnenlicht. Sie waren grün und blühten, es war wie ein Wunder. Von unten drang ununterbrochen das Blöken der Schafe herauf. Katrina fuhr fort: »Von meinen elf Kindern sind mir nur mehr Luis und Christine geblieben. Die anderen werden nicht wiederkommen. Und auch Christine wartet nur, bis Luis sich verheiratet, dann wird sie selbst heiraten. Luis wird den Hof weiter bewirtschaften.«

Ich versuchte es wieder mit Luis, einem großen, ruhigen Jungen mit blauen Augen. Er war ein wenig verlegen und wortkarg wie Thöni: »Hast du noch nie ein Mädchen geliebt?«

Luis wurde feuerrot und höhnte. Die Antwort kam wieder von der Mutter. »Ja, er war einmal verliebt [vielleicht ist er es noch, d. Schr.]. Er sollte heiraten.« Und dann erzählte sie uns schnell von einem Traum, den sie in der letzten Nacht geträumt hatte. Sie träumte, dass einige Verwandte zum Hof kamen und sie fragten: »Seid ihr noch allein? Hat der Junge noch nicht geheiratet?« Die Frau wusste keine Antwort darauf. Es war Erntezeit und das goldgelbe Getreide fiel unter den Sichelhieben. Da befiel sie Angst, die Angst, dass ihr Sohn allein bleiben müsse.

Der Alptraum der Einsamkeit ist drückend. Besteht denn keine Hoffnung? Katrina sprach mit weichem Tonfall. In der kleinen Stube widerhallte der Vinschgauer Dialekt, der Dialekt der »Staudenvintschger«, der armen Leute, wie man sie nannte, um sie von den »reichen«, den »Edelvintschgern« des oberen Vinschgaus zu unterscheiden. Katrina, eine weise und zuversichtliche Frau, die sich an Jahreszahlen erinnert, als würde sie sie in einem Buch lesen, verbarg uns nicht

Die Einsamkeit wird zum Alpdruck.

den leisen Wunsch, ins Tal hinunterzuziehen, weil auf dem Berg »die Wege zu gefährlich sind«.

Auch hier ist das Bild der Einsamkeit klar und eindeutig. Mein Freund Josef umriss es mit wenigen bitteren Worten. Er sprach mehr zu sich selbst als zu mir. Der Zwang, unter solchen Bedingungen zu leben, das ist Einsamkeit. »Sie haben keine Wahl. Es steht ihnen gar nicht einmal frei, sich zu entscheiden. Sie haben nur die Freiheit, hier oben zu bleiben.«

Das Problem kann freilich nicht von anderen losgelöst werden. Es muss als Ganzes betrachtet und mit der Gesellschaft im weiten Sinne harmonisiert werden, ohne weitere Wunden zu schlagen.

Flavio lässt sich von seinen Gefühlen stärker hinreißen. Er sagt, dass »wir ständig um das Problem herumlaufen« und »doch immer am selben Punkt verbleiben«. Laut Flavio würde die Lösung folgendermaßen aussehen: Man sollte den Leuten sagen: Seht ihr jene Häuser dort? Wir geben sie euch und gleichzeitig auch Arbeit, gesicherte Arbeit. »Dann kommen sie alle von den Bergen herunter, vielleicht mit Ausnahme der Alten.«

Zwei Dinge auf den Höfen beeindrucken in erster Linie: die angeborene Fähigkeit, sich an jede Situation anzupassen und der Gemeinschaftssinn. Es wäre ungerecht zu sagen, dies seien angeborene Tugenden, die von Generation auf Generation überliefert wurden. Meiner Ansicht nach sind es universelle Werte, die die moderne Gesellschaft verloren hat, weil sie sich aus Angst vor Schmerzen in Egoismus und Gleichgültigkeit zurückgezogen hat. Und doch sind beide Eigenschaften zum Leben notwendig: Ohne spontane Anpassungsfähigkeit und ohne Gemeinschaftssinn, ohne das gegenseitige Sichhelfen und Verstehen könnten die Leute auf den Berghöfen nicht weiterleben.

Katrina begleitete uns zum Ausgang (der Schäferhund Kranz hatte inzwischen jedes Interesse an uns verloren). Luis wollte uns bis zum Voragreibn hinunterbegleiten.

Wir gingen noch auf einen Sprung zum alten Josef, der im Haus nebenan wohnt. Josef war gerade dabei, sich etwas zum Essen aufzuwärmen. Er stand in seiner schwarzen Küche, die gleichfalls aus dem Felsen gehauen ist. Seine Gedanken sind bei der Frau, die im Krankenhaus liegt. Diesen Gedanken äußert er immer wieder wie auch den Wunsch, den Hof zu verkaufen und hinunter ins Tal zu ziehen. Luis würde ihn gern kaufen und damit seine Aussichten auf eine gesicherte Zukunft etwas verbessern.

Er sagte: »An die Einsamkeit bin ich gewohnt. Aber ich bin nicht mehr imstand zu arbeiten und Lasten zu tragen.« Dann kehren seine Gedanken zu seiner Frau zurück: »Sie kam von St. Martin, wohin sie mit der Seilbahn aus Latsch heraufgefahren war. Auf dem Weg hier herauf fiel sie zweimal bewusstlos hin. Man fand sie und rief Leute herbei. Sie machten eine Art Tragbahre aus Lärchenästen und brachten sie wieder zur Seilbahn. Wann wird sie endlich aus dem Spital zurückkommen? Wann denn ...?«

Auf dem letzten Hof gegen den Lagar hin wohnt eine Familie von zehn Personen. Das Hofgebäude ist unter großen Opfern restauriert worden. Eines der Kinder ist schwächlich, so dass es nicht jeden Tag zu Fuß nach St. Martin zur Schule gehen kann. Es würde die erste Volksschulklasse besuchen, als einziges Kind des Dorfes. Also gibt es dieses Jahr gar keine erste Klasse. Die anderen vierzehn Kinder von den Höfen, neun Buben und sechs Mädchen, sind in einer einzigen Klasse zusammengefasst, sie haben den Lehrstoff von der zweiten bis zur fünften Klasse B zu bewältigen. Die fünfte Klasse B ist mehr als die fünfte Klasse A. Nicht alle können später in die Mittelschule nach Latsch hinunter, weil die Entfernung zu groß und die Kosten zu hoch sind.

Es sind gesunde und fröhliche Kinder, die die langen Schulwege wie ein Spiel auffassen. Es ist ihnen noch nie etwas zugestoßen. Sie knabbern am steinharten Brot und bewahren sich gesunde Zähne. Sie müssen wirklich einen guten Schutzengel haben.

Luis begleitete uns bis zum Zaun des Egghofes. Oberhalb des Murengebietes weideten die Ziegen. Sie lösten Gestein, das auf den Weg herunterstürzte. Wir mussten warten und dann im Gänsemarsch weitergehen. Auf den Bergen hatte es zu schneien begonnen, der Wind trug Schneegestöber herunter bis zu uns.

Der Vorrahof hinter uns wurde immer kleiner und erschien uns als armes Ding zwischen dem Lärchenwald und den steilen Wiesen. Es war kaum zu glauben, dass dort sechzehn Menschen lebten.

Die Nacht würde bald hereinbrechen und mit ihr würde der Schnee kommen. Da fiel mir plötzlich ein Vers Nerudas ein, traurig wie eine Ballade von Chopin: »Ich verlange nichts mehr von niemandem. Aber jeden Tag weiß ich weniger ...«

Das gesegnete Heu

Der Paulheißhof, auf 1300 Meter Meereshöhe gelegen, ist eine Gehstunde von der Mareiter Kirche (1070 m) im oberen Eisacktal entfernt. Er liegt auf dem Südhang der Telfer Weißen (2589 m) und wurde damals von vier Personen bewohnt. Bereits damals führte eine Straße zum Paulheißhof, sie war 1971 gebaut worden. Den Hof bewirtschaften heute die Geschwister Nanne und Hans Gasteiger, Flavio Faganello hatte die beiden bei seinem Besuch im Februar 1972 in der Stubenecke unter dem Herrgottswinkel fotografiert.

Paulheißhof (Mareit), am 10. Februar 1972

Ich habe den Paulheißhof auf der Mareiter Sonnenseite im oberen Eisacktal mit Absicht ausgewählt, weil er wie auch der Plattnerhof, der Haberle und andere von einer nagelneuen Straße erreicht werden. Diese führt von Mareit linkerseits des Ridnauner Baches herauf und überquert dann die so genannte Sonnenseite. Der Name ist vielleicht eine dem Wunschdenken getreue, sinnverändernde Korrektur von Sonderseit, wie das Gebiet in den Urkunden aus dem 17. Jahrhundert noch gennant wurde. Die Straße hört beim Gassegaut zu Füßen des Paulheißhofes auf.
Man sagt, dass die Straße noch weitergebaut werden soll in Richtung Gewätzelhöfe und bis hinauf nach Hochstranses auf 1500 Meter Höhe. Diese Straße ist wirklich ein begrüßenswertes Bauwerk, gleich wie etwa die kleine Personenseilbahn, die Latsch im Vinschgau mit St. Martin im Kofel verbindet.
Auf der Sonnenseite von Mareit hat sich bereits eine wenn auch noch begrenzte und schüchterne soziale und wirtschaftliche Entwicklung im Gefolge der Straße angebahnt. Mit ihr ist Hoffnung ins Gebiet gekommen. Der Bauer von Hochstranses hat schon den Führerschein erworben, damit er gerüstet ist, wenn die Straße bis zu ihm hinaufführt. Und beim Paulheiß erzählen sie mit einiger Verwunderung, aber noch mehr Zufriedenheit jenes außergewöhnliche Ereignis vom 31. Juli 1971, als der Plattner-Hans mit seinem »Sechshunderter« von Mareit bis zur Haustür heraufgefahren kam.

Nanne und der kleine Hans vom Paulheißhof bei Mareit, wie sie in der Stubenecke sitzen. Über ihnen das Kruzifix und zu dessen Seiten die heiligen Isidor und Notburga.

Aber längst nicht alle Bauern haben den Mut oder auch nur die Mittel, sich ein Auto anzuschaffen. Dazu kommt, dass die von der Straße berührten Höfe und jene, die in der Nähe liegen, sich jetzt in einer besonders kritischen Lage zwischen dem Alten und dem Neuen befinden.

Wer nicht das Geld hat, sich ein Auto zu kaufen, braucht noch immer wie in vergangenen Zeiten seine gute Stunde Fußweg ins Dorf hinunter oder vom Dorf herauf. Dasselbe gilt für die Schulkinder. Die Gemeinde hat noch keinen Schülerbeförderungsdienst eingerichtet. Bisher beschränkte sie sich darauf, den Kindern das Mittagessen zu geben. Die Kinder tragen von Mareit die Post, das Brot und andere Hausvorräte herauf. Mareit, eine touristisch gut entwickelte Ortschaft, übt, da es nahe liegt, großen Einfluss auf die Sonnenseite. Dieser Einfluss wird in der zukünftigen Entwicklung von ausschlaggebender Bedeutung sein.

Ein Beispiel dafür ist das Verhalten von Ilse, einer Kellnerin in einem Gasthof von Mareit. Ich kam von der Sonnenseite herunter, war noch voller Schnee und stellte ihr unvermittelt die gewohnten neugierigen Fragen: »Sag mir mal, Ilse, wenn ein schöner Bauernbursch von einem abgelegenen Hof, den man nur zu Fuß in einer Stunde oder mehr Gehzeit erreichen kann, dich ums Heiraten fragen würde, würdest du mit ihm auf diesen vereinsamten Hof gehen?«

Ilse glaubte, dass ich einen Witz machte und ging darauf ein: »Wenn du mitkommst.«

Ich wiederholte die Frage. Da antwortete sie mit einem unmissverständlichen Nein, um dann hinzuzufügen: »Wenn der Hof eine Straßenverbindung hätte und der Bauer ein Auto, dann vielleicht. Mir gefällt es, im Auto spazieren zu fahren und Urlaub zu machen. Ich würde dann im Stall und auf den Feldern arbeiten müssen. Aber ich würde mich schämen, wenn mich jemand schmutzig und vernachlässigt zu sehen bekäme.« Sie fügte noch hinzu, dass sie selber ja auch von einem Bauernhof kam, aber von einem, der nahe beim Dorf liegt. Auch das sind Höfe.

Die Mühle des Paulheißhofes steht auf Pfählen. Auch die Schuppen für die ledigen Knechte standen auf Pfählen. Im Bild einer dieser nach oben sich verengenden Pfähle. Auf diese Weise konnten weder Mäuse noch andere schädliche Tiere in die Mühle gelangen.

Während wir so leichthals dahinplauderten, erstand vor mir das Bild von anderen Bäurinnen, von der Bäurin Frieda, deren Hände von Ausschlag zerfressen sind, und von anderen, die ich auf den weltvergessenen Berghöfen kennengelernt habe. Diese Frauen hatten keine Wünsche, sie waren dem Schicksal ergeben, vorzeitig gealtert, aber bewundernswert ob ihrer Hingabe und ihres Mutes.
Die Entwicklung auf der Mareiter Sonnenseite hat mir den Bruch ganz klar aufgezeigt, der, gleich wie der Wind in Ritzail, die Leute auf der einen Seite unserem Zivilisationsmodell näherbringt durch Straßen und Seilbahnen, auf der anderen sie aber isoliert lässt. Die einen laufen Gefahr, die Fähigkeit zum Leiden zu verlieren, da sie gegen den Konsumismus nicht immunisiert sind, die anderen erkennen nicht das ganze Ausmaß des Neuen und sind auf ihre Weise weiterhin zufrieden.
Wir glauben nicht mehr an die Hölle, sie aber verbrennen weiterhin geweihte Lecke, wenn der Blitz einschlägt oder wenn Hagelgefahr besteht. Man muss sich mit Bitterkeit fragen, ob wir die Glücklicheren sind, die wir die Einfachheit verloren haben, oder sie, die diese Einfachheit noch beibehalten?
In einem Restaurant in Bozen sah ich eine Brotgrommel an der Wand hängen, eine folkloristische Besonderheit sollte sie darstellen. Die Bergbauern aber verwenden die Brotgrommel noch heute, weil sie sie brauchen. Die Zivilisation der Höfe ist weit weg. Wenn die Bergbauern sich weigern, den Antiquitätenhändlern ihre Brotgrommeln zu verkaufen, tun sie das vor allem, weil sie sie benötigen, um die harten Roggenbrote zu zerkleinern.
Auf dem Paulheißhof boten sie uns Brot an, das die Kinder in Mareit gekauft hatten, aber beim Hochparigg gaben sie uns noch mit der Brotgrommel zerkleinertes Roggenbrot.
Der Paulheißhof besteht aus ehrwürdigem Holz und Stein. Er ist das klassische Beispiel eines Obereisacktaler Hofes, breit und auch hoch. Die weichen Linien des Vordaches geben zwei Söllern Schutz. Ganz oben ist das Andreaskreuz. Auch der benachbarte Plattnerhof hat ein Andreaskreuz.
Es handelt sich um das so genannte Wetterkreuz, ein Symbol, das seinerzeit in weiten Gebieten Südtirols gebräuchlich war. Man stellte es auf die Äcker, an Straßen, auf die Almen, auf die Kirchen, als Segenszeichen und zum Schutz vor Hagel, Unglücksfällen und Blitzschlag.

Das Wetterkreuz ist eines der zahlreichen Merkmale der bäuerlichen Südtiroler Glaubenswelt. Es hat Bezug zur Witterung und zur Landschaft. Diese auf den Volksglauben aufgebaute Symbolhaftigkeit überlebt noch in einigen Berggebieten, wo sie besonders tief verankert ist, ein Anzeichen für das fast »pantheistische« Vertrauen des Menschen, die rätselhafte Natur und das Schicksal des Menschen in ihr zu überwinden.
Der Pfarrer von Mareit, Hochwürden David, mit dem zusammen wir einige abgelegene Höfe auf der Sonnenseite besuchten, erzählte uns die Legende von der heiligen Notburga, deren kunstvoll aus Holz geschnitztes Bildnis neben dem Kreuz in der Stube hängt, zusammen mit dem des heiligen Isidor, Schutzpatron der Bauern.
Die heilige Notburga war Magd auf einem Hof im Inntal. Eines Tages war sie zusammen mit den anderen Dienstboten beim Getreideschneiden, als, vom Wind getragen, aus der Ferne das Glockengeläute zum Angelus ertönte. Da legte Notburga die Sichel weg, kniete nieder und betete. Die anderen lachten höhnisch darüber und hänselten sie. »Notburga, glaubst du an diese Dinge?« Da geschah das Wunderbare: Auf einmal sahen sie alle ganz deutlich, wie die Sichel zwischen Himmel und Erde schwebte (wie ein Hubschrauber). Da knieten auch sie nieder und beteten zusammen mit Notburga das Angelus.
Mir schien (ich kann mich auch geirrt haben), dass sowohl die Nanne (Anna) als auch der kleine Hans nicht gerade aufmerksam der frommen Erzählung des Pfarrers lauschten, vielleicht weil sie gerade beim Zeichnen waren. Am fernen Horizont hatte sich der Himmel rosa verfärbt, als ob die Natur die Wolken mit all der Liebe ausstatten wollte, deren ein Künstler fähig sein kann.
Nannes Ohrringe stachen mir ins Auge. Ich dachte an die Straße und an das Touristenzentrum Mareit, dieses herrliche Eingangstor zum nicht weniger schönen Ridnauner Tal. Das sagte ich der Bäurin Anne auch. Aber es verhält sich nicht so. Die Ringe Nannes sind nur ein weiteres Zeugnis des vorhin beschriebenen Vertrauens. Es sind die Ringe, die die Kapuzinerpatres von Sterzing den Kindern schenken, wenn sie im Herbst von Hof zu Hof gehen und um Almosen bitten.
Den Frauen schenken sie Rosenkränze, den Bauern die Lecke, das geweihte Heupulver. Der Rosenkranz wird zweimal am Tag, zu Mittag und abends, im Gedenken an die armen Seelen gebetet.
Der Sammelpater legt eine Handvoll Lecke, die er einem weißen Sack entnimmt, auf den Tisch, wo der Bauer Eier, Butter, Käse und Speck

für den Pater hingelegt hat. Die Lecke ist eine Art Weihwasser in fester Form. Sie wird im Feuer verbrannt, wenn ein Unwetter naht, sie wird unter das Viehfutter oder auch unter das Salz gemischt, um das Vieh vor Epidemien und anderen Unglücksfällen zu bewahren.
Ich fragte die Bäurin Anne, ob die Bauern daran glauben. Sie sagte es mir, ohne zu zögern: »Ja, wir glauben daran. Wir sind froh darüber, dass uns die Kapuzinerpatres dieses Geschenk machen, denn beim Vieh braucht es immer ein wenig Glück, weil jederzeit irgendeine Krankheit auftreten kann. Wir haben Vertrauen. Es ist wie das Vertrauen in den Arzt. Was würde einem Kranken geschehen, der zu seinem Arzt kein Vertrauen hätte?«
Nanne hatte inzwischen die Zeichnung fertiggestellt. Sie gab sie mir, ihre blauen Augen leuchteten erwartungsvoll. Dann lehnte sie sich ans Ofengestell zurück und strickte weiter. Die braune Wolle glitt ihr durch die Finger, geschickt, ohne Unterbrechungen.
Über mir, in der Ecke zwischen den Stubenfenstern, hing ein Bildnis vom Heiligsten Herzen Jesu, daneben drei ineinander verkettete Ringe mit Konfetti. Da erst fiel mir ein, was alle vergessen hatten. Heute war Unsinniger Donnerstag.
Ich fragte Nanne: »Gibt es hier Anzeichen für den Karneval? Was macht man zu Fasching auf den Höfen?«
Nanne blickte mich aus ihren klaren, blauen Augen an, verwundert über so viel Ignoranz meinerseits. »Weißt du nicht, dass heute Fasching ist? Wir feiern ihn, indem wir etwas Besseres kochen als an anderen Tagen.«
Schließlich setzte sich die Bäurin neben den kleinen Hans. Sie hat krauses, von einigen weißen Strähnen durchzogenes Haar und blaue Augen wie die Nanne und der kleine Hans. Sie kommt vom Gorgnerhof. Sie ist verwitwet. Ihr Mann Franz wurde vom Blitz erschlagen. An einer Wand der Stube hängt ein Bild des verstorbenen Bauern. Bei der Erinnerung an ihren Mann verdunkeln sich die Augen Annes. Es schien, als füllten sie sich mit Tränen. Und doch erzählte sie uns den Hergang auf ihre einfache Art. »Der Vater war im Stall, als der Blitz einschlug.« Franze, die Schwägerin, hörte den Schlag und lief in den Stall. Dann kam sie herauf und sagte es Anne. Franz lebte noch, er lag auf dem Boden. Sie trugen ihn in die Stube und legten ihn auf das Sofa, dann ließen sie schnell den Pfarrer, Hochwürden David, holen.

Als der Pfarrer kam (zu Fuß, denn Straße gab es keine), war der Bauer schon tot. Damals, an jenem 1. Juli 1969, schlugen die Blitze in zahlreichen Orten ein und verursachten großen Schaden. Ein Blitz traf den Hochstranseshof und auch beim Haberle schlug er ein. Dort tötete er zwei Kühe und einen Hund.

Jetzt muss die Bäurin Anne den Hof allein weiterbewirtschaften. Die Leute vom Plattnerhof, die einen schönen Haflinger besitzen, helfen ihr bei der Feldarbeit. Trotzdem musste sie einen Teil der Felder verpachten und den Viehbestand auf vier Stück Kühe verringern.

Der Paulheiß ist ein angesehener Hof wegen seines Alters und seiner Tradition. Die unbekannten Vorfahren, die ihn erbaut haben, haben all ihre praktische Erfindungsgabe angewandt und den Gebäuden den typischen Südtiroler Bergstil in seiner chromatischen Vielfalt gegeben. Die Gebäude sind kräftig und können die Zeiten überdauern. Sie heben sich vom steilen Hang ab, die dahinterliegenden Wiesen bieten ihnen Schutz vor dem Wind. Der Giebel und die großen Söller liegen voll im Sonnenlicht, sie fangen die Wärme auf, der Schnee schmilzt schnell dahin.

Neben dem Hofgebäude befindet sich die Mühle, die in ihrer funktionellen Art malerisch in das Gesamtbild eingegliedert ist. Sie besteht aus Holz, das durch die Jahrhunderte gebräunt wurde, rund um sie herum führt ein Söller. Die Mühle steht auf vier Lärchenstämmen, die auf Steinen ruhen und sich nach oben verdünnen. Zum Hof gehören weiters der Backofen und der Bienenstand, dessen farbige Bienenhäuser der Sonne entgegengerichtet sind, wie es für die Bienenvölker am besten ist.

Der Schweinestall gleich neben dem Hofeingang ist leer. Mir fielen einige Wägelchen auf, die aus einem Brett und drei Rädern bestanden, alles aus Holz. Ein solches Wägelchen sah ich auch im Hausgang neben einer alten Waschmaschine stehen. Der Gang ist lang und rußgeschwärzt, der Geruch von Rauch, Heu und Alm ist penetrant.

Die Küche ist ebenfalls rußgeschwärzt, an den Wänden befinden sich kleine Lünetten, die das Gewölbe noch stärker betonen. Mit trauriger Miene zeigte mir die Bäurin die vorhin erwähnten »Wagelen«, wie sie sie nennt. Ihr Mann hatte sie für die Kinder gebastelt.

Ich wollte nicht weiter in sie dringen, aber sie redete von sich aus, ohne Unterwürfigkeit oder Misstrauen. Sie sagte, dass sie die kleine Rente ihres Mannes bekomme und dass ein Hof ohne Wald fast nicht weiterzuführen sei. Das elektrische Licht wird vom Strickerhof

Exvoto aus Zirbenholz in der Kapelle von Hochstranses.
Sie zeugen von dem vitalen Wert des Viehs für die Bergbauernhöfe.

Mariae zu Jerusalem

hergeleitet, wo eine kleine Zentrale besteht. Der Strickerhof liegt auf der anderen Seite des Tales. Wenn man aber abends die Waschmaschine in Gang setzt oder eine andere Maschine, die viel Strom verbraucht, dann reicht es kaum aus, gleichzeitig noch Radio zu hören oder genügend elektrisches Licht zum Lesen aus der Leitung zu bekommen.

Wir bewunderten die holzgeschnitzte Kreuzigungsszene in der Stube, die alte Pendeluhr, die die Stunden zählt, und auch andere wertvolle Gegenstände, die von örtlichen Handwerkern gemacht worden waren. Da sagte sie uns, dass die Altertumshändler, im Besonderen Deutsche, sehr oft zu den Höfen kommen. Sie wollen nicht aufgeben. Aber sie verkauft diese Gegenstände nicht, sie weigert sich. Und sie tut gut daran.

Der kleine Hans gab keine Ruhe, bevor er uns nicht auf Italienisch gesagt hatte: »Ich heiße Hans.« (Io mi chiamo Giovanni.) Da forderte ihn Hochwürden David auf, sich auf italienisch zu bekreuzigen. Der kleine Hans begann ein paarmal: »Im Namen des Vaters.« (Nel nome del Padre.) Aber er machte das Kreuzzeichen verkehrt. Das kommt daher, erklärte Hochwürden David, dass die Kinder es der Lehrerin genau nachmachen, als würden sie vor einem Spiegel stehen. Er selber macht es ihnen deshalb spiegelverkehrt vor, damit es die Kinder richtig lernen.

Die Sonne schien prall auf die Stubenfenster. Auf der gegenüberliegenden Talseite konnten wir auf den Lichtungen die Höfe der Niederseite sehen, wo die Sonne vom November bis zum April nie hinscheint. Aber auch Mareit selbst wird von der Sonne nicht gerade großzügig behandelt, zum Unterschied von der »Sonnseite«. Mareit bleibt von St. Nikolaus bis Dreikönig im Schatten.

In diesem Gebiet, zwischen Außerridnaun und Innerratschings, gibt es zweihundertzwölf Höfe mit etwa tausendvierhundert Einwohnern. Einige Höfe sind verfallen, so zum Beispiel der Eggenhof, der Rösslhof und der Kasseler. Aber jetzt, da die Straße hinführt, ist es möglich, dass diese Höfe wieder aufgebaut werden. Die reichen Höfe liegen gegen Ridnaun hin, wo das Gelände eben ist und die Straße hinführt. Die ärmsten Höfe, wenn man einmal von der Sonne absieht, sind jene auf der Sonnenseite, in Gassegaut und Gewätzel. Das sind auch die abgelegensten.

Die drei Wegkreuze im Mareiter Gebiet, wo die Kirchwege von den Höfen herunter zusammenführen, lassen die Abgeschiedenheit jetzt noch erahnen. An diesen Wegkreuzen wartet bei Begräbnissen der

Priester, und wenn der Zug der Trauernden bis dort heruntergelangt ist, führt er weiter zur Kirche und auf den Friedhof.
Beim Wegkreuz im Westen münden die Verbindungen zu den Höfen von Stange und Außerratschings, bei jenem gegen Osten die Verbindungen der Höfe von der Niederseite und von Gasse, beim nördlichen Wegkreuz schließlich jene der Sonnseithöfe und jener von Remlau.
Hier lebt das Brauchtum noch fest verankert und verwurzelt weiter wie die Wege, die noch nicht durch moderne Straßen ersetzt worden sind: der Brauch der Lecke, der Kranz für die armen Seelen, die Taufkerzen, die kleinen Kühe und Ziegen aus Zirmholz. Letztere werden als Votivgaben in der Kapelle des heiligen Rochus neben dem Hochstranseshof aufgehängt. Der neugotische Turm dieser Kapelle erhebt sich einsam und weiß in einer kleinen Falte des steilen Abhanges: Von hier aus hat man einen herrlichen Ausblick auf die gewaltige Berglandschaft.
Die Kapelle wurde 1881 von den Hochstransesleuten vertrauensvoll erbaut. Sie wollten damit die vielen Unglücksfälle in ihrem Stall abwenden.
Die Gläubigkeit der Menschen lässt sich auch aus den vielen färbigen Papierblumen erkennen, die die Pietà aus Holz schmücken.
Durch den geöffneten Hauseingang zog der Wind und wehte Schnee herein. Es war kalt.
Jenseits des abschüssigen Stransesgrabens sahen wir die Gebäude des Hochparigghofes, des höchst gelegenen und von der Pfarre Mareit am weitesten entfernten. Der Hof wird von drei alten Brüdern bewohnt. Er verfällt allmählich.

Der Hochstranseshof liegt auf 1480 Meter Höhe und ist von Mareit etwa anderthalb Gehstunden entfernt, mit dem Auto – seit 1976 gibt es eine Straße – sind es fünfeinhalb Kilometer. Als Aldo Gorfer und Flavio Faganello im Februar 1972 den Hof besuchten, wohnten hier neun Personen, die Bauersleute Stefan und Frieda Schölzhorn und ihre »Orgelpfeifen«, die sieben Kinder im Alter zwischen zwei und vierzehn. Der Zweitjüngste hat den Hof übernommen, die Eltern sind schon seit Langem tot. Simon Schölzhorn erinnert sich noch detailliert daran, wie der Blitz ins Haus eindrang, die Mutter zu Boden warf, den alten Bauern erschlug. Er wohnt hier mit seiner Frau Annelies, den zwei Söhnen mit ihren Partnerinnen und zwei Enkelkindern. »Heute«, so sagt er, »ist das Bauer-Sein der Nebenerwerb, früher hat man sich einen Nebenerwerb im Tal gesucht.«

Hochstranseshof (Mareit), am 11. Februar 1972

Der Hochstranseshof, den ich mit Hochwürden David besuchte, liegt an der höchsten Stelle der Mareiter Sonnenseite, am Rande des gleichnamigen Waldes. Rechter Hand befindet sich der Stransesgraben, durch den er vom Hochparigghof getrennt wird.
Der Weg, der von der Mareiter Kirche hinaufführt, ist lang und beschwerlich. In steilem Anstieg sind vierhundert Meter Höhenunterschied zu schaffen. Ohne Rastpause benötigt man anderthalb Stunden. Die Schüler brauchen mitunter auch drei Stunden, besonders wenn es schneit oder der Wind weht.
Zum Unterschied vom Paulheißhof, an dem man, wenn man von Mareit heraufkommt, auf halber Höhe vorbeikommt, ist der Hochstranses gänzlich aus Mauerwerk gebaut. Er ist hoch und breit, mit abgenutzter gelber Farbe angestrichen. Der Giebel zum Unterdach ist offen, das ganze Gebäude fügt sich in den steilen, nach Süden geneigten Abhang der Seeberspitze ein. Der Berg bildet an dieser Stelle eine kleine Stufe, um dann fast senkrecht bis zum Ridnauner Bach abzufallen.

Im rußgeschwärzten Gang stand ein altes Feldtelefon.
Es ist die einzige Verbindung zur Außenwelt.

Neben der nach Süden gerichteten Fassade steht ein großer Birnbaum, der bis zum Dach hinaufreicht. Ein zweiter Birnbaum steht neben dem Eingang. Aus Gründen, die man uns nicht erklärte, ist dieser etwa einen Meter oberhalb des Bodens abgeschnitten worden. Der Stock blieb, wie ein Skelett, vom Wetter zerfressen. Wenn die Sonne scheint, setzen sich die Hennen darauf. Als glücksbringenden Spruch hat ein Unbekannter auf den Stock die ersten Worte des Agnus Dei geschrieben.

Vor dem Hof befindet sich ein kleiner Gemüsegarten, anstelle der Vogelscheuche steht eine große Antenne, die wir für eine Fernsehantenne hielten, die aber in Wirklichkeit für das Rundfunkgerät dient. Weiter drüben, neben einer vom Blitz getroffenen Lärche, steht eine alte Esche, als wollte sie das Abrutschen der schneebedeckten, terrassenförmig angelegten Wiesen verhindern. Am Rande des Stransesgrabens steht der Backofen, ein kleines Gebäude. Hinter dem Hof, gegen den Wald hin, hinter dem die Stranseswand aufragt, schützt ein baufälliges Dach den Eingang zum Stall. Es dient gleichzeitig als Unterstelle für das Holz, die landwirtschaftlichen Gerätschaften und eine ganz sonderbare Säge, die einer riesigen »Parabellum« ähnelt. Sie wurde vom einfallsreichen Bauer Stefan gebaut: zwei parallele Eisenräder, über die ein langes Sägeband läuft. Das Ganze wurde mit Rädern und Ketten von Fahrrädern so verbunden, dass es die Baumstämme zum Sägeband heranführt, wo diese zu Brettern geschnitten werden.

Stefan war gerade dabei, die Stube zu weißen. Der kleine Martin mit den roten Gummistiefeln hatte uns durch den halb geöffneten Eingang erspäht. Er lief davon, der Hund hinter ihm her. Er war über und über voller Kalk. Auch die anderen Buben, Anton, Simon und Rudi waren voller Kalk, da sie alle dem Vater helfen wollten. Heute haben sie keine Schule. Es ist Donnerstag und schulfrei. Paula, Peter und Hilde kamen erst später von der Mittelschule aus Sterzing herauf. Sie brachten aus Mareit die Post und verschiedene Dinge, die sie dort eingekauft hatten.

Die Bäurin Frieda arbeitete gerade im Stall. Als sie den Pfarrer mit uns Fremden kommen sah, rief sie die größeren Kinder in die Küche, säuberte sie und richtete sie her, so gut es ging.

Im rauchgeschwärzten Hausgang sieht man als Erstes eine große ausgestopfte Eule, die von einem Tannenzweig auf die Ankommenden herunterschaut. An einem Nagel hängen Rock und Fernglas.

Stefan öffnete die Stubentür und hieß uns eintreten und setzen. In der Stube herrschte malerische Unordnung. Was mir sofort auffiel: Diese Stube war nicht mit Holz getäfelt. Warum, fragte ich. »Wir haben kein Geld dafür, wir können es uns nicht leisten«, sagte der Bauer Stefan spaßhalber.

An den Armen des Gekreuzigten hängen zwei gelbe Maiskolben, an der Decke der Heilige Geist in Form einer Taube. Seitlich neben der Tür zum Elternzimmer sind zwei mit Zielfernrohr versehene Jagdgewehre aufgehängt.

Aus den Gesprächen mit Stefan drang ein Grundzug jener Theorie Chardins durch, die vom »Vormarsch der Moleküle im Universum« handelt. Mir schien es eine unbewusste Auflehnung gegen die traditionelle Lehre, wonach man nur gehorsam und unterwürfig zu sein hat. Eine Auflehnung auch gegen die pseudo-kulturelle Theorie jener, die von den Bergbauern verlangen, sie sollten Bergbauern bleiben, damit die Bauern- und Hirtenzivilisation nicht auseinanderbricht und die Menschheit nicht »immer mehr zu einem physiologischen, metabolischen Organismus« werde.

Stefan trägt Gummistiefel. Er ist rund vierzig Jahre alt, hat grüne Augen und ein sicheres Auftreten. Sein Hemd ist geflickt und am Ärmel zerrissen, die Federbetten auf dem Sofa sind ohne Bezüge. Alle Dinge scheinen hier nur vorläufig zu sein und lassen vermuten, dass die Bäurin Frieda ihre liebe Not hat, ein so großes Haus wie Hochstranses mit den sieben Kindern, die wie die Orgelpfeifen zwischen zwei und vierzehn Jahren groß sind, in Ordnung zu halten.

Stefan setzte sich auf das Sofa neben ein heruntergefallenes Erstkommunionsbild. Der Jagdhund legte den Kopf auf die Knie des Bauern. 1886 wurde der Hof vom Blitz getroffen und brannte völlig ab, so dass er von den Grundmauern auf neu gebaut werden musste. In einem anderen Sommer riss der Blitz in der Rochuskapelle ein Loch in die Mauer.

Im Juli 1969, als der Paulheißbauer im Stall vom Blitz erschlagen wurde, tötete der Blitz hier eine Ziege und schleuderte Frieda zu Boden, die gerade die Waschmaschine bediente.

Seither haben sie nicht nur hier, sondern auch auf den anderen Höfen das Andreaskreuz mit dem Blitzableiter ausgetauscht. Wenn ein Unwetter droht, schalten sie die Stromzufuhr außerhalb des Hauses ab und isolieren dadurch den Hof von der kleinen privaten Zuleitung, die von der Elektrozentrale des Strickerhofes herüberführt.

Der kleine Kadi teilte uns mit größter Befriedigung mit, dass er zwei
kleine Ziegen und darüber hinaus noch Kaninchen besaß.

Die Stube des Hochstranseshofes:
Hier findet man eine aufregende Atmosphäre aus der Pionierzeit.

Der Hochstranseshof umfasst einen Besitz von rund sechsunddreißig Hektar. Der Grund liegt durchwegs über 1500 Meter Höhe. Wichtigster Teil ist der Wald, er sichert den Bewohnern eine bescheidene Existenz. Die Weide ist groß genug, um ein Dutzend Rinder halten zu können. Es handelt sich hier also um ein auf Waldwirtschaft und Viehzucht aufgebautes System. Das merkt man den Kindern an, die nicht nur instinktiv die langen Gehstunden und die Unwirtlichkeit der Umwelt auf sich nehmen, sondern auch den vitalen Wert des Waldes und der Tiere erkennen.

Als uns der Bauer sagte, dass Rudi der schnellste bei der Arbeit sei, packte den zehnjährigen Buben ganz offensichtlich der Stolz, als hätte ihm der Vater mit diesem Lob das Kommando über das Vieh übertragen. Und sogleich verlor er auch seine Scheu und Betroffenheit, die er seit unserer Ankunft an den Tag gelegt hatte. Er teilte uns mit größter Befriedigung mit, dass er außer Kaninchen auch zwei Ziegen besitze.

Gleich wie seine jüngeren Geschwister ist er noch nie in der Stadt gewesen. Für ihn ist Stadt gleichbedeutend mit Sterzing. Es freut ihn ganz besonders, wenn er mit seinem Vater auf den Markt gehen und sich die Schaufenster ansehen kann, nicht jene des Metzgers, sagte er, sondern die der Spielwarengeschäfte. Metzgerei bedeutet für ihn nur die Fortsetzung des Lebens, das er gewohnt ist, nicht mehr.

Er sagt es ganz offen, dass er, einmal erwachsen, gerne in der Stadt Arbeit finden würde. Nicht um dort zu bleiben, sondern um in der Fabrik Geld zu verdienen und damit beizutragen, »dass es auf dem Hof besser geht«, wo er seine Ziegen hat.

Sein Vater denkt nicht anders. Er richtet seine ganze Hoffnung auf die Straße, die bis zum Paulheiß heraufgebaut worden ist und bis nach Hochstranses weitergeführt werden sollte. Sobald die Bagger sich durch die Wiesen einen Weg bis zur vom Blitz getroffenen Lärche heraufgebahnt haben werden, wird er sich ein kleines Auto kaufen. Diese Entscheidung hat er schon vor längerer Zeit getroffen, in der Zwischenzeit hat er auch schon den Führerschein erworben.

Er stand vom Diwan auf, zog die Brieftasche aus der Hosentasche und zeigte uns das Dokument, als ob seine ganze Zukunft und die seines Hofes von diesem kleinen blauen Büchlein abhängen würde. Für Stefan bedeutet die Straße die Zukunft für sich und für den Hof. Diese Straße war wie ein Gespenst, das sich immer wieder bemerkbar machte wie das Klopfen eines Holzwurms in einem leeren Zimmer.

Ich fragte ihn, ob er manchmal die Einsamkeit fühle und jenes undefinierbare Unbehagen, das einen packt, wenn man nicht imstande ist, seine angestrebten Idealvorstellungen zu realisieren. Stefan begriff mich nicht.

Er forderte uns mit einer Armbewegung auf, uns Wein einzuschenken. Der zerrissene Hemdsärmel hob sich im Lichtschein des Fensters wie das Relikt einer illusorischen Schattenzone ab. In seinen Augen ließ die Spannung plötzlich nach.

»Die Zukunft meiner Familie und des Hofes beschäftigt mich nicht erst seit heute«, sagte er endlich. »Wenn diese Gedanken mich besonders drücken, arbeite ich umsomehr und gehe weiter auf meinem Weg.«

Und weiter: »Manchmal reden wir im Gasthaus unter Freunden darüber, dass die Bauern unter den derzeitigen Bedingungen nicht weitermachen können, es sei denn, es kommen bessere Zeiten.« Da ist ja die Straße. »Warum bauen sie die Straßen nur in den Ebenen unten? Sind wir nicht auch Menschen wie die anderen? Warum führt zwischen Meran und Bozen fast zu jedem Obstbaum eine asphaltierte Straße hin? Wahrscheinlich, weil die unten Geld haben und Macht und gute Ratgeber ...«

Auch eine andere dauernde Sorge des Bauern Stefan ist in die Zukunft gerichtet. Wir kamen darauf im Zusammenhang mit der wirtschaftlich und sozial kritischen Lage der Bergbauernhöfe und der dort lebenden Menschen zu sprechen. Ausgehend von der Tatsache, dass es schwierig ist, auf dem Berg ein Haus herzurichten, »weil das Geld fehlt und man alles vom Tal heraufschleppen muss und das viel kostet«, sagte Stefan: »Ich habe sieben Kinder, fünf Buben und zwei Mädchen. Alle können sie nicht auf dem Hof bleiben. Den Hof wird nur einer übernehmen. Die anderen können studieren. Ich bin bereit, alle Opfer auf mich zu nehmen, damit sie studieren können. Und solange ich lebe, können sie alle hierher zurückkommen. Aber wenn ich einmal nicht mehr bin, müssen sie selber zusehen, wie sie weiterkommen.«

Einmal musste Stefan das Stalldach reparieren, weil es einzustürzen drohte. Er erhielt zwar einen Beitrag, aber er machte damit eine bittere Erfahrung, die er nicht noch einmal wiederholen möchte. Das wenige, das er erhielt, ging nämlich fast alles in den vielen Fahrten auf, die er unternehmen musste, um den Beitrag zu bekommen.

Das ist wieder ein bezeichnendes Beispiel dafür, dass es für die armen Leute oft keinen Ausweg gibt. Während meiner Reisen zu den abgelegenen Südtiroler Höfen habe ich kein einziges Mal sagen hören, dass irgendein Politiker – auch nicht im Sommer – diese Leute besucht hätte, um sich nach ihrem Befinden zu erkundigen, um sich persönlich um die Probleme zu kümmern, die diesen Menschen nahegehen, oder sich wenigstens dafür zu interessieren.
Ich fragte Stefan, ob er den Unterschied erkennt, der zwischen der archaischen Lebensform der Bergbauern und jener der menschlichen Gemeinschaft im Tal unten besteht, und ob er darin eine Ungerechtigkeit sieht.
Der Bauer änderte meinen Ausdruck »Ungerechtigkeit« in »Wunsch« um. »Sooft ich nach Mareit hinuntergehe«, sagte er, »denke ich an den langen Rückweg und an meine Kinder, die diesen Weg tagtäglich zur Schule gehen müssen. Ich denke an ihre Entbehrungen und auch daran, was die Schuhe heute kosten. Ich sehe die Vorteile der anderen, aber auch meine eigenen Vorteile. Aber insgesamt gesehen sind die Nachteile größer.«
Seine Frau Frieda denkt wie er, aber sie sind beide ergeben, sie fühlen keine Bitternis. Sie sind sich über die Lebensbedingungen der Bergbauern voll im Klaren und wissen, dass es keinen Ausweg gibt. Um diese Lebensbedingungen zu ändern, müsste man denken wie die Leute, die außerhalb dieser Welt leben.
Ich frage Frieda, ob sie noch nie einen Vergleich zwischen sich und den Frauen in der Stadt oder in den Dörfern unten im Tal gezogen hat? Ob sie nicht gerne ein schönes Kleid, Schmuck, einen Salon, ein geheiztes Zimmer, ein Auto zum Spazierenfahren und Unterhaltungsmöglichkeiten mit anderen Menschen hätte?
Stefan antwortete, dass Frieda »hier zufrieden ist, weil dies hier ihr Haus ist.« Sie »hat nicht viele Wünsche«, sie hat »keine Nebengedanken«, weil »sie eine Bergbäurin ist«.
Der Hof gehört Frieda. Stefan stammt vom Zimmererhof. Ich stellte Stefan eine wohl unverschämte Frage: ob er Frieda aus Liebe geheiratet habe oder weil sie den Hof besaß?

Der Hochstranseshof, 1480 Meter hoch gelegen. Er befindet sich anderthalb Wegstunden von Mareit im Ridnauner Tal bei Sterzing entfernt.

Flavio macht mich auf das große Bild aufmerksam, das über dem Sofa an der Wand hängt. Es zeigt Stefan und Frieda im Hochzeitskleid. Ein wunderschönes Paar.
Stefan antwortet: »Ich lebe schon siebzehn Jahre mit Frieda und bin glücklich. Ich habe sie nur aus Liebe geheiratet. Ich hätte unten im Dorf auch andere Mädchen zum Heiraten bekommen, aber ich liebte Frieda.«
Frieda kam gerade in diesem Augenblick in die Stube. Sie schien von der vielen Arbeit erschöpft, ihre Hände waren voller Ausschlag, die Ohren blass, die Augen voller Furcht. Mitten in der Stube blieb sie unschlüssig stehen und wusste nicht, was sagen. Sie sagte, dass sie mit ihrem Leben zufrieden sei, dass sie nicht weggehen wollte, ja nicht einmal eine Reise in die Stadt wollte sie machen. »Am Abend, wenn ich müde bin, bin ich froh, ins Bett zu kommen.« Das war alles. Nichts weiter.
Später, als wir uns verabschiedeten, versammelte sich die ganze Familie am Hauseingang und kniete sich im Schnee nieder, um den Segen von Hochwürden David entgegenzunehmen. Mir schien das ganz unwirklich zu sein. Aber hier oben erscheint alles unwirklich, auch der Stransesgraben selber, mit dem die Legende der »medieval christianity« verbunden ist. Die ganze menschliche Geografie dieser abgelegenen Berggebiete hat etwas Legendäres an sich.
Man erzählt sich, dass vor Jahrhunderten die Höfe Hochstranses und Hochparigg durch eine grüne Wiese miteinander verbunden waren. Auf Hochstranses lebte ein Mann, der wegen jeder Kleinigkeit fluchte und sich gegen Gott auflehnte, wenn etwas nicht nach seinem Willen ging. »Gib acht«, sagten die Nachbarn zu ihm, »dir wird einmal ein Unglück passieren.« Aber er antwortete: »Das ist mir gleich. Ich fürchte mich vor niemandem.« Da ging eines Sommers ein Wolkenbruch nieder. Ein großer Erdrutsch löste sich vom Berg und riss alle Felder und den gesamten Wald des Hochstranseshofes in die Tiefe. An seiner Stelle entstand der Stransesgraben. Auf der Seite von Hochparigg wuchs der Wald wieder, aber auf der Hochstransesseite nicht mehr.

Die rudimentäre Säge, die Stefan vom Hochstranseshof nach eigenen Ideen erbaut hat.

Die Kinder, die von der Lawine getötet wurden

Der bereits im 11. Jahrhundert erwähnte Finailhof liegt im hinteren Schnalstal auf 1973 Meter Höhe auf den Hängen der Dreiwärterspitze (2714 m). Der einst höchst gelegene Kornhof Europas lag damals etwa vierzig Gehminuten von der Landesstraße entfernt, von Vernagt selbst ist der Hof etwa in einer Gehstunde erreichbar. Zehn Personen wohnten dort, als Aldo Gorfer und Flavio Faganello im Februar 1972 auf den Hof kamen. Heute ist er ein beliebter Hofschank mit traditioneller Bauernküche. Serafin Gurschler, damals Bauer auf dem Hof, und einziger Sohn von neun Kindern – seine Mutter starb bei der Geburt des jüngsten – ist 2021 im Alter von siebenundachtzig Jahren, vier Monate nach seiner Frau Hanni, gestorben. Enkel Manfred Gurschler hat den Hof 2007 von einem Onkel, Serafins und Johannas jüngstem Sohn, übernommen und bewirtschaftet ihn mit seiner Gattin Veronika und den fünf kleinen Kindern.

Finailhof (inneres Schnalstal), am 16. Februar 1972

Der Finailhof liegt auf 1973 Meter Meereshöhe und ist der höchst gelegene Hof in ganz Trentino und Südtirol, wo der Getreideanbau noch möglich ist. Die von den mittelalterlichen Siedlern dem Wald abgerungenen Wiesen und Felder liegen hart an der Waldgrenze, inmitten einer großartigen Almlandschaft. Dass dieser Ort für eine menschliche Dauersiedlung ausgewählt wurde, obwohl er so abgelegen und für den Menschen hart ist, ist darauf zurückzuführen, dass hier die Sonne außergewöhnlich viel Wärme abgibt. Aus diesem Grund wurde dieser Flecken anderen, geografisch günstiger gelegenen Zonen vorgezogen.
Der Finailhof liegt drei Gehstunden von der österreichischen Grenze entfernt. Er bildet eine Art sicherer Insel inmitten von lawinenausgesetzten, steilen Abhängen, Wildwasser und Erdrutschen. Der Dreiwärtertrichter schützt ihn zudem vor dem kalten Wind, der durch das Finailtal von den Gletschern herunterweht.

Die Kinder des Finailhofes kehren aus der Schule in Vernagt zurück.

Während der Winter im inneren Schnalstal besonders lang und hart ist, schafft hier oben die fast konstante Sonnenwärme ein relativ mildes Klima, wenn man die Höhenlage in Betracht zieht.
Ein anderes Merkmal der Finailhöfe ist, dass es sich um einen Zwillingshof handelt. Zwei gleiche Höfe liegen beieinander, mit Ställen, einer Mühle und anderen Wirtschaftsgebäuden. Alles ist Eigentum einer einzigen Familie. Diese Siedlung legt Zeugnis ab von der menschlichen Eroberung des Schnalstales. Das Schnalstal trägt die unverkennbaren Merkmale eines hochalpinen Tales. Seine Schönheit, seine Schweigsamkeit und seine Herbheit strahlen eine Kraft aus, von der auch die hier lebenden Menschen geprägt wurden.
Wesentliches Merkmal dieses Tales sind die weit verstreuten Einzelsiedlungen. Die Gemeinschaftssiedlungen mit Kirche, Friedhof, Geschäften, Gemeindeamt und so weiter sind entweder im Interesse der Gesamtbesiedlung entstanden oder infolge besonderer Vorkommnisse, wie es etwa die Errichtung eines Kartäuserklosters im Mittelalter war, eines Wallfahrtsortes, mit dem eine im gesamten tirolerischen Raum ziemlich verbreitete Legende von der Muttergottes verbunden ist.
Die Höfe verleihen dem Schnalstal seinen besonderen Charakter, aber auch die Waale, die Steige, die meist schwierig und gefährlich sind, die Höfe miteinander verbinden und zu den Nachbartälern führen.
Zum Unterschied von anderen Gegenden fällt hier die Farbenpracht und die kühne Bauweise ins Auge. Die Häuser sind meist aus Holz gebaut, das im Verlaufe der Jahrhunderte schwarz geworden ist. Sie klammern sich an die fast unglaublich steilen Abhänge. Wenn man sie von unten erblickt, gleichen sie mit ihren breiten schindelgedeckten Dachflügeln den Krähen, die die Flügel ausbreiten, um in die freie Luft hinauszugleiten. Neben den Hauptgebäuden findet man meist die ebenso von der Zeit geschwärzten Nebengebäude.
Von Naturns herauf wurde eine Straße bis zum Kurzhof gebaut, ein großer Damm hat den Schnalser Bach gestaut und den Vernagtstausee gebildet, dessen Wasser zur Elektrizitätsgewinnung benötigt wird. Diese Bauten haben den extremen, steilen Charakter des Gebietes einigermaßen abgemildert und dem Fremdenverkehr Anreiz gegeben. Es handelt sich um einen qualitativen Fremdenverkehr, der wenig Lärm und Impertinenz bringt, der dem Tal die Ruhe belassen hat und sich vorherrschend auf das Bergsteigen konzentriert. Der

Tourismus stellt hier fast einen kulturellen Faktor dar. Die unmittelbare Folge dieser Entwicklung waren das Ende der langjährigen Abgeschlossenheit, die selektive Erschließung des inneren Talteils und die urbanistische Ausbreitung der Ansiedelungen in der Talsohle unten. Die althergebrachte Abgeschlossenheit und Selbstgenügsamkeit der Höfe ist infolge dieser Entwicklung etwas abgemildert worden. Die Folge davon könnte sein, dass die ärmsten und unwirtlichsten Höfe nach und nach verlassen werden. Hingegen hat sich im Gebiet von Vernagt und im hinteren Tal eine gegenteilige Entwicklung angebahnt. Die Straße hat den Höfen, die bis vor einigen Jahren noch zu den abgelegensten und ärmsten der ganzen Alpen zählten, neues Leben gebracht, so zum Beispiel für den Marchegghof, die Köflerhöfe, den Wieshof (1995 m) und den Kurzhof, der 2014 Meter hoch gelegen und das höchst gelegene landwirtschaftlich genutzte Gehöft Südtirols überhaupt ist.

Der Finailhof liegt etwa in der Mitte. Er profitiert indirekt von der Straße und vom kleinen Touristen- und Wirtschaftszentrum, das am nordöstlichen Ufer des Vernagtsees entstanden ist. Andererseits bleibt er noch immer der althergebrachten wirtschaftlichen Hochgebirgsautarkie verhaftet.

Diese Lage zwischen Alt und Neu kommt auch in den Bewohnern zum Ausdruck. Wenn man beim Hof anklopft, schießt ein Schäferhund hervor, als wollte er einen in Stücke reißen. Dann aber besänftigt er sich, bettelt um eine Kosung und sucht Schutz vor den feindlichen Hörnern der Ziegen. Der Bauer und die Bäurin empfangen uns zwar freundlich, doch mit einer gewissen Distanz, als wären sie es gewohnt, in dieser Einsamkeit hier mit Fremden umzugehen. Deshalb ist es uns hier auch schwerer gefallen, den Anlass unseres Besuches klarzumachen.

Es kommt hier nicht selten vor, dass fremde Bergfreunde ein Zimmer mieten wollen, auch mitten im Winter. Als wir zum Finailhof kamen, hatten sie dort ein deutsches Ehepaar.

Die neue Physionomie, die die Finailfamilie angenommen hat, zeigte sich auch in der Eile, mit der die Bäurin Johanna das historische Erinnerungsstück hervorholte, das die neugierigen Touristen immer sehen wollen. In den deutschen Baedekern ist es angeführt, so dass es für viele Touristen ganz einfach zum ungeschriebenen Gebot gehört, die Gehstunde vom Edelweißhotel herauf auf sich zu nehmen, um die aus Gold und Silber gemachte Tasse des »Herzogs Friedrich

mit der leeren Tasche« zu sehen und zu berühren. Zusammen mit der Tasse legte Johanna auf den großen runden Ecktisch der Stube auch ein Lederetui, das eine Gabel, ein Messer und einen Zinnlöffel sowie ein bedrucktes Blatt Papier mit der Beschriftung von R. Fill enthält: »Herzog Friedrich mit der leeren Tasche auf Finail.«
Dann erzählte uns Johanna die Geschichte vom Herzog, der auf dem Hof freundlich aufgenommen und bewirtet wurde. Er befand sich auf der Flucht vor den Häschern, die ihn nach dem Konzil von Konstanz umbringen sollten. Herzog Friedrich kam aus Tirol durch das Venter Tal und über die unwegsamen Alpenpässe. Niemand wusste, wer der wagemutige Pilger war. Der Bauer nahm ihn auf, und der Herzog beschied sich dazu, die Ziegen zu hüten. Aber eines Tages erkrankte er. Die Magd, die ihm das Essen brachte, bemerkte unter dem aufgeknöpften Hemd das goldene Collare. Es scheint, dass dann infolge einer Indiskretion für den Herzog neue Gefahren heraufzogen, so dass er sich heimlich davonmachte. In Algund fand er wieder ein Versteck, wo er bis zur neuerlichen Machtübernahme verblieb.
Die goldene Tasse ist dem Bauern des Finailhofes von Herzog Friedrich als Zeichen der Dankbarkeit geschickt worden, erzählt man sich. Es gelang mir nicht herauszufinden, warum man mit dieser Legende eine so grobe Geschichtsklitterung betrieben hatte. Das in den vergoldeten Tassenrand eingravierte Datum zeigt die Jahreszahl 1567. Der ruhelose Feudalherr Friedrich hingegen hatte im vorangegangenen Jahrhundert die mitteleuropäische Szene belebt.
Wahrscheinlich ist die Legende erst in neuerer Zeit entstanden als Auswuchs der romantischen Phantasie, oder angeregt von der in die Tasse eingravierten Inschrift »Turicensis civitatis imperialis.« Wahrscheinlich handelt es sich hier um eine Umfunktionierung der Erinnerungen an die Kartäusermönche, besser gesagt, der Geschenke, die sie einzelnen Bauern im Schnalstal und in Naturns machten, um sich für irgendwelche Hilfeleistungen oder Almosen zu bedanken. Auch Josef Rampold schreibt in seinem letzten Werk über den Vinschgau, dass man häufig auch in anderen Höfen ähnliche Tassen wie jene auf dem Finailhof finden kann.[13]

Der Finailhof im hinteren Schnalstal. Er liegt auf 1953 Meter Meereshöhe und ist einer der höchst gelegenen, ständig bewohnten Höfe Südtirols.

Anton vom Rafeinhof (1880 m), dem eine Lawine zwei Kinder tötete, als sie von der Schule heimkehrten.

Abgesehen von all dem ist die »Tasse Friedrichs« sicherlich ein Beweis für das Alter des Hofes und seine einstmalige Glanzzeit. Es handelt sich wirklich um einen ob seiner Lage und seiner Merkmale sehr bekannten Hof. Der Name selbst besagt, dass es der letzte Hof des Tales ist, dass dort, wo er liegt, die »finis terrae« ist. Er ist ein Vorposten im hochalpinen menschlichen Siedlungsgebiet.
Die Bäurin Johanna ist natürlich sehr stolz auf die »Tasse Friedrichs«. Ein als Geistlicher verkleideter Gauner hatte einmal versucht, sie zu stehlen.
Johanna stammt aus St. Katharina im unteren Schnalstal. Sie ist eine hübsche junge Frau mit braunen Haaren und Augen. Sie trägt Hosen und darüber eine Schürze. In zwölf Jahren hat sie sieben Kinder geboren, deren kleinstes, Walter, zwei Jahre alt ist. Valentin, vier Jahre alt, beobachtet uns mit erstaunten Augen und lässt das Säckchen mit Süßigkeiten keinen Augenblick aus den Händen. Die anderen Kinder, Irma, mit zwölf Jahren die Älteste, dann Georg, Gottfried, Hermann und Johanna sind in der Schule.
Der Weg führt von Vernagt herauf quer über die Hänge, durch den dünnen Lärchenwald, und gelangt schließlich zum Kreuz am kleinen Zaungatter. Vom Hof bis zur Schule hinunter ist es eine gute Stunde Weg. Die größte Gefahr kommt von den Lawinen. Wenn es stark schneit und der Berg »böse« wird, gehen die Kinder nicht zur Schule. Es kann dann vorkommen, dass der Hof einige Tage von der Außenwelt abgeschnitten bleibt. Der Bauer Serafin teilte uns mit, dass sie die Lawinengefahr »spüren«. Wenn in solchen Zeiten die Kinder unten in der Schule sind und schlechtes Wetter hereinbricht, geht er nach Vernagt hinunter und wartet mit den Kindern, bis es Nacht und kalt wird, dann erst kommen sie nach Hause zurück. Einmal befand er sich mit den Kindern in einer äußerst gefährlichen Lage: Eine Lawine ging vor ihnen nieder und gleich darauf eine weitere hinter ihnen.
Vor zehn Jahren sind Anton und Meinhard vom Rafeinhof (1880 m), der eine war sieben, der andere acht Jahre alt, dort, wo der Weg zum Tisenhof beginnt, von einer Lawine getötet worden. Ihr Vater Anton vom Rafeinhof musste von einer Biegung des steilen Weges aus ohnmächtig der Tragödie zusehen. Er hatte die Gefahr vorausgeahnt und war den Kindern entgegengegangen. Er sah, wie sich die Lawine oberhalb der Kinder löste und sie unter sich begrub.

Wir lernten Anton vor der Tür des Rafeinhofes kennen. Er redete nicht viel. Die Hühner hatten sich auf den Söllern vor den kleinen Fenstern gesammelt, die Sonne schickte trotz der winterlichen Kälte warme Strahlen. Der Rafeinhof ist ein ehrwürdiger, fast gänzlich aus Holz gebauter Hof. Er steht auf der linken Seite des Tisentales, neben dem Aufstieg zur Similaunhütte. Der Wind hatte den Schnee auf den Weg geweht, so dass es für uns zu schwer war voranzukommen und uns zurechtzufinden. Wir nahmen deshalb den Holztragerweg, der auch sehr ausgesetzt ist. Er führt etwa dreihundert Meter oberhalb des Sees vorbei. Der Weg zeigte keine Fußspuren. Das wunderte uns, denn wir waren überzeugt, dass dieser Weg zum Finailhof hinaufführe. Der Holztragerweg überwindet mehrere abschüssige Täler, so Hienertauf, Laner, Schlicht und Breite Tauf, und erreicht schließlich den Finailer Lärchenwald.

Wir sahen zuerst nur Spuren von Rehen und Hirschen, später auch wie die Rehe ruhig im Finailer Wald grasten, als ob ihnen unsere Anwesenheit gar nichts ausmachte.

Mit Serafin war das Reden schwierig, ohne Wärme, distanziert, obwohl er alle unsere Fragen beantwortete und sich sichtlich bemühte, freundlich zu wirken. Wir fanden in diesem jungen, kräftigen Mann nicht etwa Misstrauen, sondern eher Würde und Verwunderung darüber, dass er Zielscheibe von so viel Neugier war, dass unsere Fragen ihn alle direkt angingen und seine Existenz als Bauer zum Gegenstand hatten.

Seit dem 9. Jänner haben sie einen Fernsehapparat, der Strom dafür wird von der kleinen Elektrozentrale geliefert. Das Gerät ist mit einem geblümten Tuch bedeckt und steht in der Stubenecke auf einem kleinen Tisch zwischen Geranienvasen, Arbeitsgeräten und einem alten Brett zum »Mensch-ärgere-dich-nicht-Spielen«.

Die Stube ist geräumig, fast ein wenig gekünstelt wie ein großes Wohnzimmer. Sie ist zur Gänze mit Zirmholz getäfelt. Durch die Fenster kann man auf den tief unten liegenden schnee- und eisbedeckten See blicken, auf die Leit- und Gerstgrasser Wälder, die den gegenüberliegenden Hang und die Nordhänge der Nockspitze und der Gerstgrasserspitze bedecken.

Im Hintergrund, gegen Westen hin, ragen die vereisten Kämme der Saldurspitze (3400 m) in den Himmel.

Jedes der vier Fenster hat eine ins Zirmholz gravierte gotische Inschrift. Wenn man sie nacheinander liest, ergibt sich das Datum, an

dem der Hof neu aufgebaut wurde: »Das Jahr von diesen Hausgebän, wenn uns wird jemand fragen, ist achtzehnhundertfünfzigzwei, bei frohen Frühlingstagen.«

Auf dem Tragbalken der niederen Tür ist der Name des Erbauers der Stube eingraviert: Georg Reiner, anno 1854.

Seit zwei Generationen gehört der Hof der Familie Serafins. Sein Großvater stammte vom Kurzhof und kam nach Finail, um dem alten, kinderlosen Bauern zu helfen. Als der Alte starb, überließ er den Hof dem Knecht. Serafin ist das einzige männliche Mitglied der Familie. Seine Mutter starb bei der Geburt des neunten Kindes. Die Mutter Johannas starb bei der Geburt des vierzehnten Kindes. Sie erzählen es uns mit einer rührenden Selbstverständlichkeit. Als Serafin den Hof übernahm, war er halb verfallen. Er fasste sich ein Herz und begann alles von vorne mit der Hartnäckigkeit eines Rationalisten. Er hat die Mühle wieder aufgestellt, die Seilbahn instand gesetzt, ein kleines E-Werk gebaut, das Hausdach ausgebessert und eine Melkmaschine gekauft. Schritt um Schritt schaffte er es, ohne Schulden machen zu müssen. Viel bleibt noch zu tun: Die Bretter der Söller knirschen unter den Schuhen.

Serafin hat für philosophische Betrachtungen nichts übrig. Für ihn zählt nur das Handfeste. Er ist ein typischer Bauer mit Tradition, zugleich konservativ und weltoffen. Er gibt sich mit wenig zufrieden und will keine Risiken eingehen. Den Getreideanbau hat er aufgegeben und sich dafür mehr Vieh angeschafft. Im Stall sind ein Dutzend Kühe, dann auch Schafe und Ziegen. Jeden Tag liefert er mit der Seilbahn die Milchkannen ins Tal hinunter, wo sie von einem Lastwagen abgeholt und zusammen mit den Kannen der anderen Höfe nach Meran transportiert werden.

Im Sommer bringt er die Rinder der anderen Bauern auf die Alm, und wenn Bergsteiger des Weges kommen, bereitet er ihnen nach Wunsch etwas zum Essen und vermietet ihnen Zimmer. Der Hof ist dann gleichzeitig Alm und Schutzhütte.

Weder er noch Johanna haben übertriebene Wünsche. Sie denken nicht daran abzuwandern. Johanna sagte uns, dass sie es sogar meiden, nach Meran zum Zahnarzt zu gehen. Serafins Hauptwunsch

Der Finailhof trägt herkömmliche und moderne Züge.

ist es, den Hof neu zu gestalten, ihn wohnlicher zu machen und auf diese Weise das Einkommen zu erhöhen, damit das Leben weniger risikoreich und mühsam werde.

Sie fühlen sich nicht allein: »Wir haben unsere Arbeit«, sagte der Bauer und taute langsam auf, »und keine Zeit, an diese Dinge zu denken.« Dann: »Ich habe meine Erfahrungen auf den Berghöfen bei Schlanders gemacht. Dort ist alles dürr und öde. Dorthin würde ich nicht einmal dann gehen, wenn sie mir einen großen Hof schenken würden. Hier bin ich völlig selbstständig, ich streite mit niemandem, weil ich keine Nachbarn habe.«

Ein echtes Bild vom Bauern, dem Herrn des Hofes.

Und die Kinder? Wer wird den Hof bekommen? Und die anderen, was wird aus ihnen? Wird er sie studieren schicken? Serafin macht sich darüber noch keine Gedanken, weil die Kinder noch klein sind. Studieren schicken, das vielleicht nicht, denn auf Finail braucht es starke Arme. Den Hof wird er einem oder zwei Kindern vermachen, nicht mehreren, weil dann nicht genug zum Leben wäre. Die anderen »werden zusehen müssen, wie sie weiterkommen«.

Wir reden und schweigen und reden dann wieder. Serafin hatte eben erst mit dem Inspektor einer bekannten Melkmaschinenfirma, dem Herrn Max Hofer aus Meran, lange verhandelt. Dieser war heraufgekommen, um die Maschine zu reparieren. Ich fragte Serafin, ob er am Ende des Jahres manchmal ein wenig Geld auf die Seite legen könne. Er antwortete, dass er den mageren Ertrag in den Hof hineinstecke und damit die Gebäude repariere. Dann sagte er bedächtig: »Vor den Schulden muss man sich in Acht nehmen.«

Angst vor Schulden ist schließlich kein Zeichen dafür, dass man wenig Mut hätte, es ist vielmehr ein Zeichen der Würde, der demokratischen Weisheit. Sie hat ihre Wurzeln in der Klugheit und im Wissen darum, wie schwer es ist zu arbeiten, um weiterleben zu können. Herr Hofer bestätigte mir diese Haltung, die fast allen Bergbauern zu eigen ist, während in den Orten, wo die Konsumgesellschaft Einzug gehalten hat, das genaue Gegenteil der Fall ist.

Die Bergbauern überlegen es sich hundertmal, bevor sie sich eine Melkmaschine anschaffen. »Mir passiert es nicht selten«, erzählt uns Herr Hofer, »dass ich auf einen abgelegenen Hof komme und weiß, dass der Bauer bereits beschlossen hat, eine Melkmaschine zu kaufen. Aber wenn ich dann den Hof betrete und die Zeichen der Armut sehe, verliere ich einfach den Mut zu verhandeln.« Zusammengefasst ergeben die Erfahrungen des Herrn Hofer Folgendes: Neunzig Prozent der Bergbauern zahlen bei der Übergabe der Ware bar, einen Schein über dem anderen, wie es früher war. Unten im Tal hingegen erhält man für die Ware »einen Haufen Wechsel«.

Der Finailhof ist ein interessantes Modell. Er steht zwischen dem Überlieferten und der modernen Konzeption: auf der einen Seite der Fernseher, die Hosen für die Bäurin Johanna, die Windjacke für Serafin und die Alpinisten, auf der anderen Seite das massige hölzerne Gebäude mit dem großen Kreuz unterm Giebel, die beiden gegen die Mittagssonne gerichteten Söller, der Holzbrunnen, die lawinengefährdeten Wege, der Schafstall, wo man im Kot und im gefrorenen Schnee stecken bleibt, das überhebliche Vertrauen in die Selbstgenügsamkeit. Und dann der Wind, der pfeift und seufzt und den Schnee hochwirbelt.

Später begegneten wir den fünf Kindern Serafins, als sie von der Schule zurückkamen. Einer hinter dem anderen gingen sie auf dem Schnee neben den Rehen. Die kleine Johanna, ein blondes Kind, kam laut singend daher. Ihr Gesicht war gegen die Sonne gerichtet. Es war das erste Mal, dass ich auf einem Bergbauernhof singen hörte.

Die Klugheit des Laseiderbauern

Den auf 1500 Meter Meereshöhe gelegenen Laseiderhof, den allerletzten in Hinterlüsen, in der Fraktion Oberpetschied, hat entgegen der Sorge der Mutter Paula, dass wohl keines der acht Kinder den Hof übernehmen würde, der älteste Sohn Lois Steiger übernommen. Er und seine Frau Martha sind inzwischen bereits die Seniorbauern, den Hof führt nun Sohn Stefan Steiger mit seiner Familie. 1981/82 wurde die Straße errichtet, Lüsen-Dorf liegt sieben Kilometer entfernt.

Laseiderhof (Lüsen), am 17. Februar 1972

Der Laseiderhof hat weiß gestrichene Grundmauern und darüber einen braunen Holzaufbau. Er ist dem Berg verhaftet wie ein kleines Schloss. Der Weg, Oberpetschiedweg, ist im Vergleich zu anderen, auf denen sich nur wagemutige Menschen zurechtfinden, nicht sehr beschwerlich. Er führt vom Sagewaldbachtal herauf und ist breit genug, um einem Pferdeschlitten Platz zu geben, aber auch steil genug, um die Wanderer an den Wegkreuzen, die sich gegen den Sagewald hin abnehmen, zum Verschnaufen zu zwingen.
Der Oberpetschiedweg war in früheren Zeiten einer der meistbegangenen Gebirgswege dieser Gegend, weil er die direkte Verbindung, vor allem für den Handel zwischen dem Lüsener Tal und Untermoi im Abteital über das Lüsener Joch darstellte. Ein tüchtiger Wanderer konnte die Strecke in vier Stunden zurücklegen, freilich nur zur schönen Jahreszeit. Der Untermoiweg, wie sie ihn hier nennen, hat zum Entstehen verschiedener Höfe auf dem Petschieder Berg geführt: Lengerei, gleich diesseits des Sagewaldbaches, dann wenig weiter oben Goar, Persoher auf Halbweg und schließlich Laseid, der höchst gelegene von allen. Er ist groß und breit und steht auf der gegenüberliegenden Seite des Petschiedgrabens. Weiter oben gab es noch den Dananhof[14], aber der ist verlassen. Dasselbe Schicksal widerfuhr auch dem Kanzer-, dem Zermeid- und dem Lanerhof. Die jungen Leute sind weggezogen, die Alten sind gestorben und der Wald hat die Felder zurückerobert.

Vom Stubenfenster aus verfolgten wir den mühsamen Aufstieg von Josef, eine schwarze Figur auf dem weißen Schnee. Wir beobachteten seine Verschnaufpausen und wie er dann weiterging. Am Fuß der Stiege, die zum Söller heraufführt, blieb er nochmals stehen, um Atem zu schöpfen. Als wir am Morgen den Oberpetschiedweg heraufgegangen waren, hatten wir die Spuren der Steigeisen im vereisten Schnee bemerkt.

Der Bauer Josef zählte an seinen langen, schwieligen Fingern die Höfe ab, als würde ein Rosenkranz durch seine Finger gleiten. Er fügte noch andere Hofnamen hinzu, dann nahm er den Hut ab und trocknete sich den Schweiß von der Stirn. Er kam eben von der Kirche in Lüsen herauf: Das waren zwei gute Wegstunden. Er trug einen Mantel, schwarze Krawatte, schwarzes Feiertagsgewand, einen schwarzen Hut und in der Hand ein Plastiksäckchen mit Zeitungen und Lebensmitteln.

In Lüsen unten hatten sie einen alten Bauern zu Grabe getragen. Wenn ein Pfarrkind begraben wird, muss nach altem Brauch jeder Hof vertreten sein. Durch das Stubenfenster hatten wir beobachtet, wie Josef mühsam den steilen Weg heraufkam: eine schwarze Figur auf dem weißen Schnee. Wir sahen, wie er stehen blieb und verschnaufte, wie er dann mühsam weiterging. Am Fuß der Stiege blieb er nochmals stehen, um Atem zu schöpfen. Als wir am Morgen den Oberpetschiedweg heraufgegangen waren, hatten wir die Spuren seiner Steigeisen auf dem vereisten Schnee bemerkt.

Er ist hochgewachsen, mager, ein wenig gebückt, undefinierbaren Alters. Seine Haare sind hell, sie zeigen die Spuren der harten Jahre. Er hat blaue, offene Augen. Paula hörte seine schweren Schritte auf den Holzstufen. Sie ging ihrem Mann entgegen und öffnete die Stubentür. Mit dem Bauern kam Sonnenschein herein. Josef setzte sich neben uns, der Aufstieg hatte ihn offensichtlich ermüdet. Um uns seine Gastfreundlichkeit zu beweisen, schenkte er uns ein Glas Rotwein ein, den die Bäurin aus einem kleinen Fass im Nebenzimmer geholt hatte. Wir hatten vorher schon mit Paula geredet, jetzt sprachen wir mit ihm weiter. Sie zeigten keine Vorbehalte, wir redeten freier, freilich auch mit größerer Überlegung.

Der Laseiderhof ist sehr alt. In seiner gefälligen Architektur zeigen sich fast adelige Elemente. Gegen Süden liegt das Sagewaldtal groß vor uns. Der Hof erhebt sich wie ein kleines Fort auf einem steinernen Sockel. Die beiden übereinander liegenden Söller und das große hölzerne Giebeldach mildern gewissermaßen das vertikale Element und geben dem Hof das Aussehen eines richtigen Berghauses. Am oberen Ende der Außenstiege befindet sich ein Gatterle, das geschlossen

Der 1500 Meter hoch gelegene Laseiderhof im hinteren Lüsener Tal.

wird, damit die Hühner nicht ins Haus kommen. Aus der Brüstung ragt eine halb verkohlte »Mueskühle« heraus, wo die Pfanne mit dem heißen Mus hingestellt wird. Nach einem Vaterunser kommt das Mus auf den Tisch, es ist dann gerade recht abgekühlt, damit man sich nicht die Zunge verbrennt.
Drei Fresken eines unbekannten Volksmalers stellen den Hof unter den Schutz der heiligen Sebastian und Florian und der Muttergottes. Die Inschriften lauten: »Der Heilige Sebastian beschütze uns vor Krankheit und Gefahren«, »Der Heilige Florian beschütze uns vor Feuer und Blitz«.
Wenn man den Hof von oben sieht, schaut er aus wie eine Almhütte, er ist niedrig und breit. Neben dem Weg wächst eine Reihe von Trauerweiden, deren knospende Zweige am Palmsonntag geweiht werden. In der Wiese neben dem Hof steht eine jahrhundertealte, knorrige Esche, »so alt wie der Hof selbst«, sagt der Bauer Josef stolz. Auf dem winzigen Hofplatz steht der Brunnen: Aus der Holznase fließt klares Wasser, das Plätschern ist beruhigend. Rund um das Wohngebäude sind der Heustadel und der Stall geschart, eine Nische mit der Muttergottes steht neben dem Weg, der zum Darlanhof führt. Als wir ankamen, wartete die Bäurin Paula vor dem Haus neben dem Dach der Holzhütte. Sie war über unseren Besuch nicht sonderlich überrascht, weil der Pfarrer von Lüsen, Hochwürden Richard, bei uns war und weil sie uns den Oberpetschiedweg hatte heraufkommen sehen. An der Mauer stand eine Reihe von Holzschuhen (Kospen), die den »sabots« der französischen Bauern und den holländischen Holzschuhen ähneln. Der Gegenstand, der uns am meisten interessierte, war ein kleines Fahrrad aus Holzstäben mit einer rudimentären Lenkstange und zwei kleinen Rädern, von denen das eine aus Holz war, das andere von einem Kinderwagen herrührte. Der kleine Lorenz stieg auf dieses »Rad« und gab uns eine Kostprobe von Gleichgewicht und Geschicklichkeit. Er hat sich das kleine Rad selbst gebastelt. Wie es zu machen war, hatte er von anderen Fahrrädern abgeschaut. Das Rad versinnbildlichte wohl seinen instinktiven Wunsch, etwas zu besitzen, was andere Kinder auch haben.

Das fast heilige Bild wiederholt sich hier: In der Stube hängt das Hochzeitsbild und darum herum alle Erinnerungen der Familie an ein in der Einsamkeit verbrachtes Leben.

Es war nicht das erste Mal, dass wir auf Bergbauernhöfen alte Fahrräder fanden. Wozu dienen Sie? Ich fragte mich, wozu das Fahrrad im Holzschuppen des Persoherhofes gebraucht wurde oder jenes, das ein Bauer im oberen Pustertal neben seinem Bett stehen hatte und das er sogar täglich reinigte.
Für diese Leute stellt das Fahrrad offenbar den Vorboten aus einer Zivilisation dar, in der es genug Mittel gibt, die Entfernungen ohne große Anstrengung zu überwinden. Auto und Motorrad freilich sind hier nur Wunschtraum. Deshalb versuchen die Kinder, ihre Altersgenossen, die in günstigeren Verhältnissen leben, auf diese Weise nachzuahmen. Sie bauen sich einfache und plumpe Fahrzeuge, die irgendwie einem Fahrrad ähneln, und sausen damit die steilen Wege hinunter oder tummeln sich auf den winzigen ebenen Flächen bei den Höfen.
Abgesehen von diesen Erwägungen ist der Laseiderhof irgendwie an einem Scheideweg angelangt. Die eine Hälfte der Familie ist auf Arbeitssuche oder aus Studiengründen abgewandert, die andere Hälfte führt eine archaische Existenz weiter, obwohl sie weiß, dass die Zukunft voller Unsicherheit ist.
Das geht schon aus den ersten Antworten hervor, die Paula auf unsere Fragen gab. Sie stammt vom Flitthof. Sie ist fünfundvierzig Jahre alt, seit fünfundzwanzig Jahren verheiratet und hat acht Kinder (eines ist gestorben). Sie hat klare, blaue Augen, dichtes braunes Haar, ein ovales Gesicht mit großer Ausdruckskraft. Die drei größeren Kinder sind auswärts auf Arbeit, die zwei darauffolgenden studieren in Brixen. Drei sind noch zu Hause: Zilly, die die Mittelschule besucht, dann der achtjährige Lorenz und die dreijährige Renate. Der älteste Sohn, Luis, arbeitet im Handel und hat ein eigenes Auto. Sein Interesse am Hof hängt davon ab, ob er im Auto erreichbar wird. In einem solchen Falle könnten die erforderlichen Restaurierungen vorgenommen werden, um ihn wohnlicher zu gestalten.
Ich fragte Paula, welcher ihrer Söhne den Hof übernehmen werde. »Wahrscheinlich keiner«, antwortete sie. »Der Hof ist zu abgelegen, die Bearbeitung zu mühsam, der Ertrag zu gering.«
Nicht einmal der kleine Lorenz zeigt übermäßiges Interesse am Leben auf dem Hofe. Er war auf die Ofenbrücke geklettert, hatte sich dort mit dem Rücken zur Mauer hingelegt und beobachtete alles mit kindlicher Neugier. Ich blinzelte ihm zu und er blinzelte zurück.
Die Stube ist geräumig und zeigt, dass es sich hier um einen ziemlich

großen Hof handelt. Die Decke ist mit Holz getäfelt, in deren Mitte das Auge der Dreifaltigkeit. Die Fenster gehen gegen das Tal hinunter und zum Sagewald hin. Zwischen die doppelten Scheiben der nach außen sich weitenden Maueröffnungen ist Moos gelegt worden, das vor Kälte und Wind schützt. Wenn der Wind weht, scheint der alte Hof unter dem Ansturm zu stöhnen, Schnee wird dann durch die Mauerritzen der Brotkammer schaufelweise hereingetragen und kommt durch die rissigen Wände bis in die Schlafkammern, sofern diese Risse nicht mit dickem Papier verstopft worden sind.

Das kleine Wärmloch, das durch die Stubendecke in den oberen Stock führt, reicht bei Weitem nicht aus, um die oberen Räume zu heizen. Diese Räume ähneln den Kielräumen eines kleinen Lastkahns: Über den Betten hängen Heiligenbilder, die Wände sind aus Holz, die Steigeisen stehen stets in Reichweite. Eine steile Treppe führt hinunter auf den Hausgang. Sie wird von einer Holztür abgeschlossen, damit »nicht von oben die Kälte herunterkommt«. Der Hausgang ist lang und eng, er hat ein Tonnengewölbe mit schmucken, einfachen Blendarkaden. Das Ganze hat einen schlossähnlichen, oder besser gesagt, einen klösterlichen Anstrich.

Renate sitzt auf der langen Bank, die vom Ofen unter der Speise-Durchreiche (Walkele) bis zum Fenster reicht. Auf dem Tragbalken aus Zirbenholz ist der Name des Tischlers, der die Stube neu getäfelt hat, aber auch der Name der Bauherren eingraviert: »Andreas Grünfelde Laseider und Theres Flenger; Josef Taler, Tischler, 1853«.

Bei meinen Besuchen auf den Südtiroler Berghöfen habe ich öfters feststellen können, dass die Stuben etwa um die Mitte des vergangenen Jahrhunderts neu gemacht und die Höfe gleichzeitig einigermaßen modernisiert wurden. Es scheint, dass es zur damaligen Zeit den Höfen wirtschaftlich ziemlich gut ging und sie sich diese Arbeiten leisten konnten. Die Verbesserungsarbeiten in letzter Zeit hingegen betreffen fast ausschließlich die Küchen, und es scheint fast, als würde sich die Tendenz durchsetzen, den »Mittelpunkt« des Hofes, den früher die Stube darstellte, in die Küche zu verlegen.

Auf dem Laseiderhof habe ich noch zwei andere kuriose Dinge bemerkt: In der Stube befanden sich ein großer Spiegel und Holzschnitzereien. Aber der Spiegel hat die Bilder mit dem Herzen Jesu und die anderen Familienerinnerungen keineswegs verdrängt. Er zeigt zusammen mit dem Lorenz gehörenden Spieltraktor aus Plastik und den Puppen Renates, dass die Kinder, die im Tal unten arbeiten

oder hinunter zur Schule gehen, frischen Wind gebracht haben. Die Schnitzereien sind an und für sich nichts Außergewöhnliches. Ich habe ähnliche auch auf Höfen des Eisacktales und Pustertales bemerkt. Und doch vermitteln sie ein Bild größerer Lebenswürde und Kultur und zeugen gleichzeitig von der Intelligenz des Bauern.
Paula und Josef erzählten mir, dass Leonhard, ein Bruder des Bauern, Krippen und andere Figuren aus Zirbenholz schnitzt, ja, dass er zu Weihnachten für die Kinder eine Krippe geschnitzt hat, die mit all ihren Figuren ein Viertel des Platzes in der Stube beanspruchte. Sie stand zwischen der Speise-Durchreiche und dem Fenster.
Ich führe das auf den noch immer starken ladinischen Einfluss im Lüsental zurück. Hier hat sich die deutsche Besiedelung harmonisch mit dem ladinischen Element verbunden. Letzteres ist noch in verschiedenen kulturellen und auch menschlichen Erscheinungsformen wahrnehmbar wie in der Architektur der Bauten, in den Legenden und im Charakter der Bevölkerung selbst.
Ein sprechendes Beispiel für diese Einflüsse ist sicherlich jenes schöngeistige Wesen aus vergangenen Zeiten, das in mehreren handgeschriebenen Bänden, die im Pfarrarchiv von Lüsen aufbewahrt werden, die Geschichte des Tales zu Papier gebracht hat. Es handelt sich um einen gewissen Georg Niedermaier, der um die Wende des 18. Jahrhunderts Pfarrer von Lüsen war und gleichermaßen Lateinisch, Deutsch und Französisch schreiben konnte und, wie man sich erzählt, am Weißwein sich recht gern gütlich tat, obwohl er in seinen Schriften vor der »Luxuriae res vinum« in kluger Weise warnt.
»Pour moi«, schreibt er im Vorspann zu seinem Werk, »ne lizes pas mes libres, s'il vous deplait ce que je viens a dire ... « (Wenn euch das, was ich zu erzählen habe, missfällt, braucht ihr meine Bücher nicht zu lesen ...).
Der brave Pfarrer Georg hat in der Tat in seinen Bänden ein malerisches Kondensat von Abenteuern, philosophischen Erwägungen und anderen Betrachtungen geschrieben und dabei seinen Humor nie unter den Scheffel gestellt. Einige dieser Abhandlungen könnten sogar Skandal erregen, weshalb wir seinen einleitenden Worten ohne Weiteres zustimmen. Andere wiederum geben zum Nachdenken Anlass, denn er berichtet darin von den Seitensprüngen der Geistlichen im Barock, daneben unter anderem auch vom traurigen Schicksal des Untergosthofbauern, der im Winter 1743 erfroren ist. Zudem liefert Pfarrer Georg in seiner vorsichtigen Art einen konkreten Hinweis

auf die ladinische »Abstammung« des Tales: »Die Vorfahren der Bewohner von Lüsen waren wahrscheinlich Ladiner«, schreibt er. Verhaltenen Witz habe ich sowohl auf dem Lengereihof gefunden (wo ich dabei sein durfte, als sie Ziegenkäse in Birnenform machten) als auch auf dem Goarhof (wo uns der Bauer entgegenkam und uns begrüßte, als wären wir alte Bekannte) und auf dem Persoherhof (wo uns der Bauer auf der Schwelle des Hauses erwartete und nicht nachgab, bis wir seine kleine, windige Stube betraten, um ein Gläschen zu trinken). Elektrisches Licht haben sie hier nicht. Sie müssen noch mit Karbidlampen auskommen (das Karbid kaufen sie in Brixen, weil man es in Lüsen gar nicht mehr bekommt). Aber ganz besonders habe ich diese Eigenschaft auf Laseid angetroffen.

Dieser Hof ist vielleicht der adeligste von allen, ein Adel, der freilich mit dem langsamen Dahinschwinden der Selbstgenügsamkeit der Berghöfe dahingegangen ist. Aber noch immer ist eine gewisse Würde vorhanden. Der Bauer Josef ist ein lebender Ausdruck dieses Adels, ein Freund. Wie vor ihm Paula öffnete auch er uns die Tür seines Hauses mit der Höflichkeit eines Renaissance-Herrn.

Leute dieses Schlages habe ich auf den Südtiroler Berghöfen oft angetroffen. Ihre Weisheit hat fast etwas von philosophischer Ausgeglichenheit an sich. Es ist nichts Überflüssiges daran. Sie treiben kein Spiel mit ihren Gefühlen. Mir hat geschienen, als würden sie sich unbewusst immer wieder selbst die Frage stellen, inwieweit das eigene Ich erkannt werden kann. Ich dachte an Seneca.

Oftmals musste ich meine Bewunderung zurückhalten, und ich fragte mich, ob diese Menschen glücklich sind. Warum sollte ich immer meine Neugier nach ihrem Glück befriedigen, wo man ja weiß, dass der Mensch – wie es Dostojewski einer seiner Romanpersonen in den Mund gelegt hat – unglücklich ist, weil er nicht weiß, dass er glücklich ist.

Paula sagte: »Der Weg nach Untermoi hat früher einmal Leben auf diesen Hof gebracht. Die Wanderer hielten hier an, tranken am Brunnen, stärkten sich in der Stube und schliefen im Heustadel. Die Knechte kamen aus Untermoi nach Lüsen. Jetzt geht niemand mehr übers Joch. Wenn wir nach Lüsen hinuntergehen, wird es uns klar, dass die dort unten uns hier oben um einiges voraus sind.«

Paula hat einen melodischen Dialekt, auch Josef. Es ist ein Vergnügen, ihnen zuzuhören. Das Wetter ist schön, es ist windstill, kein Schnee wirbelt durch die Luft.

Links: Der einfache Abort des Hofes.
Oben: Ich fragte Paula, welches ihrer Kinder den Hof übernehmen würde. »Wahrscheinlich keines«, antwortete sie. »Der Hof ist sehr abgelegen, die Arbeit schwer, das Einkommen gering.«

Paula hegt den heimlichen Wunsch, sich im Dorf unten niederzulassen. Nicht in der Stadt draußen, das wäre wohl ein zu großer Schock für sie. Am Wochenende kommen die Kinder auf den Hof zurück, aber bleiben wollen sie nicht. Die Mädchen würden keinen Bauern heiraten. Marlene, siebzehn Jahre alt ist sie, will Diplomkrankenschwester werden. Klara mit ihren einundzwanzig Jahren arbeitet als Serviermädchen im Grödental. Sie kommt manchmal auf den Hof zurück, »um zu helfen«, weil sie »muss«.

Paula sagte es mit verhaltener Stimme, als wir sie offen danach fragten. Sie ist dauernd in Sorge um ihre Kinder, gibt sich niemals Ruhe. Ruhig wäre sie nur, wenn sie jederzeit in einem Monitor sehen könnte, wo sie sind und was sie tun. Sie betet jeden Tag für sie, damit »sie gut weiterkommen«. Wenn sie heimkommen, haben sie keine Geheimnisse vor ihr. »Sie sind aufrichtig geblieben«, fügt sie hinzu.

Ich fragte sie, welche Stellung die Frau auf dem Berghof einnimmt. Es mag wie eine brutale Frage scheinen: »Frau Paula, kommen für eine Bäurin zuerst die Kinder oder die Arbeiten?«

Sie nahm es mir nicht übel. Mit ihren blauen, offenen Augen, ihrem ovalen Gesicht antwortete sie: »Auf einem Hof muss die Frau alle Arbeiten auf sich nehmen. Wir arbeiten, damit die Kinder leben können.«

Später dann sagte der Bauer Josef (wie fern hier das Bild des Bauern als Herr, als Feudalherr, als Herr des Bodens ist!), dass eine Bergbauernfamilie von dem, was der Hof hergibt, nicht leben kann, wenn nicht jemand im Tal unten »Geld verdient«, während »die Alten die harte Arbeit auf dem Hof weitermachen«.

Auf diesem Hof kann kein Pferd gehalten werden, »weil niemand im Tal unten mehr Holz kauft«. Alles ist schwierig geworden. Weht der Wind, dann tobt es um den Hof. Wenn viel Schnee gefallen ist, rollen die Lawinen herunter. Die Milch wird man nicht los. Niemand kümmert sich um sie. Wenn es stark geschneit hat oder der Weg vereist ist, kann man nicht einmal ins Dorf hinuntergehen. Wenn dann eine Kuh oder ein Schwein erkrankt, geht es ein, denn der Tierarzt wohnt in Brixen. Und wenn ein Mensch erkrankt, was dann?

»Wir sind gegenüber den anderen zehn Jahre zurück«, sagte Josef bitter.

Das sonderbare kleine Rad des Lorenz vom Laseiderhof.

Ich fragte ihn gerade heraus: »Wenn Sie noch ein junger Bauer wären, würden Sie auf dem Hof bleiben?«
Josef darauf: »Wenn die Dinge so wie heute wären, nein. Nein. Niemals.«
Ich frage: »Warum?«
Josef: »Weil hier nichts zu verdienen ist, weil keine Straße heraufführt, weil ich dauernd vom Gedanken an die Kinder verfolgt werde, die weit weg sind, weil ich mich um ihre Zukunft sorge.«
Der Gedanke an die Kinder peinigt diesen Mann bis aufs Blut. »Hier ist die Moral besser als in der Stadt«, sagt er endlich.
Dann befasste er sich mit allgemeinen Fragen. Er sagte, es bräuchte ein Altersheim, ein Heim für die alten Leute. In Lüsen gibt es keines. Aber es sollte eines da sein, »weil es in Lüsen viele alte Leute gibt, die einsam sind und die nur mehr auf den Tod warten«.
Immer dann, wenn wir nicht mehr recht weiterwussten, half uns der Bauer Josef aus der Patsche, indem er neue Themen aufwarf. Ich konnte nicht umhin, ihm zu sagen, dass er mir sympathisch sei, worauf er schlagfertig antwortete: »Helft uns, wenn ihr in der Lage seid.«
Darauf wusste ich nichts anderes zu tun, als aus dem Gedächtnis die Worte zu wiederholen, die Juan Arias einmal geschrieben hatte, und ich bat Hochwürden Richard, sie wortwörtlich in den Tiroler Dialekt zu übersetzen: »Das ist [für uns Journalisten] nicht leicht, denn jene, die die ganze Wahrheit bräuchten und kennenlernen möchten, können uns nicht die Macht geben, sie zu verkünden. Es ist nicht leicht, denn wenn wir [Journalisten] die Schande dieser Welt hinausschreien, sind wir Pessimisten. Wenn wir über die Güte der gerechten Menschen schreiben, sagt man, wir weichen aus. Wenn wir von Gott sprechen, hält man uns für Scheinheilige. Wenn wir von den Menschen sprechen, sind wir Kommunisten, wenn wir von der Zukunft sprechen, Utopisten, wenn wir von der Vergangenheit sprechen, Integralisten, wenn wir von der Gegenwart sprechen, dann nennt man uns verantwortungslos ...«
So ist es auch. Der Journalist, der dem Menschen mit seinen Problemen entgegenzukommen versucht, sieht sich nicht selten vor verschlossenen Türen. Es wird verteufelt, wenn er über Menschen und Dinge die Wahrheit schreibt.
Was tun denn die, die diesen Leuten aus ihrer unzeitgemäßen Lebensweise helfen könnten? Haben sie je versucht, sich in eine solch hoffnungslose Lage zu versetzen?

Sie kommen nur so weit, als das Auto sie trägt. Dann schauen sie hinauf, womöglich mit dem Fernrohr, und gewähren oder streichen einen Beitrag, mit dem vielleicht ein Dach vor dem Wetter abgedichtet oder ein Stall so hergerichtet werden könnte, dass die armselige Wirtschaft ein wenig verbessert wird. Oder vielleicht ist es ein Beitrag, um eine Stube abzustützen, die sonst den Berg hinunterrollen würde, wie jene des Persoherhofes ...

Der Knecht, der Bauer wurde

Der Karmannhof liegt auf einer Höhe von 1464 Metern. Er ist eine gute Gehstunde vom Pustertaler Ort Welsberg entfernt und wurde – im Februar 1972 – von neun Personen bewohnt. Anton Walder, der Ehemann der Bäurin Maria, hatte damals gemeint, dass von Rechts wegen dereinst Karl, der älteste Sohn der fünf Kinder, den Hof übernehmen sollte, er aber einverstanden wäre, wenn er lieber anderes tun und lernen würde, sei er doch fleißig in der Schule. Karl Walder hat den Hof dann doch übernommen, heute leben hier sechs Personen, seine Familie, zwei seiner Geschwister. Auch die zwei anderen in Gorfers Fußnote erwähnten Eggerberghöfe, die zu Welsberg gehören, so Greidler und Kammerlechen, werden bewirtschaftet und bewohnt. Einige der zu Niederdorf gehörenden Eggerberghöfe dagegen sind verlassen. Die Straße von Niederdorf aus kam Mitte der 1970er-Jahre, jene von Welsberg aus um 1980.

Karmannhof (Welsberg), am 26. Februar 1972

Im oberen Pustertal haben Mensch und Wirtschaft stärker als anderswo die positiven Auswirkungen der touristischen und industriellen Entwicklung in der Talsohle und die Folgen neuer Bergstraßen zu spüren bekommen. Schon die morphologische Beschaffenheit dieses Gebietes, seine jahrtausendealte Funktion als kultureller Mittler zwischen Ost und West und sein Waldreichtum bewirkten, dass einerseits die Obergrenze der menschlichen Dauerbesiedelung nicht höher als 1500 bis 1600 Meter gesetzt wurde, was eigentlich im Vergleich zu anderen Südtiroler Berggebieten noch günstig ist, und andererseits die Lage der ländlichen Wirtschaft nicht dermaßen kritisch ist, dass sie an »Herzversagen« zu sterben drohte. Wald und Weide sind hier die Stützen der landwirtschaftlichen Betriebe. Wenn die Höfe dann auch noch durch Straßen erschlossen und mit dem Auto oder dem Traktor erreichbar sind, bedeutet das, dass die psychologische Isolierung durchbrochen ist.

Der Karmannhof auf der Südflanke des Welsbergs. Von hier aus erblickt man das obere Pustertal und die Pragser Dolomiten.

Und das, obwohl man vielerorts noch nicht imstande war, das tief verwurzelte Bewusstsein der Selbstgenügsamkeit und Ergebenheit in das eigene Schicksal zu überwinden.
Natürlich gibt es auch hier Härtefälle, aber lange nicht so viele wie vergleichsweise im Vinschgau. Die Gegensätze zwischen dem Stadtmodell, wie es der Allerwelts-Tourismus in die Dörfer an Rienz und Drau gebracht hat, und dem Modell des althergebrachten Hofes, dem letzten versteinerten Zeugnis mittelalterlicher Besiedlung (mit all der poetisch-naturalistisch beseelten Auffassung von den Dingen), können von den jungen Leuten Schritt für Schritt abgebaut werden, weil diese sich ja täglich in der Mittelschule, in den Werkstätten und in den Handelsbetrieben treffen können. Derzeit nimmt man diese Gegensätze bei den alten Menschen und bei der mittleren Generation noch wahr, doch die Zeiten, in denen man dem Boden strikt untergeordnet war, weil die Familie nur vom Boden erhalten werden konnte, diese Zeiten und ihr Einfluss verlieren immer mehr an Kraft, die Abhängigkeit von der Außenwelt wird dauerhafter und größer.
Das bedeutet wohl, dass dieses autarke Schiff, diese »belagerte Festung« allmählich im Ozean vergangener Generationen untergeht. Die Erscheinung des landwirtschaftlichen Knechtes, der von Hof zu Hof wandernden Handwerker und der Wanderhändler (Krämer), die früher zu den Bauern kamen, gehört der Vergangenheit, ja mancherorts bereits in den Bereich der Legende.
Ich habe Höfe im hinteren Silvestertal, am Toblacher Berg, in Kandellen und Schönhuben, im Gsieser Tal und anderswo besucht: Die Umwelt hat dort ihren Einfluss auf die Lebensart der Menschen noch nicht voll eingebüßt, obwohl man, wie gesagt, bereits den natürlichen Versuch einer Osmose mit den Zentren unten im Tal bemerkt, wo es Märkte, Fremdenverkehr und Industrie gibt. Daher ist hier die Gefahr auch geringer, dass der Mensch, wenn er aus der Strenge seiner Einsamkeit unvermittelt in die moderne Welt hineingeworfen wird, einen Schock erlebt.
Weiterleben mag zwar der Volksglauben an die »Lichter der Toten«, die sich während der Mondnächte auf dem kleinen Platz vor dem Stadlenkreuz unruhig versammeln. Das ist der Ort, wo die Begräbnis-

»Auch wenn ich jung wäre und von Neuem anfangen müsste, würde ich das Leben als freier Bergbauer jedem anderen vorziehen.«

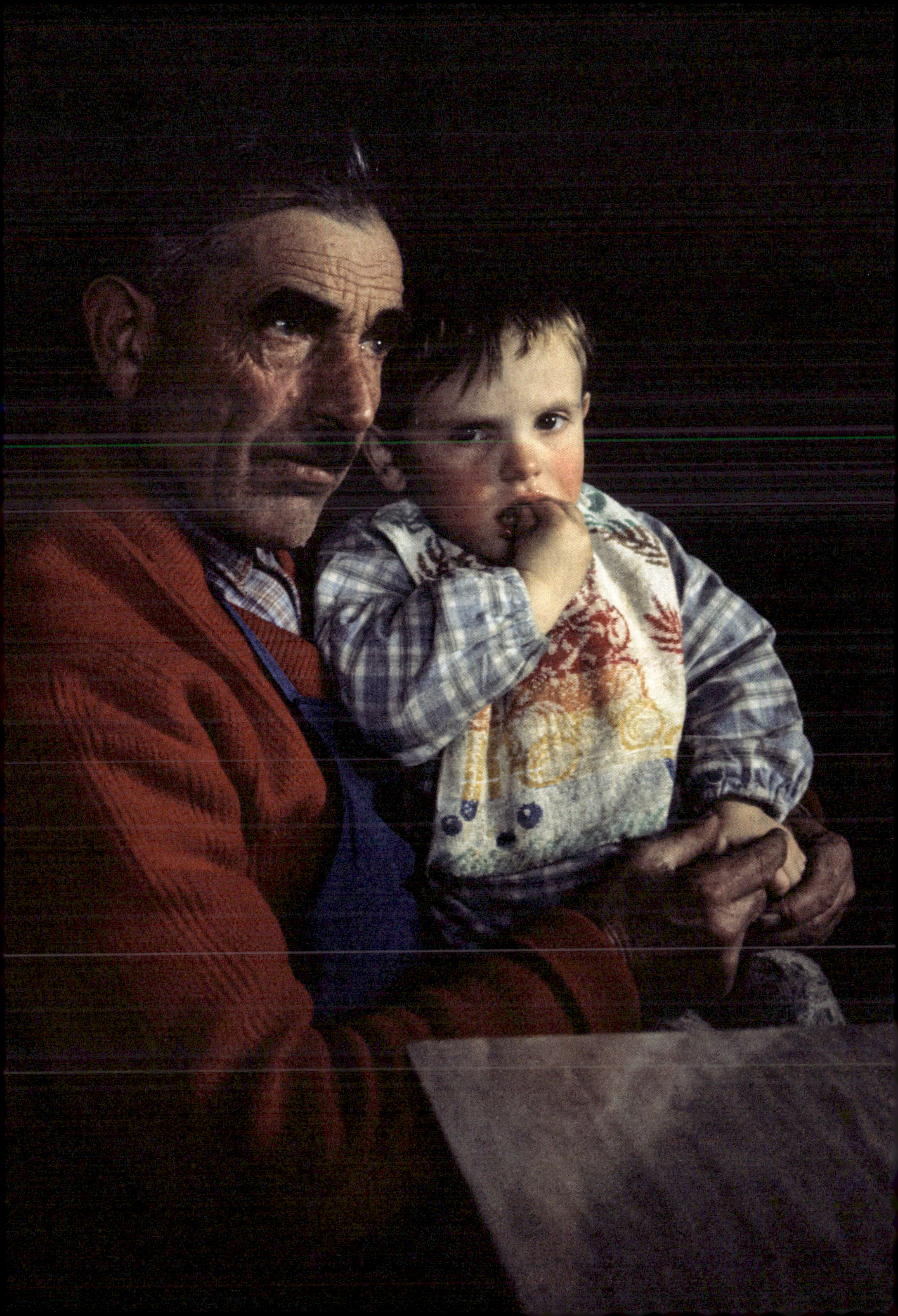

züge, die von den Toblacher Höfen herunterkamen, anhielten und die Leute den Rosenkranz beteten, um für die Verstorbenen Ablässe zu gewinnen (»Aber wenn das Geld nicht im Klingelbeutel klingelt«, sagte ein braver Pustertaler Bergpfarrer, »kann die Seele das Fegfeuer nicht verlassen«). Weiterbestehen mag auch der Tag, an dem Knechte und Mägde den Hof wechseln (Schlenggltag), eine Art mittelalterlichen Tauschmarktes, an dem man sich alljährlich begegnete. Dieser Schlenggltag wurde im Abteital am 2. Februar, im Gsieser Tal am 5. Februar »abgehalten«, und ebenso im Tauferer Tal. Doch die Straßen haben dem Gebiet die Fremden nähergebracht und selbst die Krämer (Krömeri) aus dem Tal der Mocheni (Fersental) kommen im eigenen Auto zu den Höfen.

Im oberen Pustertal habe ich mit Absicht den Karmannhof auf dem Welsberger Berg ausgewählt, weil es dort wirtschaftliche Unsicherheit, eine fragwürdige Zukunft, kulturelle Rückständigkeit und die Gefahr der Diaspora gibt, als würde der Hof unter dem Joch irgendeiner uralten Vergeltung leben, gepeitscht wie von einer neunschwänzigen Katze.

Die Siedlungsfläche auf dem bewaldeten Eggerberg zieht sich in breiten Lichtungen auf dem südwärts gerichteten Bergrücken dahin, der das obere Rienztal vom unteren Gsieser Tal trennt. Letzteres mündet weiter unten in das Rienztal. Die Siedlungsgebiete auf dem Niederdorfer Berg, dem Ratsberg und dem westlich vom Gsieser Tal gelegenen Unterrainberg sind die natürliche Fortsetzung.

Die Eggerberghöfe blicken direkt auf das Tal mit seinem dichten Verkehr hinunter. Hier oben hört man den Motorenlärm der Autos, die Pfiffe der Lokomotiven und die Trompete der Alpini-Kaserne, und doch reichen vierhundert Meter Höhendifferenz aus, um einen in mancher Hinsicht grausamen Abgrund zu schaffen.

Im Schlafzimmer hat das älteste der Karmannkinder auf die Holzwand Bilder von Sängern und Fußballern sowie Zeitungsausschnitte aufgeklebt. Auf dem kleinen Schrank neben dem geöffneten Fenster, durch das der Wind hereinblies, lagen billige Sonnenbrillen und eine azurblaue Plastikschachtel, die vermutlich irgendwelche Toilettengegenstände enthielt.

Die elfjährige Cäcilia geht jeden Tag mit ihren beiden Brüdern nach Welsberg in die Mittelschule. Sie ist fleißig und intelligent. Die wenigen ärmlichen Dinge, die sie gesammelt und auf dem Kästchen neben dem Fenster ausgebreitet hat, drücken wohl ihren Wunsch aus, das zu besitzen, was ihre Mitschüler unten im Dorf leicht haben können, sie selbst sich aber nur symbolisch leisten kann. Als ich diese Dinge betrachtete, überkam mich leichte Übelkeit. Es war mir, als hätte ich ein Schamgefühl verletzt.

An diesem Tag Mitte Februar, als wir den einsamen Schlossweg einschlugen (der seit Kurzem zu einer Forststraße ausgebaut wurde und von Schloss Welsperg ein Stück hinauf in den Wald führt, um dann wieder zu dem üblichen harten Bergweg zu werden), schneite es auf den Pragser Bergen, und der Pusterer Wind wirbelte eisigen Schnee durch die Luft. Doch der Frühling wartete bereits auf seine Stunde, obwohl sich der Wald scheinbar noch im Winterschlaf befand: Hinter den Bäumen lugte vorsichtig ein Reh hervor. Wir taten, als sähen wir es nicht. Auf dem Söller des Groadlerhofes tummelten sich Kreuzschnäbel und suchten im dürren Holz hartnäckig nach Insekten, Grünfinken flogen durch die Luft und Zeisige in ihren silbern glänzenden Gefiedern, Wendehälse hohnlachten, neidische Elstern, Kohlmeisen und Bachstelzen liefen unruhig hin und her. Der Berg lebte und widerhallte wie in einem Film von Walt Disney.

Und doch fanden wir in dieser Gegend eine ganz seltsame Traurigkeit, die aber weder Einsamkeit noch Abgeschiedenheit bedeuten konnte. Wir hatten ein undefinierbares, stets gegenwärtiges Gefühl, wie die Sorge und Unruhe über eine heimliche Liebe, als würden wir eine verlassene Arena betreten, in der einstmals die Menschenmassen ihre Rufe hatten ertönen lassen, jetzt aber nur mehr die leeren, steinernen Sitzreihen der Sonne preisgegeben sind.

Als wir den Wald verließen, erblickten wir eine menschliche Figur, die sich oben auf den steilen Wiesen beim Groadlerhof bewegte. Als wir zum Hof kamen, war keine Menschenseele da, nur die Kreuzschnäbel, die ausdauernd im Holz des Söllers mit ihren Schnäbeln herumstocherten. Wir fanden einen Haufen Mist, schmutzig im weißen Schnee, eine Bank am Gartenzaun, auf einem Tragbalken des Söllers ein Brett mit der Inschrift »Zur Aussicht«, einen alten Dieselmotor unter einer Zeltplane. Die Haustür war geschlossen, auf unser Klopfen antwortete niemand.

Das Gebäude ist lang gestreckt, aber schmal. Es ist der Länge nach an den Hang gebaut, mitten in einer romantischen Waldlandschaft. Auf diese Weise hat man ein Untergeschoss gewonnen und den Schutz des Hanges ausgenutzt. Zur Hälfte ist es Wohnhaus, zur anderen Hälfte Stall und Heustadel. Der Sockel ist aus Stein gemauert, der

Aufbau aus Holz. Eine Ecke des Stalles scheint abzurutschen. Man hat sie mit zwei starken Holzpfählen abgestützt, ein dritter Pfahl soll das Fundament sichern.
Elektrisches Licht gibt es hier nicht. Neben der gegen Mittag gerichteten rauen Mauer steht ein Zwetschgenbaum mit breit ausladenden Ästen.
Erst später erfuhren wir, dass von den zehn Kindern des Bauern nur mehr eines, das jüngste, auf dem Hof geblieben war. Die anderen waren alle weggegangen. Wie anders auch hätten sie weiterleben können?
Dasselbe Schicksal widerfuhr auch dem Kammerlechen, auf 1430 Meter Höhe. Er befindet sich auf der äußersten Lichtung gegen den Schlosswald hin. Es ist ein einsamer Hof. Ich sah das Haus im trüben Licht des gewittrigen Morgens hinter dem einsamen Wegkreuz. Ein Schwarm Krähen flog langsam über den Baumwipfeln dahin, der Wind blies durch die auf dem Söller zum Trocknen aufgehängte Wäsche.
Einmal, so erzählte mir Professor Josef, der uns ein getreuer Führer und Weggefährte auf den Pustertaler Bergen war, bot man den Leuten, die zu den Höfen kamen, um für die Toten zu beten, ein Roggenbrot an. Zu Mittag des Begräbnistages kamen die Kinder wie die Spatzen daher und erhielten das Brot. Dann kamen sie heimlich noch einmal, um wieder Brot zu bekommen. Aber die Leute auf den Höfen kannten den Trick. Um sie loszuwerden und weil die kostenlose Verteilung des Brotes, auch wenn sie als Dank gedacht war, ein großes Opfer darstellte, murmelten sie mit dumpfer Stimme, dass das Brot auf die Bahre des in der Stube aufgebahrten und mit Weihwasser besprengten Toten gelegt worden war. Diese List verfehlte natürlich nicht ihre Wirkung und man war den Haufen drängender Kinder wieder los.
An den Adventsabenden gingen die armen Leute von Hof zu Hof und sangen ein Lied, das Klöcklnochtlied. Dafür erhielten sie ein »Pitschile«, einen Roggenbrotlaib. Diese Laibe werden als Letzte gebacken. Hinter diesem Volksbrauch aber verbirgt sich der Hunger. Oft genug habe ich hinter der mitleiderregenden Verschwiegenheit der

Der Groadlerhof auf dem Welsberg. Er war von einer zehnköpfigen Familie bewohnt. Geblieben ist nur der Jüngste. Ein Teil des Gebäudes ist baufällig und muss gestützt werden.

Leute, mit denen ich ins Gespräch kam, das Gespenst des Hungers entdeckt. Auch auf dem Welsberg kam es, und das nicht einmal vor sehr vielen Jahren, noch vor, dass die Eltern die Kinder beim Dunkelwerden ins Bett schickten, um dann selbst ein Stück hartes Brot in die Milch tunken und daran nagen zu können, ohne die hungrigen Augen der Kinder mitansehen zu müssen.
Auf dem Karmannhof, der 1464 Meter hoch gelegen ist und bei dem der Schlossweg neben der Römerstraße endet, empfing uns die Bäurin Maria mit leichtem Argwohn und Unsicherheit. Vom Bau her unterscheidet sich dieser Hof vom Groadlerhof nicht sehr, nur scheint er sich in einem besseren Zustand zu befinden. Er liegt auch landschaftlich schöner und bietet einen weiten Ausblick. Man kann von dort aus das Pustertal in all seiner geheimnisvollen Schönheit überblicken. Die Lichtung befindet sich im Wald, der Hof liegt obenan, am Rande des Eggerbergwaldes, wo auch die Römerstraße vorbeiführt. Diese führt von Toblach rechter Hand des Rienztales die Bergflanke entlang. In Toblach nennen sie sie den Kriegersteig, die Erinnerung an die damit verbundene Geschichte ist lebendig geblieben. Hier oben freilich weiß man davon nichts.
Die Bäurin Maria redet nicht viel und nur dann, wenn sie einer direkten Frage nicht ausweichen kann. Sie war auf unsere Ankunft nicht vorbereitet. Ihre zwei kleinsten Kinder (die anderen drei waren in Welsberg, also eine gute Wegstunde entfernt, in der Schule) saßen auf dem Stubenboden und zerrissen Zeitungen. Als der Bauer Anton aus dem Stall kam, zog sie sich mit den Kindern diskret in die Küche zu ihrer Schwester zurück. Mit Anton war es nicht schwer, das Eis zu brechen. Unter dichten, schwarzen Augenbrauen blickte er uns vertrauensvoll entgegen. Über einem roten Pullover trug er die blaue Schürze, ein kariertes, am Kragen geschlossenes Hemd unter dem Sweater. Er sog an einer kleinen Sarntaler Pfeife und nahm den Tabak, den ich ihm anbot, gern. Er holte sich das kleinste Kind, das zwei Jahre alt ist, und setzte es sich aufs Knie. Der kleine Martin beobachtete uns mit großen Augen. Er zeigte unschuldiges Staunen und spielte mit dem gestiefelten Kater auf seinem Lätzchen, das ihm bis auf die Knie reichte.
Dann verschlief er es. Vater Anton wiegte ihn mit seinen großen Bergbauernhänden, während die Pendeluhr mit dem Wind um die Wette tickte und vor den Heiligenbildern und denen der Verstorbenen das ewige Licht brannte. Unter den Bildern befand sich auch

jenes der Kammerlechen-Berta im langen weißen Kleid, ein Röslein auf der Stirn. Sie saß lächelnd auf dem Bett ihrer Eltern. Sie war mit den Geschwistern in den Wald hinausgegangen und zwischen Schwarzbeersträuchern eingeschlafen. Die Geschwister merkten es nicht und kehrten ohne sie zum Abendessen nach Hause zurück. Niemandem fiel die Abwesenheit der kleinen Berta auf. Sie wagten dann nicht, es dem Bauer zu sagen, als er am Abend zurückkam. Erst am Nachmittag des folgenden Tages – es war ein Samstag des Jahres 1948 – wurde Alarm geschlagen und die Suche begann. Am Sonntag wurde Berta in Richtung Gsieser Tal gefunden, sie war einen Felsen hinuntergestürzt und tot. Sie war in der Nacht im Wald aufgewacht, hatte den Heimweg gesucht und sich schließlich ganz verirrt.

Anton erzählte uns diese traurige Geschichte, als wäre Berta sein eigenes Kind gewesen.

Maria kam und ging und hörte unseren Gesprächen einmal aufmerksam, dann wieder geistesabwesend zu. Wir saßen in der warmen, holzgetäfelten Stube. Ein Efeu rankte sich hinauf zur Decke. In einem alten Koffer auf der Ofenbrücke befanden sich die Windeln der Kinder. In den Schlafzimmern ist es zu kalt, sie sind wie der Heustadel dem kalten Wind ausgeliefert, der von der Drau herauf weht.

Maria ist die Besitzerin des Hofes. Sie hat den Hof bekommen, weil ihre Brüder weder physisch noch psychisch in der Lage waren, ihn zu übernehmen.

Anton war Knecht. Er hat sie geheiratet, als er fünfzig war. Trotz der späten Hochzeit kamen noch fünf Kinder. Er stammt vom Harcherhof in Kandellen. Er war einer der »nicht privilegierten« Söhne. Er blieb auf dem Harcherhof bis zum Tod der alten Mutter, dann ließ er sich sein Erbteil in Holz auszahlen und verdingte sich als Knecht. Er verdiente fünfzehntausend Lire im Monat durchschnittlich. Im Winter, wenn es wenig Arbeit gab, nur zehntausend Lire, im Sommer zwanzigtausend. Er gewöhnte sich an die unvorhersehbaren Launen der »schiffrigen« Bäurin[15], er arbeitete wie ein Neger von Sonnenaufgang bis Sonnenuntergang, er lernte den bäuerlichen Geiz, alle armseligen Spitzfindigkeiten, und er litt auch Hunger. Seine Erzählung ist einfach wie ein biblischer Vergleich: »Auf einem Bergbauernhof ist die Arbeit des Knechts immer hart, sie wird grausam, wenn nicht genug zum Essen da ist. Unter dem zweiten Bauern hatte ich oft Hunger. Im Winter war das noch erträglich, aber wenn der Schnee schmolz und die harte Arbeit auf den Feldern begann, war es schwer,

auf den Füßen zu bleiben. Ich habe damals zwischen dem 1. Februar und Pfingsten zehn Kilogramm Gewicht verloren.«
In der archaischen, ungeschriebenen Geschichte der jahrhundertealten Entwicklung der Berghöfe findet man immer wieder das Bild eines Lebens, in dem Arbeit, Religion und Leid gleich wie die Natur und der Tod die Hauptrolle spielen. Der Mensch selbst, der die Geschichte geschaffen hat, verschwindet ihnen gegenüber fast vollständig, auch wenn die Hauptfiguren mitunter zum Vorschein kommen wie die Marionetten Bruegels oder die Gespenster mit den weißen Pupillen, die in den Waldlichtungen umherirren und auf den ewigen Frieden harren.
Wer faul ist oder unfähig, die schwere Arbeit zu tun, wird gehänselt, wie etwa jene Pusterer Magd, die beim Heurechnen hinter den anderen zurückblieb. »Do Kroma pockt aus[16]«, sagten sie von ihr. Und wenn sie es dann doch schaffte, mit den anderen gleichzuziehen, sagten sie scherzhaft: »Do Kroma pockt in.« Die Scham war so groß, dass sie vom Geräusch des senseschärfenden Wetzsteins von einem Ende des Tales zum anderen getragen wurde: »In Kroma krotzn.«[17]
Die Mähr von den landwirtschaftlichen Knechten, ihr Wunsch nach Liebe, das Traumbild, eines Tages ein Stück eigenes Land zu besitzen, süß wie das Gelobte Land, das dauernde Wechseln wie bei Söldnern, ihre namen- und zeitlosen Gesichter, das alles ist mit echten poetischen Zügen im alten Lied vom Schlenggltag (der Tag, an dem der Arbeitsplatz gewechselt wird) enthalten, das man im Tauferer Tal seinerzeit sang:

Sankt Jenewein isch Schlenggltog
für mi und für an andon.
Ban Moar isch a guito Plotz,
und dechto müessmo wondon.

Mei Küfele, mei Binggele,
dös hon i bold banondo;
vielleicht wersch mir an Auge noss,
wenn i holt nocha wondo.

Die Knödl und dös Gerschtnfleisch
die Kropfn und die Bratlan ...
Ban Locha werd dös ka(u)m mehr sein,
gibt's heint nou lara Tatlan.

Die Leit, döi lochnös dumme Pfötl
geat von der Trauf in Regn! ...
Jo, wenn mei Hans net mit mir gang,
müesst i mir's übolöign!

Beim Locha konn i Bäirin sein,
ban Moar lei groaße Dirn.
I und do Hans, mir möchtn holt
's Zommensein probiern.

A Hoamatl isch gour so fein,
man tuit se lieba plougn.
So schlenggln mir mit Lust und Load
und tien die Leit net frougn![18]

Der Anton vom Karmannhof hat sein »gelobtes Land« gefunden. Er drückte den kleinen blondhaarigen Martin mit den von der Stubenwärme geröteten pausbäckigen Wangen und den kleinen Zähnen an sich. Der kleine Martin schlief, das kleine Seppele, ebenso blond und gerötet, äugte zur Tür herein und lief dann schnell in den verräucherten Gang zurück.

Ich fragte Anton, ob er noch einmal das Leben als Knecht leben möchte. Er lehnte das ganz entschieden ab und fügte hinzu: »Ich habe meine Kinder. Wenn ich jung wäre und wenn meine Mutter noch leben würde, würde ich nur aus Liebe zu ihr in dem Haus bleiben, in dem ich geboren bin.« Es ist offensichtlich, dass er sich, weil er nicht der Erbe ist, in seinem Vaterhaus noch immer als Knecht betrachtet, auch wenn er jetzt Bauer des Karmannhofes ist.

Mit seiner harten Arbeit hat er den Karmannhof gerettet. Die Geschichte des Hofes beinhaltet viele traurige Ereignisse. Er wurde mehrmals verlassen, weil er so abgelegen war und ungeordnete Familienverhältnisse herrschten, er lief mehrmals Gefahr, gänzlich zu verfallen. Bis Anton kam und als Erstes das Dach instand setzte. Das

Jahr darauf – 1962 – deckte der Wind das Dach ab und Anton richtete es erneut her.
Der Wind flößt einem hier Angst ein. Wenn er das Drautal heraufwütet und weiße Schneewolken vor sich hertreibt, beten sie, damit sie vor dem Schlimmsten bewahrt werden. Der Wind ist neben der Zukunft der Kinder, dem altersschwachen Hofgebäude und der Straße, die die anderen nicht wollen, »weil sie die Wiesen beschädigt«, eines der Kreuze, die Anton zu tragen hat.
Er sagt: »Den Hof müsste Karl bekommen, weil er der älteste Sohn ist. Aber er möchte einen anderen Beruf ergreifen, und ich bin damit einverstanden. Er ist in der Schule sehr fleißig. Auch Cäcilia lasse ich studieren, wenn sie will, wenigstens solange ich in der Lage bin, dafür zu bezahlen.«
Und die Restaurierung des Hofes? »Das ist eine Frage des Geldes«, antwortet Anton. »Man hätte schon die Möglichkeit, um einen Meliorierungsbeitrag anzusuchen, mit dem fünfundzwanzig Prozent der gesamten Kosten gedeckt würden. Aber wo soll ich das restliche Geld herbekommen? Im Jahre 1966 habe ich die Elektroleitung heraufgebaut. Das war sehr kostspielig.«
Er blickte mich unter den schwarzen Augenbrauen hervor an und fügte hinzu: »Wir müssen sehr sparen, um genug zum Leben zu haben. Der Wald gedeiht nicht gut, das Getreide wächst zwar gut, aber es reift nicht, wenn ein schlechter Herbst kommt. Wir bebauen die Wiesen rund um das Haus, weil wir im Stall nicht genug Platz haben, und das Geld, ihn auszubauen, haben wir auch nicht. Und doch wäre das Leben ohne Wald und Kühe nicht auszuhalten.«
Der Hof umfasst zehn Hektar Feld- und Wiesenfläche und elf Hektar Wald. Das bedeutet dreiundzwanzig Kubikmeter Holz im Jahr, dann Weizen, Hafer, Roggen und Kartoffel. Sie verkaufen nichts, sie benötigen alles selbst. Viermal im Jahr lassen sie im Backofen von Welsberg unten das Brot backen und bringen es mit dem Schlitten oder auf einem zweirädrigen Karren (Graten, im Abteital Gratum genannt), der vom Pferd gezogen wird, herauf.
Noch während Anton mit uns redete, hatte ich das Gefühl, dass jemand anderer auch zuhörte. Ich drehte mich um und sah einen kleinen,

»Ein kleines Hoamatl ist unser großer Wunsch. Dann nimmt man die Mühen auch lieber auf sich.«

mageren Mann mit hervorstehenden Zähnen, einem schwarzen Hut auf dem Kopf, Jacke, Krawatte, aber ohne Schuhe. Ich war überrascht über diese schweigsame Erscheinung. Es war der andere Anton, der Bruder der Bäurin. Er war gerade erst vom Marienwallfahrtsort bei Toblach heraufgekommen, und er zeigte sich verdrossen und argwöhnisch über diesen fremden Besuch mitten im Winter. Er hatte die drei Wegstunden auf sich genommen, um der feierlichen Messe beizuwohnen, die dort unten jeden Fastensamstag zelebriert wird. Er lächelte verlegen, als wir ihm Fragen zu stellen begannen, und blieb mitten in der Stube stehen, ohne Schuhe, den schwarzen Hut auf dem Haupt. Flüsternd fragte er den Schwager, ob er das Pferd bereits getränkt hätte, dann ging er uns voran, als wir den Hof besichtigten. Neben seinem Bett stand ein Fahrrad. Der Wind kam vom Heustadel herein, und wir hatten den Eindruck, uns im Unterdach einer Almhütte zu befinden.
Die kleine Luftschraube unten im Garten drehte sich wie rasend. Das Tageslicht nahm allmählich ab und man fühlte sich in der stillen Stube wohl. An windigen Tagen vernimmt man das Läuten der Glocken aus Toblach, Niederdorf, Welsberg und jener des Klarissenklosters von Taisten, aber die von Taisten kann man von jenen in Welsberg nicht unterscheiden, weil sie denselben Klang haben.
Es kostete Anton sichtliche Mühe, aus seinem Gedächtnis das Lied hervorzuholen, das in seiner Jugendzeit über die große Glocke von Toblach gesungen wurde:

Anne Maria heiß ich,
alle Wetter weiß ich,
alle Wetter vertreib ich,
auf dem Toblinger Turm bleib ich ...

Darauf fragte ich den Bauern Anton unvermittelt: »Wenn sie dir eine sichere Arbeit und eine Wohnung anbieten würden, würdest du dann ins Dorf hinunterziehen?«
»Nein«, antwortete er. »Nein, denn ich habe nie eine andere Arbeit verrichtet als die des Bergbauern, und als Bergbauer bin ich immer frei. Auch wenn ich jung wäre und von Neuem anfangen müsste, würde ich das Leben als freier Bauer jedem anderen vorziehen.«

Später folgten wir der Römerstraße bis zum Stigenhof. Er ist vor mehr als hundert Jahren verlassen worden. Eine Gruppe von Lärchen hat die wenigen noch verbliebenen Überreste des Wohnhauses pietätvoll verdeckt. Der Stall steht noch und auch die Lichtung, die an die menschliche Besiedelung erinnert. Aber der Wald nimmt langsam überhand, und der leere Stall, er ist wie die Augenöffnung eines Totenschädels, ist Wind und Wetter preisgegeben. An diesem windigen Tag schien es, als ob die Verwünschung des Stiegett-Geadele, der Gertrud vom Stigenhof, wie sie die Legende überliefert, über diesen Ort hinwegziehen würde. Es ist leicht möglich, dass in der Einbildungskraft des Volkes das unruhige Gespenst der alten Geadele, die von den Dienstboten auf dem Totenbett noch verhöhnt wurde, tatsächlich vorhanden ist.

Man sagt, dass es das Gespenst gibt. Einstmals will man es gesehen haben, wie es in den Ruinen des Hofes herumgeisterte, und man will auch seine lärmigen Zornausbrüche vernommen haben.

Die alte Geadele lag im Sterben und hatte den Wunsch ausgesprochen, vom Priester die letzte Ölung zu bekommen. Da taten sich die Dienstboten zu einem makabren Scherz zusammen: Einer verkleidete sich als Priester, die anderen trugen Laternen. Sie betraten das Zimmer der Sterbenden und spielten die blasphemische Komödie ab. Aus diesem Grund ist der Fluch über den Stigenhof gekommen und er verfiel.

Albin
Grunser

Der Mitterhoferhof, 1525 Meter hoch gelegen, gehört mit dem in unmittelbarer Nähe gelegenen Hauerhof zu den höchst gelegenen des Pfunderer Tales überhaupt. Man erreichte sie – bevor die Straße kam – über einen steilen Gehweg, eine gute Gehstunde war es früher zur Kirche und ins Dorf. Eine enge Verwandtschaft hat sich zwischen den Höfen entwickelt und doch lebt seit Generationen jeder für sich. Severina Ebner, eine Tochter der einstigen Mitterhoferbäurin, eine von vierzehn Kindern, hatte auf den Hauerhof hinübergeheiratet, ihr Sohn Anton ist ledig geblieben, so dass ihre Tochter Maria Johanna mit ihrem aus Buchenstein stammenden Ehemann Giovanni Pezzei und den zwei Kindern Patrick und Aaron auf den heimatlichen Hof zurückkehrte, um die jahrelang auf einen Rollstuhl angewiesene Mutter zu pflegen. Auf Hauer leben heute immer noch Maria Johanna und ihr Bruder Anton Neumair, den Hof hat Patrick Pezzei von seinem Onkel Anton übernommen, er bewirtschaftet ihn mit seiner Partnerin, auch Bruder Aaron lebt hier und Patricks kleine Tochter. Giovanni Pezzei, begeisterter Bergbauer, ist 2016 verstorben. Patrick, von Beruf Maurer, bewirtschaftet auch die Felder des Samerhofes. Als Aldo Gorfer oben weilte, war dieser nach dem großen Lawinenunglück von 1951 verlassen gewesen, das Gebäude wurde später wiederaufgebaut und verkauft. Severina Ebner Neumair ist 2001 verstorben.

Auf dem Mitterhoferhof hatten nach dem Tode des Vaters Alois die ledig gebliebenen Kinder Anna und Friedl Ebner alleine bis an ihr Lebensende gewohnt, der Mitterhofer-Friedl ist 2005 verstorben, die Mitterhofer-Nanne im Jahr 2007. Da der Hof ihrer Mutter gehört hatte – Alois Ebner hatte auf den Hof hinzugeheiratet, seine Frau, die Bäurin war kurz nach der Geburt des vierzehnten Kindes verstorben – haben die Kinder gemeinsam den Hof geerbt. Heute wohnt ein Neffe auf dem Hof, Erich Leiter ist Geometer in Vintl. Der Mitterhofer ist einer der ältesten Höfe in Pfunders, er ist bereits im Jahre 1309 erwähnt. Sei es auf Mitterhofer als auch auf Hauer wohnten 1972 je fünf Personen.

Ein gewohnter Anblick in den Südtiroler Tälern: Höfe auf den Bergflanken, am Rande des Waldes, die Kirche mit dem Friedhof, wo die Gemeinschaft sich versammelt.

Mitterhofer (Pfunders), am 9. März 1972

Unser Bestimmungsort hätte eigentlich der Kammerschinhof sein sollen, aber ein Schneesturm und akute Lawinengefahr hielten uns davon ab, den unwegsamen Bergweg zu diesem Hof zu wagen. Wie sich zeigte, hatten wir recht daran getan, denn gegen vier Uhr nachmittags ging eine große Lawine den Schmansner Kamin hinunter, genau dort, wo der Weg vorbeiführt, wenn man vom Schaldner herüberkommt.
So fiel unsere Wahl nach kurzer Beratung mit unserem Begleiter Anton auf die Höfe Mitterhofer und Hauer, die um diese Jahreszeit anderthalb Gehstunden von der Kirche in St. Martin entfernt sind. Freilich war es uns wegen des widrigen Wetters und der Schneefälle nicht vergönnt, mehr als nur ein bruchhaftes, wiewohl verzweifeltes Bild des Rieglberges, auch Sonnseite genannt, zu bekommen. Die Sonnseite ist eine der sieben seinerzeit unter Lehensherrschaft bonifizierten »Inseln«, auf die das hintere Pfunderer Tal aufgeteilt ist.[19]
Topografisch gesehen ist die Isolierung des Kammerschinhofes ausgeprägter als jene der Höfe Mitterhofer und Hauer. Der Hof liegt zwischen zwei Lawinengebieten auf einer herzförmigen Lichtung auf der linken Seite des Pfunderer Tales, etwa fünfhundert Meter über der Talsohle. Während der warmen Jahreszeit wird er, zum Unterschied vom Mitterhofer und vom Hauer, häufig von Ausflüglern besucht, die dort einkehren und sich stärken können, wenn sie den Höhenweg von Pfunders nach Terenten gehen wollen. Wohl deshalb ist der Kammerschinhof auch ziemlich bekannt geworden. Man hat von dort aus einen guten Ausblick auf die herbe Schönheit der Landschaft. Ganz von selbst wurde der Hof zur Raststätte für Ausflügler, abgesehen von der großen Gastfreundlichkeit seiner Bewohner.
Der Mitterhofer hingegen hat noch das archaische, armselige, versunkene Gesicht eines weltabgeschlossenen Hofes beibehalten. Der Existenzablauf geht noch unbeirrt nach den patriarchalischen Grundsätzen einer eintönigen Vergangenheit vor sich. Die unvermeidbaren Folgen davon sind materielle und geistige Beengung. Für

Der Knecht Bruno. Seit neunzehn Jahren dient er auf dem Hauerhof.

mich war der Mitterhofer deshalb ein typisches Beispiel ererbter Abgeschlossenheit, die von seinen Bewohnern schicksalsergeben und widerstandslos hingenommen wird, so, als ob die geografische Abgeschiedenheit notwendigerweise auch eine physische Abgeschiedenheit des Menschen und der Gruppe nach sich ziehen müsste. Und es schien mir auch, als wäre es anachronistisch, diesen Kreis durchbrechen zu wollen.

Der Puls dieser Zivilisation, lebendes Relikt einer mittelalterlichen Zeitphase – wir haben im Verlaufe unserer Enquete oft darüber gesprochen –, ist in vielerlei Belangen fühlbar: In den langen Spaltenzäunen, die den Raum der Familie und somit den Besitz genau abgrenzen, dann in der instinktiv richtig getroffenen urbanistischen Anordnung der Gebäude und in der Wahl der Baumittel. Diese bezeugen die harmonische Anpassung des Menschen an seine Umwelt. Weitere Zeichen sind die vielseitige Verwendbarkeit der bäuerlichen Werkstätte, die großen, ordentlichen Brennholzstöße, welche ganz besonders die bäuerliche Autarkie betonen, das Verhalten der Menschen selber, die ihren Flecken Erde als Heimat und die Religion als Erlösung aus einem kummervollen Dasein empfinden. Und schließlich ist es die Figur des sehr menschlich anmutenden landwirtschaftlichen Knechtes, der mitunter fast wie eine irreale Kindergestalt wirkt und – wie in längst vergangenen Zeiten in den Klöstern – auf dem Hofe ein Dach über dem Kopf und Speise und Trank erhält und dafür seine Arbeit und seine Ergebenheit anbietet.

Der Hauerhof schien mir gegenüber der Außenwelt weniger apathisch zu sein. Das wohl auch, weil dort eine noch junge, energische Frau die Dinge in die richtigen Bahnen lenkt (auch wenn sich noch alles in einer Sphäre orthodoxer Überlieferung abwickelt) und ein Bauer, der seine Arbeit ernst nimmt und eher dazu neigt zuzuhören als selber zu reden, was mir den Eindruck machte, als hätten für ihn nur die konkreten Dinge Bedeutung.

Beide Höfe – Wohnhäuser, Ställe, Heustädel, Backofen, Schuppen, Gärten – liegen nebeneinander am Rande des Hauswaldes, auf etwa 1530 Meter Höhe auf der linken Seite des Pfunderer Tales. Nur ein kurzer Weg trennt sie. Man kann sich durch Zurufe von einem Hof zum anderen verständigen oder auch durch einen scharfen Pfiff mit zwei Fingern, wie es die Leute dort so gut können.

Die beiden Lebensräume hingegen sind genau abgegrenzt, die geometrischen Zäune führen präzise durch das gewellte Gelände wie eine rustikale Verwirklichung der Edward-Hall-Theorie.
Es ist nur natürlich, dass sich zwischen den beiden Höfen eine enge Verwandtschaft entwickelt hat. Die Gebäude, die Felder, der Wald, die Weide und die Alm sind ein Schulbeispiel des Einfamilienbesitzes. Die Bauweise richtet sich nach der Umwelt und nach der Wirtschaft dieser Umwelt. Die beiden Höfe, Mitterhofer und Hauer, sind ihren Merkmalen nach ein Durchschnittsbeispiel abgelegener Besiedlung im Südtiroler Gebirge. Doch findet man auf ihnen nicht mehr den Typus des landwirtschaftlichen Unterproletariats wie etwa in einigen Fällen im Vinschgau.
Als wir den steilen Weg längs des Rieglbaches hinter uns und jenseits des Rieglgrabens den Wald verlassen hatten, sahen wir hoch über uns auf den steilen Wiesen den Mitterhoferhof, sich als dunkle Silhouette aus der dichten Schneewand abnehmen. Ein Stück weiter vorne erblickten wir die ebenfalls düstere Masse des Hauerhofes. Dann sahen wir zwei Vogelscheuchen in Kreuzform. Struppige Frauenkleider, wie Skelette in einem surrealen, makabren Tanz, flatterten im Sturm.
Es schien uns fast unmöglich, auf diesem steilen, weißen Gelände voranzukommen, so tief versanken wir mit den Beinen im Schnee. Wir folgten dem Zaun, bis wir schließlich jemanden entdeckten, der uns verriet, dass dort, wo die Wäsche auf den beiden Söllern hing, sich der Mitterhofer befand. Und zwar war es ein Hund, Wolf. Er bellte wütend, zog es aber vor, uns nicht durch den tiefen Schnee entgegen- und womöglich an die Gurgel zu springen. Ich erreichte die Stelle, an der Wolf unruhig bellte. Es war ein guter Unterstand unter dem Söller. Wolfs berechtigtes Misstrauen ließ nach, nachdem er meine vom Schnee schmutzigen Hosen eingehend beschnüffelt hatte. Er folgte mir und schnüffelte weiter. Auf Anton vergaß er ganz (Flavio hatte inzwischen einen alten Schirm aufgespannt, den er, weiß Gott, aus welcher alten Dachkammer mitgenommen hatte, um die Fotoapparate, die ihn schmückten, wie einen Weihnachtsbaum, herzurichten). Ich ging hinauf auf den Söller und zur Haustür, die mir von einem neugierigen und zugleich überraschten Mädchen geöffnet wurde. Es war Emma. Sie beantwortete unser Grüßgott freundlich und beruhigte sich, als sie Anton hinter mir erblickte. Wolf aber war noch immer ein wenig misstrauisch. Er hatte seinen

Vom Dorferhof ist nur der Gang übrig geblieben. Er wurde in eine Erinnerungskapelle umgewandelt. Die Lawine ging am 21. Jänner 1951 auf den Hof nieder und tötete vier Personen.

großen schwarzen Kopf zwischen meine Beine gesteckt, während ich die Architektur der Holzbalkone und das Madonnenfresko neben der Tür betrachtete.

Es handelte sich um eine volkstümliche Malerei des späten Cinquecento. Eine gewisse Weichheit der Linien überdeckte den Manierismus. Jemand hatte versucht, einige Züge mit Grafit zu betonen, so dass das Ganze rötlicher erschien. Jemand anders hatte auf den dunkleren Untergrund mit Kreide den Namen des Hofes geschrieben: Mitterhofer.

Man muss einige Stufen zum Söller hinaufgehen, der die ganze Breite der nach Mittag gerichteten Fassade einnimmt. Der Söller ist zur Gänze aus Holz, er ruht auf der dem Felsen verhafteten Mauer. Die Stuben- und Küchenfenster gehen auf den Söller hinaus. Unter dem Fenster steht eine Holzbank, die Lehne gegen die Holzwand gerichtet, hinter der sich die Stube befindet. Am Ende des Söllers mit seinen jahrhundertealten dicken Bodenbrettern befindet sich das vom Wetter gebräunte, malerisch anmutende Örtchen für die Männer, das Klosett für die Frauen und die Moch-Kammer, der Arbeitsraum mit der Werkbank.

Emma hatte sich inzwischen verzogen. Sie ist zwanzig Jahre alt und ein recht hübsches Mädchen. Sie kennt die Welt draußen, denn wenn sie von ihrem einjährigen Kind wegkommt, geht sie als Kellnerin ins Grödental.

Anton ging voraus in die Stube, während es draußen ununterbrochen weiterschneite. Das Licht war von einem schmutzigen und trüben Weiß. Und wenn wir zum Kammerschinhof gegangen wären? Friedl schüttelte den Kopf, als wollte er sagen, dass es schon gewagt genug war, bei solchem Wetter zum Mitterhofer heraufzukommen. Aber er sagte es nicht. Später sagten es uns der Voter Alois und die Leute vom Hauerhof, die uns auch einen weniger beschwerlichen Rückweg zeigten, den wir jedoch, um uns im Neuschnee nicht zu verirren, leichtsinnigerweise nicht einschlugen. Und das, obwohl auch Anton, eine freundliche und immer gut aufgelegte Person, sich bei solchem Wetter noch nie so weit heraufgewagt hatte.

In der Stube hatte ich sogleich den Eindruck, mich in einem Lager von Pionieren zu befinden. Das ist mir auf den Berghöfen Südtirols nicht selten aufgefallen. Im Winter wickelt sich das ganze Leben eines Berghofes in der Stube ab, da ist es warm. Die Fenster werden bei den ersten Vorboten der Winterkälte mit Moos abgedichtet, und

erst wenn die Wiesen blühen, öffnet man sie wieder. In der Stube wird gegessen, geruht, in der Stube kommt die Familie zusammen, wird gewacht und gebetet, Wolle gesponnen, gelesen, werden Gäste empfangen, wird genäht, geliebt, gestritten, gebetet, geschlafen, gestorben, Radio gehört.
Der zweiundachtzigjährige Voter Alois hielt auf der Ofenbank ganz zufrieden sein Vormittagsschläfchen. Seine Hosen waren auf den Knien mit dunklen Flecken gestopft, sie hingen an starken, ledernen Hosenträgern (Hosentroga), die hinter der blauen Schürze sichtbar waren. Die rechte Hand hatte er über die Augen gelegt, um sie vor dem matten Licht, das durch die Fenster hereinschien und der Stube mit ihrer »privacy« einen einfärbigen, fast brutalen Anstrich verlieh, zu schützen.
Von der Ofenbrücke herunter beäugte uns Hanne, die Tochter des Alois, überrascht. Sie saß zwischen Wäschestücken, die unter der grob getäfelten Oberdecke auf dem Ofen ausgebreitet waren. Sie hatte einen tückischen Beinbruch hinter sich und befand sich auf dem Weg der Besserung. Geschehen war es bei einem Autounfall auf der Pfunderer Straße. Vorsichtig stieg sie von ihrem hohen Sitz herunter und griff zu den Metallkrücken.
»Wir leben von dem, was wir vom Tal heraufbringen«, sagte sie. Auf dem Hof werden Kartoffeln und Hafer angebaut. Sie betreiben Viehzucht und arbeiten im Wald. Gebacken wird zweimal im Jahr, sagte ihr Bruder Friedl. Wenn ich richtig begriffen hatte, war es der alte Alois, der hier noch die Zügel in der Hand hielt.
Deshalb fragte ich den Friedl (er hatte sich inzwischen gesetzt, den alten Hut auf dem Kopf, die Hosen in die Bergschuhe gesteckt, einen zwei Tage alten Bart im Gesicht und einen Zigarettenstummel zwischen den Lippen): »Warum übergibt dir Voter Luis nicht den Hof?«
»Ich weiß es nicht«, sagte er. »Frag ihn selber.«
»Willst du heiraten?« fragte ich weiter.
»Wen denn, wo ja kein Weibermensch hier heraufkommen will.«
Da wachte der Voter Alois langsam auf. Er nahm die Hand vom Gesicht und suchte mit den Augen die Gesichter der Fremden, die da am Stubentisch saßen, ohne sie gleich zu sehen. Dann stellte er die Füße auf den Boden. Wir sahen unter den Wollhosen die Bänder der Unterhosen herunterhängen. Er erkannte den Anton und beruhigte sich, aber nicht ganz, weil er wohl dachte, dass nur ganz hartnäckige Steuereintreiber oder Zollbeamte bei einem solchen Schneesturm

auf den Hof kommen konnten. »Ich muss noch immer Steuern zahlen, obwohl ich schon zweiundachtzig Jahre alt bin«, sagte er, nachdem ihn Anton über die Ursache unseres Besuches in Kenntnis gesetzt und er sich beruhigt hatte.
Über der Tür zum Elternzimmer steht das Datum 1851. In diesem Jahr wurde die Stube renoviert. Auf dem Tragbalken liegen nebeneinander sieben Spinnradschiffchen. An der Holzwand hängen zwei Jagdbilder. Die Tür ist schmal, links befindet sich der Kleiderständer, rechts die Kuckucksuhr. Von der alten Pendeluhr ist nur mehr der einfache Holzkasten geblieben. Neben der Bank liegen einige Steigeisen. Sie werden von den Leuten angeschnallt, wenn sie ins Dorf hinuntergehen, aber auch, wenn sie das Heu von der Alm heruntertragen.
Während Alois uns Schnaps einschenkte, holte Friedl das Spinnrad. Er stellte es mitten in der Stube auf und erklärte uns dessen Funktion. Friedl war schon dreizehnmal als Waldarbeiter in der Schweiz gewesen, immer während des Winters, wenn es auf dem Hof wenig zu tun gibt. Von den vierzehn Kindern, von denen elf noch leben, sind er und Hanne die Einzigen, die noch auf dem Hof geblieben sind.
Alois hatte die Bäurin des Mitterhofer geheiratet und war so Bauer geworden.
»Der Hof gehört den Kindern«, sagte er. »Er gehört ihnen allen.«
Ich fragte ihn, ob er das Kommando führte, weil die »Kinder« die selbst schon mittleren Alters waren, es nicht wagten, sich darüber zu äußern.
Er antwortete: »Ich bin alt. Friedl ist da. Friedl führt den Hof weiter. Ich beschränke mich darauf, das Vieh zu verkaufen, zu handeln.«
Er sagte mir, dass er sich gerne im Dorf unten niederlassen würde, dass er aber nicht könne, weil er nicht das Geld habe, um sich unten ein Haus zu bauen. Die anderen hörten zu und redeten nur, wenn sie direkt gefragt wurden. Das anfängliche Misstrauen verflüchtigte sich bald und es kam eine instinktive, auch neugierige Herzlichkeit zum Vorschein.
Alois ging auf den Söller hinaus, um eine dort eingravierte Jahreszahl zu entziffern, an die er sich nicht mehr genau erinnern konnte. Es war 1772. Er meint, dass dieses Datum entweder beim Wiederaufbau des Hofes oder bei einem Besitzerwechsel dort eingraviert wurde. Ähnliches hat sich etwa um die gleiche Zeit auch mit dem

»Willst du den Hof kaufen? Kauf ihn, und du wirst sehen, wie wir leben!«

Samerhof zugetragen, der 1785 vom Brixner Bischof Josef an Matthias Huber verkauft wurde.
Der Mitterhofer ist ohne Zweifel einer der ältesten Höfe des Pfunderer Tales. Es gab ihn bereits im Jahre 1309, denn in diesem Jahr kaufte ihn der Bischof Bruno von den Grafen von Rodeneck. In der Folge gelangte er in die Hände der Grafen von Ehrenburg, bis er im Verlaufe der Zeit aus dem Feudalsystem herausgelöst wurde.
Auf dem Kreuz eines noch frischen Grabes im Friedhof von St. Martin steht ein Dialog zwischen Leben und Tod geschrieben, der die Kontinuität der hier immer noch herrschenden Resignation versinnbildlicht. Die Eltern des gestorbenen Kindes sagen:

Der Herr hat sie uns gegeben.
Der Herr hat sie uns genommen;
sein Wille sei uns geschehen.
Segnend schaut, vom Himmel aus,
unser Kind nun auf Heim und Haus.

Das tote Kind sagt:

Ihr Lieben all,
ich bin Euch n. fern.
Ich bitt für Euch
bei Gott d. Herrn.

Als ich die Bäurin des Hauerhofes fragte, ob die Leute auf den Höfen singen, bestätigte sie mir, was ich von diesen Leuten oft gehört hatte: »Wir singen nicht gern. Wir haben viel Arbeit zu tun. Am Abend beten wir, dann gehen wir zu Bett. Wir beten jeden Abend den Rosenkranz: für uns, für die, die nicht beten, für die Muttergottes und für die Toten ...«
Alois, der Vater der Hauerbäurin, war weniger geneigt, uns derartige Vertraulichkeiten mitzuteilen. Er sagte dafür, dass der Winter ein Dreivierteljahr dauert, dass der Kirchweg gefährlich ist, dass man oft nicht ins Dorf hinuntergehen kann wegen des Eises und der Lawinengefahr und dass sein Schwiegersohn, der Bauer Johann vom Hauerhof, sich das Genick gebrochen hatte, als er auf dem Eis ausrutschte.

Schließlich blickte er mich an und lächelte. »Willst du meinen Hof kaufen? Kauf ihn, und du wirst sehen, wie wir leben!«
Da mussten wir alle lachen. Emma drückte ihr Kind an sich. Draußen hatte sich der Sturm noch immer nicht gelegt.
Wir gingen über den Hofplatz, zwischen Wohnhaus und Stall vorbei, und schlugen den von einem Zaun gesäumten Weg zum Hauerhof ein. Unter dem Holzdach beim großen Heustadel des Hauerhofes sahen wir den Knecht Bruno, der mit einem Beil Holz hackte. Er sog an einem Mundstück mit einem erloschenen Zigarettenstummel. Unter der großen Krempe seines alten Hutes hervor blickte er uns an und grüßte. Sein ganzer Stolz liegt in den Hutfedern. Er hat sich eine große, weiße Hahnenfeder auf den Hut gesteckt. Sie sieht wie ein Bumerang aus und reicht bis auf die Schultern hinunter. Sonst ist er angezogen wie ein Vorstadtbettler. Bruno war groß und gut gebaut. Das merkte man trotz des fortgeschrittenen Alters und der weißen Haare. Er hatte noch immer einen dichten und festen Schnauzbart. Er kam mir vor wie das melancholische Porträt eines Adeligen, der wegen seiner Verschwendung ins Elend gekommen ist. Er benimmt sich wie ein Gentleman, als wollte er sich bei jedem zynischen Wort mit stillem Vergnügen an die guten Jahre seines Lebens erinnern (Hat es im Leben Brunos solche Jahre überhaupt gegeben?). Er sagt:

Mei Huit hot drei Löcho,
drei Löcho hot mei Huit,
und wenn a net drei Löcho hätt,
so wär er nit mei Huit![20]

Bruno ist seit neunzehn Jahren auf dem Hauerhof. Er hat niemanden und nichts, nur das Mundstück und den Hut mit der Feder. Er raucht die Zigaretten mit dem Mundstück mit philosophischem Gehabe und lässt seinen sprühenden Humor über diese närrische Welt aus.
Die Bäurin Severina redet, dass es eine Freude ist. Die Stube ist sauber und ruhig. An den Wänden hängen Stickereien mit religiösen Sprüchen, zwei Kruzifixe, Bilder vom Herzen Jesu, der Heilige Geist und mehrere Gewehre.
Neben der Tür steht geschrieben: »Halt ein, das Herz Jesu ist da.«

Im Jahre 1857 ist der Hof niedergebrannt, er wurde zwischen 1862 und 1864 wieder aufgebaut. Früher einmal hieß er Schwaighof, was bedeuten sollte, dass dort ausschließlich Viehzucht betrieben wurde. Dem Lehensherrn, dem der Hof gehörte, mussten von den Bauersleuten jährlich vierhundert Käselaibe abgeliefert werden.
Laut Ignaz Mader[21] stammt die Bezeichnung Hauer von »im Hau«, was »geschlägerter Wald« bedeutet, gleich wie Raut oder Rungg. Die Benennung erfolgte nach der Arbeit der »Rungger«. Mader schreibt richtig, dass diese Art von Höfen meist an der Waldgrenze, oftmals auch oberhalb der Waldgrenze standen.
Wie eh und je bedeutet das Leben auf dem Hofe Arbeit, Abgeschlossenheit und eine gefährliche Umwelt. »Zu viel Arbeit. Im Winter kommt keine Menschenseele«, sagte uns die Bäurin Severina. Ihre Schwester Barbara nickte bejahend mit dem Kopfe.
»Gebt acht auf die Lawinen«, warnte uns Johann, und riet Anton, wir sollten auf dem Rückweg den Weg über den Kalchhof, auf der anderen Seite des Rieglgrabens, nehmen.
»Wir sind hier zufrieden«, sagte Severina. »Wir hören so viele schlimme Dinge im Radio: von schlechten Menschen [sie sagt ›zu schlechte Leute‹], von Messerstechereien, Schießereien und Morden. Dann haben wir Angst. Deshalb sind wir froh, dass wir hier oben leben.«
Vom Mitterhofer her kam Friedl und setzte sich neben Anton nieder. Anton ist Johanns Sohn. Anton hatte auch Federn auf dem Hut. Er ist ein Jäger. Er hörte unserem Gespräch zu und bestätigte, was seine Eltern sagten. Der Bauer Johann war eher schweigsam. Er hatte eine türkisblaue Schürze an, auf der Brust war ein Blümchen eingestickt.
»Die Großmutter meiner Mutter«, erzählte uns Severina, »sah einmal einen kurz vorher an Typhus gestorbenen Mann auf den Hof zukommen. Es war Mitternacht und Vollmond. Sie sah den Mann und rannte in die Stube, wo sie ihren Gatten weckte. Aber sie war nicht imstand, ihn aufzuwecken. Als sie dann wieder zum Stubenfenster hinausschaute, war der Mann nicht mehr da.«
Später zeigte uns Severina den Hof. Die Zimmer sind teils mit Holz verkleidet, die Mauern zum Teil aus unverputztem Stein. Im Halbdunkel bildete das silberhelle Lachen Severinas einen angenehmen Gegensatz. Sie lachte über unsere ununterbrochene, neugierige, manchmal auch indiskrete Fragerei.
Als wir wieder ins Freie gingen, um im Sturmwetter den Rückweg anzutreten, blickten sie uns mit einiger Besorgnis hinterher. Die

Geschichte des Pfunderer Tales weiß viel von Lawinen, Zerstörung und Trauer zu berichten. Erst gestern war eine Lawine den Kröllgraben hinuntergegangen, der Kröllhof hatte gezittert.
Am 7. Februar 1689 wurde der Eggerhof[22] von einer riesigen Lawine mitgerissen, siebenundzwanzig Personen fanden dabei den Tod. Am 21. Jänner des Jahres 1951 wurde der Hof neuerdings von einer Lawine erfasst, ein wandernder Schneidergesell verlor dabei das Leben. Die Bauern von der anderen Seite des Grabens wollten die Leute durch Pfiffe auf die drohende Lawinengefahr aufmerksam machen. Der Schneider aber verließ die Stube und schlug den Weg ein, der unter dem Stall vorbeiführt. In diesem Augenblick sauste die Lawine ohrenbetäubend herunter und riss alles mit sich. An diesem Tag – es war fünf Uhr morgens – wurde der etwas tiefer liegende Dorferhof völlig zerstört. Der Bauer, seine drei Kinder und eine Magd wurden in der Stube von der Lawine überrascht, nur ein Kind kam wie durch ein Wunder mit dem Leben davon. Die Bäurin hatte am Vortag mit den kleinen Kindern den Hof aus Vorsicht verlassen. Florian, der einzige Überlebende, wurde gegen Mittag aus den Schneemassen befreit und ins Brixner Krankenhaus gebracht.
Er hat den Hof etwas weiter unten wieder aufgebaut, wieder auf der rechten Seite des schrecklichen Lawinengrabens. Es ist ein großer, moderner Hof, er liegt an der Straße nach Dun, die zu den Serpentinsteinbrüchen führt. Um diese Jahreszeit ist die Straße von Lawinen verschüttet und folglich geschlossen. Vom alten Dorferhof[23] ist nur mehr der alte Gang (Labe) mit seinen schönen Lunetten übrig geblieben. Er wurde in Erinnerung an die Opfer zu einer Kapelle umgestaltet. Das vom Volksmaler Josef Oberkofler gemalte Altarbild ist dem Tod des heiligen Josef gewidmet. In der Kapelle wurde in Tempera der frühere Hof gemalt, eine Inschrift trägt das Datum des 21. Jänner 1951.[24]
In diesem Jahr lagen Angst und Trauer wie ein Alptraum über dem ganzen Ort. Eine Lawine ging auch auf die Wege zum Hauer und zum Mitterhofer nieder.
Die Bäurin des Samerhofes wachte um fünf Uhr früh mit einer schlimmen Vorahnung auf. Sie ging in die Küche und kochte Kaffee, den sie in die Stube tragen wollte, wo die Kinder schliefen. Plötzlich kam die Lawine. Sie riss die Mauern nieder und füllte das ganze Haus. Die arme Frau wurde zwischen Mauersteinen und Schnee tot aufgefunden. Seither ist der Samerhof verlassen. Der Mann ist mit

den Kindern nach Meran gezogen. Der Besitzer hat den Hof in eine Alm umgewandelt.

Wenn viel Schnee liegt und dann Warmwetter einsetzt, riechen die Leute geradezu die Gefahr. Es ist ein unbestimmtes Gefühl des Unwohlseins, das einem in die Knochen fährt wie der Herbstnebel oder das Rattern eines Maschinengewehrs über dem Schützengraben. Wenn dieses Gefühl umging, versammelten sich die Leute jeden Samstag auf dem Dorferhof oder auf dem Eggerhof und beteten in der Stube fünf Vaterunser, Ave-Maria, Ehre-sei-Gott-in-der-Höhe und das »Glaubensbekenntnis«.

»Denn«, so sagte ein Bub vom Grafhof zu Flavio, der dort hinaufgeklettert war, um die Kinder zu fotografieren, wie sie eine Glocke aus Holz, die auf einem Balken der Scheune aufgehängt war, läuteten, »die Lawinen verschonen keinen. Sie kommen unerwartet wie der Tod.«

Von der Kapelle des Dorferhofes aus sahen wir, wie die Lawinen über die rechte Dunflanke hinuntergingen, dann vernahmen wir das unheimliche Dröhnen. Es war ein Glück für uns gewesen, dass wir nicht zum Kammerschinhof hinaufgegangen waren.[25]

Der Lawinengraben in Pfunders. Zu beiden Seiten die Höfe und vorne die Kapelle als Erinnerung an den Dorferhof.

Der Holzerhof befindet sich auf 1549 Meter Höhe auf dem Mitterberg. »Die Überlieferung besagt«, so schrieb Aldo Gorfer in seiner Fußnote, »dass er der älteste Hof des gesamten Gebietes ist, Pieterstein inbegriffen.« Von der Kirche in Mühlwald ist er etwa anderthalb Gehstunden über einen im Winter sehr beschwerlichen Fußweg erreichbar. Seit 1979 führt eine Straße hierher. Sie hat die so ersehnte Anbindung ans Tal gebracht, aber auch viel Unglück. Zwei Brüder von Kathy, die unverheiratet und am Hof geblieben war, um sich um die Mutter Cäcilia und den ledig gebliebenen ältesten Bruder zu kümmern, sind nahe dem Hof tödlich verunglückt: Vier Menschen sind bei diesem Unfall ums Leben gekommen, neben den beiden Brüdern – unter diesen auch der ledig gebliebene Hoferbe und Bauer – ein Nachbar und ein Mann, der am Holzerhof wohnte. Der Autolenker hatte als Einziger überlebt, niemand habe ihm einen Vorwurf gemacht, wäre er doch selbst am liebsten tot gewesen. »Jeder hat seinen Platz«, war einer von Kathys Lieblingssprüchen gewesen, »wenn man mit dem zufrieden ist, was man hat, darf man sich glücklich nennen«, ein anderer, Peter Plaickner, Sohn des zweitältesten Bruders von Kathy, der mit seiner Familie im Zuhäusl, in dem zum Hof gehörende Holzhäusl hatte wohnen dürfen, hat den Hof übernommen und bewirtschaftet diesen mit seiner Frau und den beiden Kindern. Kathy ist 2004 verstorben.

Holzerhof (Mühlwald), am 20. März 1972

Noch singt der Kuckuck nicht in den Wäldern, aber in der Erde keimt bereits neues Leben unter den großen Flecken faulen Schnees. Der Berg von Mühlwald erwacht allmählich aus dem Winterschlaf. Heuer hat es hier einen ausnahmsweise kurzen und milden Winter gegeben. Von der Kirche zu St. Gertraud führt eine Straße im Rohbau über den Brunnberg[26] herauf, vorbei am abgründigen Hopfgartbach. Die Arbeiten haben im vergangenen Herbst begonnen, sie schritten schnell voran, so dass die gute Hoffnung besteht, die Straße werde in ein paar Jahren bis nach Pieterstein hinaufführen.

Bauer bei der Feldarbeit in steilem Gelände

Aus dem Wald, wo der Hopfgartgraben eine Wendung macht, kam das arrogante Kreischen eines Baggers. Männer, die mit ihren Gummistiefeln in der aufgetauten Erde versanken (auch der kalte Wind war nicht imstande gewesen, den Schlamm zu verhärten), verstreuten auf der eben erst aufgebrochenen Böschung mit feierlichen Bewegungen, die an biblische Sämänner gemahnte, Grassamen.
Sie verkörpern das Wesen der menschlichen Landschaft.[27] Der Kontrast zur gegenüberliegenden, wilden Bergflanke ist abgrundtief. In dieser Hinsicht ist das Mühlwalder Tal ein aufschlussreiches Beispiel für vernünftige Bergbesiedelung im Mittelalter und für die Anpassung des Menschen an die Umwelt. Auf dieser Seite gibt es weniger abschüssiges Gelände und vertikale Dimensionen, wenn man von den Bergspitzen des Speikbodens und den hochgewachsenen Lärchen absieht.
Wenn auch die Alpenlandschaft hier vorherrscht, ist sie doch vom Menschen geschickt entdramatisiert worden. Er hat die Natur mit Vorsicht behandelt und, wo sie dem Menschen keine Sicherheit bot, unberührt belassen.
Die Lichtungen auf der Bergflanke ähneln Inseln, die von abschüssigen Stellen und den tiefen Einschnitten der Wildbäche abgegrenzt werden. Auf diesen Lichtungen liegen die Höfe in ihrer fast sturen Selbstgenügsamkeit. Die Wege bedeuten für dieses System das archaische Traggerüst. An den Wegen findet man die schmiedeeisernen Kruzifixe, die terrassenförmig angelegten Felder und die Waale. Was dabei auffällt, ist der Umstand, dass die Waale das Wasser direkt von den Quellen auf die steilen Wiesen leiten. Die Kruzifixe aus Schmiedeeisen haben jene aus Holz ersetzt, nachdem ein Handwerker vom Orte die »Mode« eingeführt und solche Kruzifixe wie Brötchen hergestellt hatte.
Das stört nicht und erregt auch keinen Ärger. Im Gegenteil, es versinnbildlicht gewissermaßen die Kontinuität in der Religiosität dieser Bergbewohner und ihre Einstellung zum Leben, das auf Religon, Arbeit, Familie und Tod aufgebaut ist.
Die gesamte Volkskultur nimmt von dieser »mathematischen Formel« ihren Ausgang. Sie ist wenig bekannt, aber es wäre der Mühe wert, sie eingehend kennenzulernen, denn sie erreicht oftmals höchste Ausdruckswerte wie etwa die von unbekannten Malern und Bildhauern geschaffenen spätgotischen Triptychen.

Auf einem alten Haus in Mühlen steht geschrieben:

Die Welt ist voll von Gottessegen,
willst du ihn haben? Er ist dein;
brauchst nur Hand und Fuß zu regen,
fromm und gut zu sein!

Aus dieser Einstellung ergibt sich von selbst der Begriff der Heimat. Es ist die Heimat der Siedler, die überall auf unserer Erde gearbeitet haben: (die Yankees) im amerikanischen Westen, in der argentinischen Pampa, in den australischen Küstengebieten, in den asiatischen Loess und in den afrikanischen Savannen. Bei ihnen allen findet man großen Mut, Freiheit, Unabhängigkeit, Eigentumsbewusstsein, Gläubigkeit und Aberglauben. Sie zeigen einen Widerstand gegenüber physischen und moralischen Widerwärtigkeiten, der dem modernen Konsummenschen fast übermenschlich erscheint.
Wie oft hat man mich während dieser Reisen zu den Berghöfen gefragt, ob denn diese Leute wirklich zufrieden sind. Bei diesen Fragen zeigte sich oft die krankhafte Neigung, Vergleiche zu ziehen. Die einen täuschten Mitleid vor, aber es war nur ein Anflug von Mitleid, als ob man über die Hungersnot der Bengalen spräche. In anderen habe ich platonische Nostalgie der menschlichen Seele nach Freiheit gefunden, einer Freiheit, die von der technologischen Gesellschaft mit Zwang belegt, ja geradezu abgelehnt worden ist.
Drehen wir die Dinge einmal um. Wie viele meiner neugierigen Gesprächspartner würden bereit sein, die Autoschlüssel, bildlich gesprochen, in den Fluss zu werfen, alles hinter sich zu lassen, um ein Leben anzutreten, das nur dem Schein nach frei, in Wirklichkeit aber tagtäglich von Einsamkeit und Not bedrängt ist?
Auf der Kehrseite der Medaille findet man die Figur des traditionellen Bauern, der nie, es sei denn in höchster Verzweiflung, sein Schwarzbrot und seinen Speck mit den neurotischen Süßigkeiten der Stadt vertauschen würde.
Kehren wir zum Begriff »Heimat« zurück. Man findet ihn zusammengedrängt in der Poesie eines Ahrntaler Bauern, der seine kleine Hütte am Berghang, mitten im grünen Wald, mit einem »Bergaltar« vergleicht und »Bäche von Tränen und Schmerz« trinkt. Der »Altar«

nimmt seine Familie und seine Arbeit auf. Er fühlt sich von »Radio, Fernsehen und elektrischem Licht« nicht beeindruckt, denn für ihn sind das nur »Ungeheuer, die teures Geld verschlingen«.
Das also ist »die schönste Heimat der Welt« für diesen Patriarchen des Ahrntales. Wehe dem, der sie verrät. »Jugend«, ermahnt der Bauerndichter, »schaue tief ins Auge deiner treuen Hoamat dort, eh du wonderst in dös rauhe, in die weite Ferne fort – Wearst jenen Friedn kaum mehr findn – in den breitn Stroßn dort – den am Berghong du empfundn – in olten Voterhause dort!«[28] Aus diesem Bauerngedicht geht das ganze Tiroler Pathos hervor, es zeigt aber auch, wie tief die Kluft zwischen dem Alten und Neuen ist.
Auf dem Mühlwalder Berg zeigt die bäuerliche Gesellschaft wohl Stärke und Kontinuität, aber gleichzeitig auch Verfallserscheinungen. Die Isolierung ist hier nicht auf den einzelnen, sondern auf eine kleine Gemeinschaft bezogen, die menschlichen Ansiedlungen auf dem Brunnberg, dem Mitterberg und dem Pieterstein liegen eng beisammen. Die Höfe in diesen Ortschaften bewahren zwar ihre Unabhängigkeit und halten etwas auf ihre Selbstgenügsamkeit, aber sie liegen doch so nahe beisammen, dass man sich oft genug gegenseitig trifft. Auch habe ich hier, zum Unterschied von anderen Orten, einen eisernen Überlebenswillen gefunden, und das hat mich angenehm überrascht. Das kommt eigentlich schon in der angeborenen Unternehmungslust der Leute, in ihrer schöpferischen Ausdruckskraft, ihrer gesunden Phantasie, ihren volkstümlichen kulturellen Eigenheiten, ja selbst im Geschmack, mit dem sie ihre Häuser einrichten oder modernisieren, zum Ausdruck. In diesem abgelegenen Gebiet bemerkte ich überall den Willen, die Höfe zu restaurieren. Für mich war es das erste Mal. Mir schien, als würde man hier mit voller Überzeugung darangehen, sich an die neuen, von der Außenwelt hereinströmenden Lebensformen anzupassen.
Die Elektroleitungen mit ihren wirren Mastenwäldern sind bereits da, eine Straße wird gebaut. Trotzdem sind die Mühsale dieser Menschen nicht anders als jene anderer Hochgebirgssiedlungen. Bewirtschaftung und Leben haben die Form eines oft tragischen und bitteren Positionskrieges.

Mutter Cäcilia schaute uns an und lächelte …

Die Landschaft ist durchwegs »aggressiv.« Im Jänner 1951 ging eine Lawine den Hopfgartgraben hinunter und riss den Wald mit sich. Der Berg blieb kahl, so kahl, dass auch in den folgenden Jahren das Erdreich ständig in Bewegung blieb. Auch hier findet man die Kruzifixe am Kirchweg.
Eines dieser Kruzifixe, auf der rechten Seite des Hopfgartgrabens, ist vermutlich von einem Erdrutsch weggerissen worden. Unser Begleiter Josef suchte vergeblich danach. Dann führte er uns hinaus an den Rand des Abgrundes. »Die Frau des Köck wartete hier auf diesem Weg. Ihr Mann, der Peterle, sollte ihr von dort unten einen Korb mit Gras heraufreichen. Dann sah sie plötzlich, wie die Hände des Peterle dort unten, bei der kleinen Lärche, den Halt verloren. Die Hände waren in erschreckender Weise leer, als würden sie einen verzweifelten Schrei um Hilfe ausdrücken. Das Peterle schrie nicht. Es stürzte sich im Abgrund zu Tode.«
Im Gänsemarsch gingen wir über den Holzsteg, den die Gemeinde errichtet hatte, nachdem die Lawine den Graben bis auf die Felsen ausgeputzt hatte. Das Wasser des Wildbaches rauschte, rund um uns war Schnee. An der Wegbiegung auf der anderen Seite des Tales erinnert ein weiteres Kruzifix (Marterle) an den tragischen Tod des Anton vom Ebnerhof. Er war während des Holzhackens in den Abgrund gestürzt.
Dann führt der Weg quer durch die steilen Wiesen des Kofelberges. Der Rundblick auf die Berge ist überwältigend. An einer einsamen Stelle, von der aus man den Oberkoflerhof erblicken kann, hat jemand ein weiteres Kruzifix errichtet und zu Füßen desselben ein Schild mit einem zum Nachdenken anregenden Spruch angebracht:

Stehest du im Reiche der Natur,
Siehst du vom großen Gott die Spur.
Und willst du ihn noch größer sehen,
So bleib bei diesem Kreuze stehen.

Der Mitterberg mit seinen Wäldern und Lichtungen breitet sich zwischen dem Hopfgartgraben und dem Gassbachgraben aus. Durch beide Täler gehen periodisch gewaltige Lawinen hinunter, die sich von der Südflanke des Speikbodens lösen.

Der Weg führt weiter zu den Höfen und an ihnen vorbei. Der Ebnerhof ist schon halb verlassen. Der Bauer ist nach Mühlwald hinausgezogen, aber den Stall hat er noch hier, und er kommt jeden Tag herauf, es sei denn, der Weg ist zu gefährlich. Im Notfall schauen die Nachbarn aufs Vieh. Auf dem Ebnerkoflerhof hingegen leben acht Kinder. Der Hof liegt auf 1416 Meter Höhe. An einer Zweigung des Weges, hart am Waldrand, steht der Köckhof, wo die Witwe des Peterle, das in den Abgrund gestürzt ist, lebt. In einer Umfriedung sahen wir ein Reh, das uns mit feuchten Augen beäugte, während der Hund bellte und an uns herumschnüffelte, halb und halb ein Menschenfeind.

Tritt man aus dem parkähnlichen Wald wieder hinaus, zeigen sich die Gefahren des Lebens in all ihrer dreidimensionalen Größe. Sie gehören zum Bild dazu, auf dem sich das außergewöhnliche Leben der Berghöfe abspielt.

Der Gartnerhof klammert sich an den ausgewaschenen, steilen Hang hinter den gelben Wiesen des Holzerhofes. Er liegt in Richtung Gassbach.

Der Bauer Alois war vom holzbeladenen Schlitten zerquetscht worden. Seine Frau kam durch den verschneiten Wald von Sand in Taufers herauf. Sie sah den umgestürzten Schlitten, die Carabinieri und die herumstehenden Leute.

»Sie ging weiter«, sagte Josef. Obwohl sie begriffen hatte. Sie stammt vom Pieterstein. Ihre Mutter hatte zwanzig Kinder geboren. Später ging jemand hinauf zum Gartnerhof und benachrichtigte sie vom Unglück. Sie erbleichte, aber sie sagte nichts. Sie ging ihrer Hausarbeit nach und bereitete alles vor, um die Leiche ihres Mannes würdig aufzunehmen.«

In dieser ikonenhaften Landschaft, die sich allmählich vom Joch des Winters befreite (allerdings fiel einige Tage nach unserem Besuch noch einmal eine Menge Schnee), schien ich die höhnische Fratze des Todes in einem makabren Tanz zu sehen.

Doch für diese Menschen ist der Tod paradoxerweise ein Teil des Lebens. »Das Korn stirbt«, besagt ein altes Lied, »es wird zu Brot und zeugt neues Korn.« Es ist die biologische Kette des Lebensablaufes. »Der Mensch«, ermahnte Aristoteles, »ist nicht nur menschlich.« Er ist auch Geist. Wir haben diese Wahrheit unterwegs verloren, wir laufen Gefahr, mit leeren Händen ins Nichts zu greifen, wie es dem armen Peterle vom Köckhof geschah. Und wir laufen Gefahr, an nichts mehr zu glauben. Weder an Gott noch an das Ideal, noch an die Liebe.

Hochwürden Josef hörte sich meinen Monolog an. Er dachte kurz darüber nach, während er seine Augen über die Höfe schweifen ließ, die im Gegenlicht glimmerten, dann sagte er mit Entschiedenheit: »Der moderne Mensch scheint sogar den Tod verneinen zu wollen. Er stirbt hinter samtverkleideten Mauern und lässt sich in eine Kühlzelle legen. Nicht einmal ein Begräbnis macht man ihm, damit der Hedonismus und der Verkehr der Gemeinschaft nicht gestört werden. Die Bergbauern haben sich vom Tod eine ganz andere Auffassung bewahrt. Ihr werdet sagen, dass das hier ein Überrest mittelalterlicher Gesinnung ist. Aber gehört der Tod mit allen seinen geheimnisvollen Ängsten nicht zum natürlichen Bild vom Leben und von der Hoffnung auf ein Überleben ...?«

Es wäre ein banaler Aphorismus zu behaupten, dass die Landschaft rund um den Holzerhof sehr schön ist. In dieser von der Sonne vergoldeten Melancholie eines Märzenmittags könnte dieser Hof ebenso an eine elsässische Farm oder an einen bayerischen Patriarchenhof oder auch an eine schweigsame polnische Isba erinnern, wie er dasteht, hinter dem Wald und mit dem Weiher daneben.

Die Steinmauern sind robust, wenn auch vom Zahn der Zeit angenagt, die breiten braunen Bretter der Söller und schließlich die zahlreichen rund herum gescharten Dienstgebäude vermitteln das Bild einer ehrwürdigen Adelsresidenz, der im Ablauf der Jahrhunderte wohl das kriegerische Gesicht, nicht aber die Ausstrahlung intimer Gastfreundschaft verloren gegangen ist.

Der Hof ist schon von außen gesehen »sympathisch«. Die Freundlichkeit und Aufgeschlossenheit seiner Bewohner entspricht ganz diesem ersten Eindruck. Das weibliche Element herrscht hier vor, tonführend ist Kathy.

Sie ist nicht mehr ganz jung, aber noch jung genug, um den Optimismus und den häuslichen Geschmack nicht unterwegs verloren zu haben. Mit ihrer Tüchtigkeit hat sie aus dem alten Bauernhof eine Stätte angenehmen Wohnens gemacht, ein Gemisch aus Bauernhaus und Familienschloss.

Der Weg bis hierher ist ziemlich lang und beschwerlich, im Winter nicht ganz ungefährlich, was die Verwunderung über diesen einzigartigen Hof noch wachsen lässt. Die Geschichte dieses Hofes ist bewegt wie jene vieler anderer Gehöfte.

An diesem Tag hatte Kathy Brot gebacken. Das tut sie mehrmals in der Woche, denn so kann sie jene langen Brotformen mit Feigen spicken, die »die Mutter so gern hat«.
Der Backofen war voller Holz, es rauchte an den noch glühenden Ziegelsteinen. Ich machte Kathy einigermaßen beunruhigt auf den blauen Rauch aufmerksam, der sich gegen die Sonne abhob. Das brachte sie zum Lachen. Sie machte sich über meine Unwissenheit lustig, aber mit Nachsicht. Der Backofen befindet sich unter einem lang gestreckten Dach neben dem Garten. Unter dem Dach sahen wir auch einige Kleinholzstöße und die Waschküche. Aus dem nassen Schnee stachen einige Reihen von umgestülpten Flaschen hervor. Sie stecken mit den Hälsen in der Erde und bilden die Abgrenzung der Beete.
Kathy hat selbstgestrickte Strümpfe an den Beinen, ihr Haar ist im Nacken zu einem braunen Zopf geflochten, ihr Gesicht ist rundlich, sie trägt eine Armbanduhr. In ihrer Jugend muss sie sehr schön gewesen sein.
Schnell führte sie uns durch den ganzen Hof. Es macht ihr großen Spaß zuzusehen, wie Flavio und ich unsere impertinenten Entdeckungen machen: der kleine Raum mit dem Kartoffelkeller (Glitsch), die Brotformen, die Butterlaibe, die Marmeladentöpfe, die Behälter mit Nudeln, Reis, Zucker, der Speck, der neben Heilpflanzen an der Decke hängt, die Schlafzimmer mit den Holztüren, die auf die Söller hinausführen, das Gästezimmer mit den Spitzenvorhängen ...
Kathy redet ununterbrochen und ist ständig in Bewegung. Der Hof scheint auf ihren zerbrechlichen Schultern zu lasten, samt Mauern und Holz.
»Die Kinder von den Höfen«, sagt sie uns, »gehen nach Mühlwald zur Schule mit langen Stöcken, die sie wie Raspeln über das Eis kratzen lassen. Sie haben jeden Tag zwischen Hin- und Rückweg einen Höhenunterschied von tausend Metern zu bewältigen.« Sie lächelt, dann: »Hier gibt es keinen Autobus. Man muss es mit Schusters Rappen schaffen, was bedeutet, dass man zu Fuß gehen muss.«
Die Tür des Hühnerstalls bleibt offen und die Hennen folgen uns ins Haus, in die Abstellkammer, hinauf über die Stiege bis zur Küche. Sie lassen ihren natürlichen Bedürfnissen ohne Hemmung freien Lauf, als wären sie auf der Wiese, was die Kathy zum lauten Schimpfen veranlasst. Aber die Hennen lassen sich davon kaum beirren. Sie spazieren langsam herum, als würden wir Fremde ihnen Schutz garantieren. Die Hühner gehören zur Familie. Kathy bringt die Eier jeden Sonntag

Die Zinnlöffel an der Wand des Stubenfensters: Sie sind nicht als Dekoration, sondern ob der Bequemlichkeit hier befestigt (links).
Holzschnitzerei über der Stalltür eines alten Hofes auf dem Mitterberg von Mühlwald (oben).

hinaus nach Taufers und Mühlen, wo sie ihre Abnehmer hat. In den Sack gibt sie auch frische Butter, die sie selber mit der »Schloaka« macht, einem langen Butterfass, das wie ein dickes Rohr aussieht.
Im Winter zieht sie Steigeisen an, um auf den eisigen Wegen nicht auszugleiten und sich den Hals zu brechen. Sie hat vor keinem Wetter Angst, diese lebhafte Frau, es sei denn, vor den Lawinen.
»Viele Frauen«, sagt sie mir, »können mit Steigeisen nicht gehen. Deshalb müssen sie im Winter auf den Höfen bleiben. Oder, wenn sie auf jeden Fall zur Messe hinunterwollen, lassen sie sich von den Männern ziehen.«
Ein weiteres Familienmitglied ist das Pferd. Es lebt in dem großen Holzstall neben dem Hofplatz. Die Nachbarn können es für die Feldarbeiten ausleihen und helfen dafür bei der Arbeit auf dem Hofe.
Kathy hatte uns am oberen Ende der Stufen erwartet, die von den Wiesen auf den Hofplatz hinaufführen. Der Hofplatz (Trenkgasse) ist mit unregelmäßigen großen Schiefersteinen gepflastert. Hier ist der Schnee geschmolzen. Die Steine fangen die Sonnenwärme auf und strahlen sie wieder ab. Es ist angenehm, hier zu stehen. Früher hat man im Juli auf diesen Steinen das Getreide gedroschen. Wie bei einem ländlichen Tanz schlugen die Bauern zu viert, zu sechst oder zu acht mit der »Drischl« auf das Getreide und sangen im Takt dazu!

Stich Kotz ou,
häng Haut au,
hängsi du au!

Auf die der Sonne zugewandten Fassade des Hofgebäudes ist der heilige Florian gemalt. Er gemahnt an die Angst vor Bränden. Die gotische Linienführung des sich nach außen erweiternden Torbogens hingegen erinnert an das hohe Alter des Hofes. Ein großes Kreuz hängt an einem Nagel an der weißen Mauer. Die Lichtung, an deren Rand der Hof steht, ist breit und sanft abfallend. Kathy sagt: »Wenn das Wetter umschlägt, hört man das Glockengeläute aus Mühlen, als würde es von der Wiese heraufkommen.«
Auf dem schlammigen Weg, der zum Rederlechner und zum Gartner führt, sehen wir Spuren eines Fahrrades. Kathy erklärt sie uns. »Das sind die Kinder. Sie machen hier mit alten Rädern ihre Rennen und

lassen es gehe, dass einem dabei angst und bange werden könnte.« Der weiter oben liegende Hof, das Holzhäusl, gehört auch noch zum Besitz. Kathy mit ihrer silbernen Stimme erzählt ununterbrochen. Gleichzeitig müht sie sich ab, die schmutzigen Hennen wegzujagen. Es ist offensichtlich, dass sie es mehr unseretwegen macht und weniger in der Überzeugung, dass ihr die Hennen auch gehorchen. Im Inneren kommt einem das Schlossartige dieses Hofes erst richtig zu Bewusstsein. Der Hof erinnert an ein abgelegenes Landkloster, der Holzerhof gemahnt tatsächlich an ein solches Tiroler »Klösto.«
Die Luft riecht nach Hefe, Speck und altem Holz. Ein großes Grüßgott in roter Schrift leuchtet von der Wand hinter der Tellerstellage herab, in der Mitte steht ein großer schwarzer Tisch, daneben führen die Treppenstufen nach oben, an der Wand hängen Steigeisen und Rucksäcke. Der Vorraum mutet heimelig an, wir fühlen uns fast wie zu Hause. Kathy hat Folgendes auf ein Stück Leinen geschrieben:

Das sind die Großen im Lande,
die unter Tränen lachen,
ihr eigenes Leid verbergen
und anderen Freude machen.

In der Stube lernten wir Kathys Mutter kennen. Sie saß neben dem sauberen weißen Ofen. Durch die Fenster drang helles Licht herein, auf dem Moos zwischen den Doppelfenstern standen kleine rote Holzschwämme mit weißen Punkten. »Die hat mein Bruder mit der Drehbank gemacht«, erklärt Kathy, »und ich habe sie angemalt.«
Mutter Cäcilia schaut uns an und lächelt. Ihre blauen Augen haben einen milden Blick, sie hat dicke rosige Wangen: Sie fordert Kathy auf, uns Tee zu kochen, dann sagt sie, dass sie noch ohne Brille lesen kann. »Der Hof ist sehr alt«, meint sie. »Man sagt, er sei der älteste auf dieser Seite des Berges. Auf einem Dokument war das Gründungsdatum zu lesen. Es muss 1212 oder 1213 sein, ich erinnere mich nicht mehr so genau.«
Kathy in ihrer Geschäftigkeit hat sich in die Küche verzogen.
Über dem Eingang zur Stube sind die Namen der Personen geschrieben, die im 19. Jahrhundert den Hof renovieren ließen. Daneben steht noch ein weiser Spruch: »Ter sein Maul nur Prauchen will zu

Allerhant ibel Taten – Ter soe Herein Kein gast nät sein sol Tesen Haus geraten. 1832.«
Am 29. Dezember 1969 kam die Elektroleitung mit ihren Masten. Damals gab es auf den Höfen ein großes Fest. Der Bauer, Kathys Bruder, wollte den Schalter als Erster persönlich betätigen. Dann setzte er sich an den Stubentisch und rief aus: »Wir sind in einer anderen Welt.«
Ungläubig hatten die Bauern den Männern zugesehen, die auf den Berg heraufgekommen waren, Masten einsetzten und Drähte spannten. Ganz besonderes Aufsehen hatte ein Hubschrauber erregt, der die Masten und den Zement heraufbefördert hatte. Am 29. Juni stürzte der Helikopter ab. Daraufhin wurden die Masten und der Zement mit den Seilbahnen heraufbefördert. Die Bauern hatten sich mit den italienischen Elektroarbeitern dick angefreundet. Auf den Höfen sprach man miteinander und trank Wein.
Kathy kam mit selbst gemachtem Käse und Butter herein. Im Körbchen waren auch einige »Struzen«, das Weißbrot in langen Formen. Auf einem Tablett aus Kupfer standen die Schnapsgläser.
Mutter Cäcilia ließ Kathy keine Ruhe, bis diese nicht wieder hinausging und ein Raucherservice mit Zigaretten, Aschenbecher und Feuerzeug hereinbrachte.
Unser Gespräch war spontan, frisch und jovial. In der gegenüberliegenden Ecke der Stube hing ein gestickter Stoffstreifen herunter, mit dem man die kleine Glocke auf dem Dach läuten konnte.
Kathy sagte: »Wir waren neun Geschwister. Einmal war es viel schöner, weil wir noch alle jung waren.«
Cäcilia deutete auf uns und sagte leutselig: »Leute wie diese da können Sie immer bringen. Wir werden für sie eine gute Marende herrichten.« Das war's. Dann kam auch Kathys Bruder, den wir kurz vorher noch in der Stube des Rederlechnerhofes angetroffen hatten. Er trug einen schwarzen Hut, aber ein weißes Hemd. Er machte ein freundliches Gesicht, war aber schweigsam.
Er setzte sich neben uns und hörte zu, wie seine Mutter erzählte. Sie erzählte die Geschichte vom Holzerknecht, der eines Sonntags, statt in die Kirche zu gehen, in den Wengwald auf der anderen Seite des Tales auf die Jagd ging. Es lag viel Schnee und es war schwer voranzukommen. Der Knecht setzte sich unter einen Baum, um zu jausen, und lehnte das Gewehr an den Stamm. Als er weitergehen wollte, war das Gewehr verschwunden. Vergeblich suchte er danach: Und sonderbar: Im frischen Schnee gab es keine Spuren.

Cäcilia schwieg und die Stille breitete sich aus. Sie blickte uns mit Sympathie an. Ringsum war alles sauber und ordentlich, es war eine Freude. Wenn sie beim Holzer ein Restaurant aufmachen würden (die Straße muss ja bald kommen), wäre es meiner Ansicht nach sicher eines der originellsten und ruhigsten von ganz Südtirol.
Ich sagte es Kathy und sie lächelte zufrieden. Auf der Kommode des Zimmers, wo sie mit ihrer Mutter schläft, hatte ich einen Rahmen mit dem Foto Kathys und eines Mannes gesehen. Das ist ihr Geheimnis. Sie ist fünfzig Jahre alt (schaut aber viel jünger aus) und kann sich einfach nicht zum Heiraten entschließen wegen ihrer alten Mutter, wegen des großen Hofes und wegen des ledigen Bruders.
Sie sagte mir das schnell, ohne Zurückhaltung, als wollte sie sich noch an eine Erinnerung klammern. »Die Erinnerung ist noch da«, schien sie mir sagen zu wollen, »auch wenn ich schon fünfzig Jahre alt bin.«
Einige Tage vorher hatte ich die alte Tresel auf der Enzianhütte im Silvestertal oberhalb Toblach gefragt, ob sie mir ein paar alte Liebeslieder singen könne, die man früher auf den Höfen zu singen pflegte. Tresel saß unter dem Porträt, das ihr viele Jahre früher Franz von Defregger gemalt hatte. Meine Frage hatte sie erzürnt. »Die Liebe, die Liebe. Viel Zeit ist vergangen, ich erinnere mich nicht mehr daran.« Doch war das Thema zu verlockend, als dass die Erinnerung in Tresel nicht wach geworden wäre. Und da begann sie leise zu singen:

Wenn stille Regentropfen
auf dem Fenster klopfen,
denke still bei Dir,
dass es warme Küsse sind von mir.

Ich gab Kathy diese Strophe zu lesen. Sie war ihr bekannt.
Draußen dunkelte es, das Licht war bläulich geworden, der Frost hatte den Weg fester gemacht. Vom Schnee auf dem Dach tropfte es noch herunter auf den Trupfstoll, wie sie es hier nennen.
Bevor wir den Wald erreichten, sahen wir auf der nahen Wiese die weißen Hinterteile grasender Rehe.

Die drei Geschwister des Viertlerhofes

Der Viertlerhof auf Pieterstein in Mühlwald, damals dem höchst gelegenen, noch ständig bewohnten Hof von Mühlwald, ist seit dem Tod von Aloisia nicht mehr bewohnt, die Fenster sind inzwischen seit Jahrzehnten zugenagelt, alles, was mitgenommen werden konnte, war zuvor gestohlen worden. Jahrelang hatte Aloisia mit ihren zwei ebenso ledig gebliebenen Brüdern Josef und Thomas hier wie »im Niemandsland« gelebt, zwischen siebenundsiebzig und dreiundachtzig Jahre alt waren die drei, »Figuren wie aus einer Holzschnitzerei«, als Aldo Gorfer im März 1972 bei Tauwetter hierherkam. Die drei Geschwister hatten immer hier gelebt und gearbeitet, Bauer und Hoferbe war ihr Bruder Alois Mair zu Niederwegs gewesen, der ins Tal gezogen war. Heute gehört der auf 1623 Metern gelegene Viertlerhof dessen Enkel Hugo Reider, Wirt der Dreizinnenhütte. Die Felder werden noch bearbeitet, im Stall hatte ein Nachbar, als dessen Stall abgebrannt war, zeitweise sein Vieh untergestellt. Die anderen, in dieser Fußnote von Gorfer erwähnten Höfe, Kasseler (1559 m), Unterhaus (1550 m), Bergmeister (1610 m) und Höfeler (1608 m) sind noch im Besitz derselben Familien wie damals, sie wurden inzwischen teils saniert und umgebaut. Der letztgenannte Eggerhof ist an eine Familie aus Deutschland verkauft, abgerissen und an versetzter Stelle neu erbaut worden.

Viertlerhof auf Pieterstein (Mühlwald), am 21. März 1972

Ungeschickt rutschte ich aus und geriet mit dem Hintern in den glitschigen Schnee. Mit den Händen griff ich in die große Pfütze unter der Dachrinne. Ich zog sie zurück: Sie waren voller Schmutz und Mist. Vor mir, am Rande der steil abfallenden Wiese, verdeckte die schwarze Silhoutte der Scheune den Horizont, aber nicht vollkommen: Ich hatte den Blick frei auf die weißen Spitzen des Windeck, die in den kristallenen Himmel ragten.

An der Scheunenwand hängt ein Christus mit ausgebreiteten Armen an einem Kreuz aus Naturholz, ein Märtyrer, gleich wie die Landschaft und die Menschen, die sie bewohnen.

An die Scheunenwand ist der Gekreuzigte genagelt, ein Märtyrer wie die Landschaft und die Menschen ...

Die höchst gelegenen Höfe von Pieterstein linker Hand des Mühlwalder Tales, über 1600 Meter hoch gelegen.

Der Viertlerhof ist solide gebaut, massiv. Er ruht auf Felsen. Felsen ragen überall aus dem Boden. Der Hof ähnelt einem wilden Schloss aus vergangener Zeit, das grimmig auf das Tal hinunterschaut, während es sich gegen den Hang hin abmildert und das breite Dach sich mit dem Schnee vermengt. Die Söller ruhen auf abgenutzten Sockeln, sie sind luftig wie die Kommandobrücke eines Segelschiffes. Die Witterung, der sie wohl seit Jahrhunderten ausgesetzt sind, und der Urin der Menschen, die nächtens von den Zimmern dort hinausgingen, um sich zu erleichtern, haben das Holz so gebräunt und zerfressen, dass es jetzt wie ein archäologisches Relikt aussieht. Hinter dem Zaun, der den Hof abgrenzt, beginnt das Niemandsland: Wilde Gräben, von den Bächen aufgerissen, schneiden die Bergflanke vertikal durch. Zwischen diesen steht einsam auf 1403 Meter Höhe in einer fast unzugänglichen Waldlichtung der Hölzelhof, den man von Pieterstein aus über einen schlechten Weg erreichen kann. Der Bauer in seiner Hartnäckigkeit und Abergläubigkeit hat den Anschluss an das Stromleitungsnetz abgelehnt, weshalb man auf dem Hölzelhof noch mit Karbid und Kerzen auskommen muss.
Die Enel-Arbeiter hatten das schwierige Gelände gemeistert und die Leitung bis zum Rand der Lichtung gezogen, auf der der Hölzelhof steht. Mit rund zwanzig Masten hatten sie das Tal überwunden. Der letzte Mast steht bereits auf dem Grund des Hölzelhofes. Dort enden die Drähte. Die Arbeiter gingen weg, zum Teil verärgert, zum Teil belustigt.
Von Pieterstein aus kann man den Hof und die nutzlosen Lichtmasten sehen.
Wir stiegen hinunter zum Viertler und sanken tief in Schnee und Schmutz. Darunter war der Boden vereist. Hochwürden Josef rief mir zu, ich sollte vorsichtig weitergehen. Schließlich erreichte ich wohlbehalten die steinerne Treppe, während Flavio sich in der Scheune, an der das große Kruzifix hing, neugierig umsah. Das Gesicht des Gekreuzigten war unterernährt, eingefallen. Flavio kam zurück, über und über voller Spinnennetze, zäh wie Seidenfäden.
Wir betraten das Haus. Unsere Bergschuhe widerhallten auf dem Boden des Einganges. Der Hausgang war schwarz wie die Öffnung eines Backofens.
Penetranter Geruch stieg uns in die Nase. Es roch nach Schaf, altem Schweiß, saurer Milch und nach Geschlossenem. Von außen drang leiser Kindergesang herein. Es waren die Kinder des benachbarten

Eggerbauern. Der Eggerhof steht mitten in den steilen Wiesen. Die Bauersleute breiteten auf einem bereits aperen Feld Mist aus. Der Mist rauchte. Mit kleinen Karren, die an einem motorbetriebenen Zugseil hingen, wurde er ausgestreut.

Der Eggerhof war eine Zeit lang verlassen, bis eine Familie aus Lappach ihn pachtete und mit den Kindern heraufzog. Die Kinder haben diesem Ort etwas von seiner Traurigkeit genommen. Aber zurück zum Viertlerhof. Hochwürden Josef klopfte an die Stubentür und öffnete sie dann langsam. Die drei Bewohner des Viertlerhofes saßen im trüben Licht, das durch die Fenster hereinkam, auf den Bänken.

Alles war alt hier, schmucklos, desolat. Auch das Kruzifix in der Ecke, der Geruch, die Pendeluhr, der graue Ofen und die drei Alten, die uns anschauten, als wären wir aus dem Jenseits zurückgekehrt, verstärkten diesen Eindruck. Ihre schlechte Laune verringerte sich und wurde zu Ehrerbietung, als sie des Hochwürden Josef ansichtig wurden.

Ich habe den Eindruck bekommen, dass der Viertlerhof von einer Art griesgrämigem Matriarchat erhalten wird und ihm das verstaubte Echo eines Existenzmodells innewohnt, das keine schönen Seiten mehr hat und nur deshalb bestehen kann, weil man sich daran gewöhnt hat. Weil man resigniert hat und die Einsamkeit zur Abstumpfung geführt hat. Trotz der offensichtlichen Teilnahmslosigkeit der drei Hauptdarsteller, die wohl das Ende der jahrhundertealten Geschichte des Hofes verkörpern, trotz Alter und Gewöhnung an die Not ist ein bisschen Bauernschläue übrig geblieben, auch wenn sie ungeschickt und introvertiert anmutet. Man ist hier in der Zeit stecken geblieben, als die Welt noch weniger schnell voranging, man steht hier, um es bildhaft auszudrücken, vor einer versteinerten Epoche, zurückversetzt in die Zeit Balzac'scher Milieus.

Während ich sie beobachte, wie sie dasitzen, der eine vom anderen entfernt, als säßen sich Fremde in einem Bahnhofwarteraum gegenüber, erscheinen mir Aloisia, Josef und Thomas als Figuren einer Holzschnitzerei, sehr wirklich, sehr dauerhaft, ja ewig, wie die volkstümlichen Figuren der spätgotischen Triptychen mit ihren bitteren, scharfen Gesichtszügen.

Wer hat sich wohl je um diese drei Leute hier gekümmert? Um das Asthma von Thomas, um den Tumor Josefs oder um die Menschenfeindlichkeit der Aloisia, kurzum, um diese trostlose »Dritte Welt«

am Rand unserer gefühllosen Gesellschaft? Wer hat je versucht, ihr Zittern vor dem stürmischen Wind, ihre Armut, ihren Hang zum Leben zu begreifen?

Das Alter hat Joseph ein großes Leiden gebracht.

Josef ist von riesenhaftem Wuchs. Er hatte einen alten, fettigen Lederhut tief in die Stirn gerückt, sein Bart war mehrere Tage alt, unter den Augen bemerkte ich Tränensäcke. Er saß mit dem Rücken gegen das Fenster.

Ein Gewächs, groß wie eine Faust, hing von seinem Hals herunter. Es lief mir kalt über den Rücken, als ich sah, dass dieses Gewächs bei jeder Bewegung seines Kopfes hin- und herpendelte.

Er hatte Mühe beim Reden. Vielleicht verstand er uns nicht, oder es war für ihn schon zu schwer, uns zu begreifen. Er beobachtete uns mit klaren, aber abwesenden Augen.

»Ich bin vierundachtzig Jahre alt«, antwortete er auf meine Frage.

»Nein, er ist zweiundachtzig«, unterbrach sofort seine Schwester Aloisia.

Josef gab nicht nach. Es folgte ein kurzer Streit, der aber von der Schwester bald beigelegt wurde. Und schließlich erfuhren wir, dass Josef dreiundachtzig Jahre alt war, Jahrgang 1889. Aloisia ist vier Jahre, Thomas sechs Jahre jünger. Zusammen sind es zweihundertneununddreißig Jahre, ein Drittel so alt wie der Viertlerhof selbst.

Thomas saß mit dem Rücken zum Ofen. Er ist groß, aber mager, seit Langem gebückt. Sein Gesicht hatte eine graue Färbung, es war schmal, die Haut wie gegerbt. Er trug einen breitrandigen Hut. Über der blauen Schürze trug er einen fast neuen Rock, den ihm wohl jemand geschenkt hatte, die Hosen waren aus Wolle, sehr breit und geflickt. Am Ende der Bank war mit einer Kette der Schuhlöffel befestigt.

Thomas folgte unserem Gespräch mit seinem verunstalteten, grauen Gesicht. Er beschränkte sich meist darauf, bitter zu lächeln. Mir erschien er gewitzigter, aber auch versöhnlicher als der Bruder, und wohl aus diesem Grund hat ihn die energische Schwester besonders unter ihre Fittiche genommen.

Einer der alten Viertlerbrüder. Am Ende der Ofenbank hängt an einer Kette der Schuhlöffel.

Wenn ich recht verstanden habe, hegt diese im Inneren den Wunsch, ins Tal hinunterzuziehen, um wenigstens im Alter noch eine kleine Erleichterung zu finden. »Aber die Nachbarn«, fügte sie hinzu, »wollen es nicht, besonders die Nachbarn, die aus Lappach heraufgekommen sind. Sie sind unseren Anblick gewohnt und helfen uns bei der Arbeit, damit wir auf dem Hof bleiben.«
Aloisia hatte Augen »so tief wie die Gläser eines Fernrohrs«, wie es in einem Pusterer Lied von der Wollspinnerin gesagt wird.
Wir fragten, ob unser Besuch ihre Ruhe gestört habe. Sie ließ uns darüber im Unklaren und holte aus irgendeiner Ecke eine Schnapsflasche hervor, worauf sie in drei malvengrüne Gläschen aufschenkte.
Ich fragte sie, ob sie manchmal ins Tal hinuntergehe. Mit ihrer eintönigen Stimme antwortete sie: »Im Sommer gehe ich jeden Sonntag nach Taufers zur Kirche. Im Winter nicht, denn die Wege sind dann zu gefährlich und zu beschwerlich.« Sie ließ den Blick einen Moment lang über die Berge und zur Sonne hin schweifen, dann sagte sie mit einer Stimme, in der die Freude erloschen war: »Endlich. Endlich kommt der Frühling. Wenn es Frühling ist, kann ich zur Messe gehen«.
Thomas sog an der Zigarette, die ich ihm angeboten hatte. Jetzt schaltete er sich ein, und es war wohl ein wenig Bosheit mit dabei, als er sagte: »Und ich? Darf ich die Messe im Radio hören?«
Als Hochwürden Josef dem beistimmte, redete Aloisia sofort dazwischen und hob die Stimme an. »Nein, nein. Das Radio ist nichts wert. Gar nichts. Die Messe muss man in der Kirche hören!«
Dann ließen ihre Blicke wieder von Thomas ab, der ruhig an seiner Zigarette weitersog und sich noch enger an den Ofen lehnte. Aloisia fuhr fort: »Um sieben Uhr früh gehe ich hier weg, damit ich um zehn Uhr rechtzeitig zur Messe in Taufers unten bin. Gegen drei Uhr nachmittags komme ich wieder auf den Hof zurück, noch rechtzeitig, um die Hausarbeit zu verrichten.«
Geheiratet hat keiner der drei. Die anderen sechs Geschwister sind mit Ausnahme von einem, von dem ich nicht erfahren konnte, wo er umging, gestorben.
»Warum habt ihr nicht geheiratet?.«

»Hier gibt es keinen Autobus. Man muss auf Schusters Rappen gehen.
Das bedeutet, man muss zu Fuß gehen.«

Die Antwort kam von Aloisia. »Ich habe Kälber lieber als einen Mann.«
»Warum?«
»Weil die Kälber besser und nützlicher sind als ein Mann!« Thomas hatte noch immer die Gedanken bei der Messe.
Vielleicht hatte es ihn gestört, dass seine Schwester dazwischenredete, oder vielleicht fürchtete er auch, sie erzürnt zu haben. Jedenfalls sagte er: »Wenn einmal die Straße heraufführt, werde ich jeden Sonntag zur Messe gehen.«
Ich wollte vorderhand von Aloisia nichts weiter hören und richtete deshalb meine Frage nach dem Heiraten direkt an Josef.
»Sischt nette«, sagte er, »dass ich nicht will.«
»Und Sie, Thomas?«
»Ich hab es vorgezogen, bei der Schwester zu bleiben.«
Diesmal konnte Aloisia nicht an sich halten: »Was sie da erzählen, ist gar nicht wahr.« Und dann machte sie eine große Konfusion. »Josef war einer der stärksten Männer auf Pieterstein. Ein gewisser Anton, der hier oben wohnte, trug hundertfünfzig Kilo auf den Schultern von der Straße im Tal unten bis zum Hof herauf. Einmal kehrte er bei einem Hof zu, um sich zu erwärmen und einen Schnaps zu trinken, weil er zu kalt hatte. Josef trug für die Leute, die nicht imstande waren, ihr Zeug vom Dorf heraufzutragen, einen Zentner herauf.«
Die Hände Josefs sind riesig. In seiner Jugend muss er wohl ein Meister in jenem Freistilringen (Ranggeln) gewesen sein, in dem sich die jungen Burschen von den Höfen übten, um vor den Mädchen gute Figur zu machen. Josef aber scheint ein gutmütiger Riese gewesen zu sein. Müdigkeit ist in seine Knochen gefahren, auch wenn er noch eine gewisse Kraft zu haben scheint.
»Bis vor einem Jahr war ich noch gesund«, sagte er endlich. Die Schwester unterbrach ihn: »Das sagt er. Aber er ist noch immer stark wie ein Ross.«
Große Körperkraft ist eines der Merkmale bei den Leuten auf Pieterstein.
Der Alois vom Unterhaushof, ein Bursche, der, wenn er den Hut trägt, in der Stube gebückt gehen muss, um nicht an der Oberdecke anzu-

Sobald der Schnee auf den überaus steilen Hängen der Bergbauernhöfe schmilzt, gehen die Bauern hinaus auf die Felder und mühen sich ab, um überleben zu können.

stoßen, hat einen hundertsechs Kilogramm schweren Motor auf die Alm hinaufgetragen. Josef hat bis zu zwei Zentner geschafft, während der Peter, ein Bruder des Häfeler-Hans, einen Safe samt Inhalt im Gewicht von achtzig Kilogramm von der Berliner Hütte ins Zillertal hinübergetragen hat.

Über Josef sagt uns Aloisia leise, dass man »noch heute, wenn er in Zorn gerät, davonlaufen muss«.

Doch sowohl Thomas, der an Asthma und vielleicht auch am Herz leidet, wie auch Josef, dessen Blutzirkulation sich verschlechtert und dem seit drei Jahren das abstoßende Gewächs am Halse hängt, weigern sich, zum Arzt zu gehen. Das bringt Aloisia in Rage.

In dieser Stube lag ein Hauch von Traurigkeit vermischt mit Ergebenheit, aber auch mit Auflehnung, Aberglauben und bäuerlicher Würde. Der blaue Rauch meiner Pfeife hatte um die Lampe einen Kreis gebildet.

Vom nahen Eggerhof hörten wir noch immer den Kindergesang. Ihre Fröhlichkeit hat für immer die Erinnerung an das Kriegsbeil ausgelöscht, das vor einem halben Jahrhundert zwischen dem Eggerbauern und dem Viertler ausgegraben worden war. Eines Tages wurde der Eggerbauer von einem Baumstamm, der aus dem Plottawald die Stickla-Riese hinunterging, getötet. Ein Arbeiter hatte alles gesehen. Er steckte zwei Finger in den Mund und tat einen Pfiff, worauf die Arbeit unterbrochen wurde.

Seither sahen die Leute vom Viertlerhof, wie der Eggerbauer schweigend mit einer brennenden Laterne im Stall und in der Scheune umherging. Vor vielen Jahren wurde der Vater des Mühlwalder Lehrers Anton, der mir diese Sage erzählt hat, auf dem Pieterstein von der Dunkelheit überrascht und auf dem Viertlerhof über Nacht aufgenommen. So konnte auch er das in der Nacht umherirrende Licht des Toten sehen, aber er bemerkte, dass es nichts anderes war als der Widerschein der Petroleumlampe, der durch die Vorhänge des Stubenfensters nach außen drang. Er konnte sagen, was er wollte, die Viertler ließen sich nicht von ihrer Überzeugung abbringen: Sie glaubten weiter hartnäckig daran, dass der Geist des Eggerbauern wieder lebendig geworden war.

Der Glaube an eine direkte Beziehung zwischen den Seelen der Verstorbenen und ihren Geschäften, als sie noch am Leben waren, der Glaube an geheimnisvolle, dunkle Kräfte, mit denen gewisse übersensible Menschen (Hellseher) »klar sehen können«, all das hat in dieser zauberhaften Landschaft, die voll ist von generationenlangen menschlichen Begebenheiten, zu einer Art symbolisch-didaskalischem Kodex geführt, den man, will man sich nicht unehrerbietig zeigen, einfach mit Respekt hinnehmen muss.

Wie ich schon an anderen Stellen meiner Umfrage geschrieben habe, ist es unzweifelhaft, dass die mit dem Tod in Verbindung gebrachten Legenden und Redensarten wohl auch aus den Erfahrungen stammen, die die kleine Gemeinschaft der Lebenden sammelte, wenn sie am Sterbebette eines der ihren betete und dabei die Worte der in Agonie Liegenden mitanhörte. Dazu kommt noch, dass diese Menschen vom Gedanken an das Geheimnis des Jenseits dauernd verfolgt werden. Dieses Jenseits wird in ihrer naturverbundenen Auffassung deformiert, als wäre der Mensch eine am Faden hängende Marionette, die sich mit allerlei Listen zu befreien trachtet.

Wohl am düstersten von allem, ein geradezu groteskes Gemisch von Religion und Aberglauben, ist die Erzählung vom Niederlechnbauern bei Lappach, der sich eine konsakrierte Hostie auf die Wunde am Knie gelegt hatte, nachdem er sich mit dem Messer während des Kommunionganges verletzt hatte.

Die Wunde verheilte, die Hostie blieb im Fleisch. Der Bauer versteckte das verwünschte Messer im Posntal und versuchte, nicht weiter daran zu denken.

Jahre gingen vorbei, bis das Lebenslicht des Niederlechnbauern zu flackern begann. Eines Tages wurde er krank. Es war eine ganz sonderbare Krankheit, die sich weder besserte noch verschlechterte. Das war sehr eigenartig, und der Pfarrer stellte dem alten Bauern einen Haufen Fragen, bis dieser schließlich alles ausplauderte. Doch gerade während er redete, kam der Tod und hinderte ihn daran zu sagen, wo er das Messer versteckt hatte. Nur die Worte »Posn unto ... Posn unto ...« kamen noch über seine Lippen. Beim Begräbnis vernahmen die Leute eine sonderbare, unmenschliche Stimme in der kalten Luft. Im darauffolgenden Jahr fand ein Hirte im Posntal unten das »verfluchte Messer«.

Neben diesen typisch nordischen, finsteren Sagen gibt es auch eine kleine Welt mit mehr Optimismus und Realismus, die zwar auch das Ausmaß des Existenzkampfes erahnen lässt, aber darüber hinaus von der großen Einfallskraft der Bergbauern zeugt, die alles versuchen, um einen bescheidenen Wohlstand zu erreichen oder zumindest ihren Leidensweg weniger hart zu gestalten.

Jeder Hof hat eine Werkstatt, wo der Bauer die Arbeitsgerätschaften repariert und die Schäden am Haus ausbessert.

Im Folgenden das Lied eines heiratsfähigen Mädchens, das einen Pferdewagen nach Maria Saalen hinauslenken musste: »A söi hot mi do Vouto's Fuiwerchen gilearnt: In do Mitte zwoa Kotzn, ba Seitn zwoa Rotzn und vöiraus a Spitzmaus. A söi san mo zin Soula-Wischt dawaus. Bin i innin, hon an Struzn gitrunkn – a Glasl Wein dozui gessn. Noa bin i hinton Tisch ochngsunkn. Hon's noa gheascht in Stolle krochn, dass i bin davon dowochn. Obo außn bin i! Dou hots olte Rotzn-Ross ougirissn ghobt. Noa hon i an Knittl dogriffn und hon ihn in die Rippm gschmissn; dou hot's noa dreihundrt Hoslnussn gschissn. I hon mo sie gilosst mouhl; und jetz bin i die gröaste Bäirin af Soul.«[29]

Die Atmosphäre in der Stube des Viertlerhofes entsprach diesen Geschichten, aber die drei alten Leute wussten nicht mehr viel davon: Sie erinnerten sich nicht mehr daran. Vielleicht erschienen auch ihnen diese Sagen als wunderliche Dinge aus vergangenen Zeiten.

Auf der Pendeluhr in der Stube ist der Name einer gewissen Gertraud Volgerin geschrieben, die 1821 den Viertlerbauern heiratete. Darunter steht in großen Buchstaben das INRI, größer als der Name der Gertraud. Gertraud wird jetzt wohl glücklich im Paradiese sein. Woanders hätte sie wohl auch sein können?

Aloisia hatte inzwischen mehr Zutrauen zu uns gewonnen, und auch Josef. Er bemerkte mit seinem traurigen Lächeln, aus dem man Einfalt und zugleich Schläue herauslesen konnte: »Wenn ich es schaffe, gehe ich angekleidet hinauf.«

Der Kaplan von Taufers hat mir gesagt: »Schlimmeres, als du im Leben erlebt hast, wirst du im Paradies nicht haben.«

Josef sagte trocken: »Ich weiß nicht.«

Der Name der unbekannten Braut Gertraud, die dem Viertlerbauern als Mitgift die alte Pendeluhr gebracht hatte, regte mich an, die drei alten Geschwister zu fragen, ob sie in ihrem langen Leben je verliebt gewesen seien.

Aloisia sagte: »Nie!«

Josef: »Nie.«

Nur Thomas nickte lächelnd, was Aloisia sofort veranlasste, statt seiner zu antworten: »Nein. Das ist nicht wahr. Wir hatten keine Zeit für diese unnützen Dinge.«

Thomas hatte etwas zu erwidern: »Siehst nicht, dass der da alles niederschreibt, was wir sagen? Wenn dann die Kommunisten kommen, wissen sie alles, was wir gemacht haben!«

Die Alte meinte wohl, der Bruder hätte diesen geistreichen Spruch getan, um das Gespräch über die Liebe zu beenden.
Sie erzählte in der Folge davon, dass seinerzeit auf dem Hof »gerade genug zum Leben war«, was wohl bedeutete, dass man Hunger hatte. Jetzt geht es ein wenig besser, wenn man davon absieht, dass die Leute alt sind. Sie haben »eine kleine Pension« und »können alles essen, was wir wollen«.
»Die da«, sagte sie und meinte damit ihre Brüder, »brummeln entweder oder wissen nichts.«
Es sieht so aus, als sei sie es, die irgendwie den Hof auf den Beinen hält: Es sind sieben Hektar Weideland einschließlich Wald, und das reicht für zwei Kühe. Ich hege den Verdacht, dass auch die Felder bald vom Wald erobert würden, wenn nicht die Nachbarn ständig zu Hilfe kämen.
Ich fragte: »Wer führt hier das Kommando?«
Thomas beschränkte sich darauf zu lächeln. Josef meinte: »Alle und keiner.«
Worauf sich Aloisia wieder der Konversation bemächtigte: »Ich bin noch imstande zu kommandieren. Sie müssen gehorchen, sonst würde es mit dem Hof nicht weitergehen.«
Es ist der noch verbliebene Ehrgeiz einer Bäurin, die nie aus ihren Bergen herausgekommen und nie eine Stadt gesehen hat. Wenn sie abends die Lichter der Autos auf der Tauferer Straße unten sieht, dankt sie dem Herrgott, dass sie auf ihrem Hof sein und in Frieden zu Bett gehen kann.
Sie weiß nicht, dass der Mensch bereits auf dem Mond gelandet ist und seltsame Steine auf die Erde zurückgebracht hat. Sie glaubt das gar nicht. »Wenn es wahr ist«, unterbrach sie mich, und sie hatte wohl den Verdacht, ich wollte sie hänseln, »wenn es wahr ist, dann sind diese Menschen dem Himmel näher gekommen.«
Josef griff wieder das Thema Stadt auf. »Ich würde mich gern in der Stadt niederlassen.«
Brüsk sagte Aloisia: »Nein, nein. Er weiß nichts. Er ist nur zufrieden, wenn er genug zum Trinken hat.«
Die größte Angst haben sie vor der Winterkälte, vor den Lawinen, die nahe am Haus vorbeirollen, und, seit das elektrische Licht den Hof speist, vor Brand und Gewittern. Wenn Sturmwind weht, wird es in der Stube kalt wie in einem Eisschrank. Man kann das Haus kaum verlassen, so heftig tobt es draußen.

J. Oberlehner

Auf Rat der Nachbarn hin haben sie eine Heizdecke gekauft, die sie auf die Ofenbrücke legten, wo die beiden Alten einen Großteil des Winters verbringen.

Aloisia denkt an all das: an den Wind, an die schrecklichen, stürmischen Nächte, an die Blitze, die mit Donnerkrachen einschlagen, und Traurigkeit überkommt sie. »Ich sehe es vor mir, als wäre es heute geschehen«, murmelt sie, »wie viel mein Vater gearbeitet hat. Gut hatten wir es nie. Nur Arbeit, Arbeit, viel Arbeit. Eine unserer größten Freuden war es, wenn wir nach der Sonntagsmesse schlafen gehen konnten.«

Draußen dunkelte der Himmel allmählich und unendlicher Friede breitete sich aus. Doch der Wind kam noch immer mit dumpfem Rauschen von den Bergen herunter.

Aloisia erzählte weiter: »Am Tag, als Vater starb, hörten wir den Totenvogel schluchzen.« Auch jetzt hören sie ihn manches Mal noch draußen hinter der Hausecke singen, »wenn es Abend wird« und »wenn es zu tagen beginnt«. Aber sie geben nicht mehr darauf acht. Welches Unglück könnte das Schicksal diesem Hof denn auch noch bringen?

Den Totenvogel nennen sie auch Habergeiß; in Wirklichkeit ist es die Eule.

Josef hörte uns nicht mehr zu. Er aß die Kekse, die Flavio aus seinem Rucksack gezogen hatte, eines nach dem anderen, gierig und geizig, wie mir schien. Aloisia hatte die Kekse neben sich auf den Tisch gelegt.

Wir gingen in den Schnee hinaus. »Vergelt's Gott, vergelt's Gott, vergelt's Gott!«, riefen sie uns nach. Ich dachte, dass wir uns erbärmlich benommen hatten wie jemand, der einem Gelähmten ein paar Groschen hinwirft und ihn dann weiter auf dem Gehsteig sitzen lässt, während die Menschen unbeirrt ihres Weges gehen.

Die Einsamkeit der drei Leute vom Viertlerhof muss einfach am Gewissen rütteln. Es ist ein Bild, das man nicht so schnell wieder vergisst.

Oben: Pieterstein – der Söller eines Hofes mit einer langen Reihe von Traggestellen.
Unten: Der Eingang zu einem Hof auf Pieterstein.

Der Viertlerhof liegt auf der unwirtlichsten Seite von Pieterstein, an einem einsamen Flecken, der gute zwei Wegstunden von der Mühlwalder Kirche weg ist. Auch er zeigt auf dramatische Weise die Hartnäckigkeit des Bergbauern und seine fast impulsive Anpassung an die Umwelt. Das kommt auch in der Bauweise der Höfe, in ihrer Position und im gerodeten Boden zum Ausdruck.
Pieterstein liegt auf einer schiefen Ebene zwischen zwei Tälern auf 1550 bis 1750 Meter Höhe. Die menschlichen Ansitze zeugen von großem Individualismus. Jeder ist für sich. Ein besonderes Beispiel dafür ist der Unterhaushof, der bereits im Jahre 1348 bestand.
Gleich wie bei mittelalterlichen Schlössern bestehen die Höfe auf Pieterstein nicht allein aus dem Wohnhaus, das jeweils sehr zweckgebunden errichtet wurde und Schutz vor den Unbilden der Jahreszeiten bieten musste, sondern aus einer Reihe von Gebäuden, in denen die Vorräte aufbewahrt werden. Die Gebäude haben meist eine Basis aus Trockenmauer, darauf den Holzbau mit zwei Dachflügeln, die mit Schindeln gedeckt sind, welche wiederum von großen Steinen beschwert werden.
Um den Hof scharen sich der Stall, der Brunnen, die Scheune, der Backofen, die Werkstatt (Moch-Hütte), wo Tischler, Hammerschmied und Schuster ihr Handwerk betreiben können. Nahe dabei auf der Wiese stehen kreisförmig und umzäunt der Bienenstand (beim Höfeler steht dieser gleich neben dem Wohnhaus), die Kornkastenhütte, die Mehlkastenhütte, die Brennholzhütte usw. Dann kommen die terrassenförmig angelegten Felder, wiederum im Halbkreis, und die Wiesen, die bis zu den Abgründen hinunter- und bis zum Waldesrand hinaufreichen.
Auch hier ist der Wald die eigentliche Lebensader des Hofes. Beim Höfeler, beim Unterhaus und beim Kasseler hängen in den Hausgängen eine Reihe von Beilen in langen Gestellen. Hans, der Höfelerbauer, musste mehrere Stunden mit gebrochenem Bein unter einem Baumstamm ausharren, bis man ihn herauszog. Er ist geheilt, aber er humpelt noch auffallend. Seine Frau, eine mutige Bäurin, hat während seiner langen Krankheit den Hof weitergeführt.
Auf dem Unterhaushof gibt es einen jungen Bauern, den Alois, der nicht nur der Tradition verhaftet, sondern auch modern und aufgeschlossen ist, so dass es gar nicht auszuschließen ist, dass sein monumentaler Hof, sobald einmal die Straße heraufführt, zu einer angenehmen Jausenstation wird und trotzdem die für diese Orte kennzeichnende Bewirtschaftung weiter beibehält.

Auf Pieterstein steht in der Regel neben jedem Hof eine jahrhundertealte Zirbelkiefer. Es steht wohl außer Zweifel, dass in dieser harten Umwelt Arbeit und Wahrung des Bodens die Hauptmerkmale der menschlichen Besiedelung darstellen. Die Mühle von Pieterstein wurde im Jahre 1951 von einer Lawine weggerissen, die gleichzeitig auch die Straße nach Mühlwald und Lappach unterbrochen hat. Die Lawine ging durch den Gassbachgraben hinunter. Das Forstamt hat eine Reihe von Lawinenschutzbauten geplant, die auf den steilen Hängen oben auf der Alm errichtet werden sollten, doch die Bauern widersetzten sich, weil sie fürchteten, dass dadurch wertvolle Weidegründe verloren gingen.
Auch bei der Planung der Straße ergab sich dasselbe Problem. Eine Wiese mag noch so wenig hergeben, für das Überleben ist sie dennoch unentbehrlich. Doch jetzt, da die Straße wirklich gebaut wird, hat man große Hoffnungen in sie gesetzt. Die Unterhausbäurin sagte mir, dass man auf Pieterstein weder singt noch Sprüche reißt, noch Sagen erzählt. Hier gibt es nur die Arbeit. Alle Interessen der Bauern sind auf die Arbeit konzentriert. Die Stunden, die mit Schlafen und Essen verbracht werden, sind »verlorene Zeit«. Es ist immer so gewesen. Nur am Sonntag gehen die Bauern hinunter ins Gasthaus und reden über Kälber, Seilbahnen, Holz, Preise und anderes mehr. Alles Übrige interessiert sie nicht.
Doch auch wenn es sich die Bauern im Winter erlauben können, einmal ein paar Stunden im Gasthaus zuzubringen, für die Frauen gibt es keine Rast. Erst wenn sie alt sind, finden sie ein warmes Ruheplätzchen neben dem Stubenofen.
Man erzählt sich, dass auf Griesberg, einem Flecken zwischen den Türmen des Kohlnock, rechter Hand im unteren Tauferer Tal, zwischen Mühlen und Uttenheim, seit mehr als einem Jahrhundert keine Frau mehr im Bett gestorben ist. Sie stürzten alle zu Tode, während sie auf den steilen Wiesen arbeiteten.
Die Worte Pasternaks »Wenn du ein Fenster öffnest, öffnest du eine Vene« sind also wahr – und hart.

Der Hof zwischen den Felswänden

Der Hof Kofler zwischen den Wänden liegt abgeschieden im Tauferer-Ahrntal auf einem Felsband zwischen Ahornach und Rein in Taufers auf 1530 Meter Höhe. Erst seit April 2000 führt eine Straße zum Hof, von der Pfarrkirche in Ahornach liegt er eineinhalb Gehstunden entfernt, Gorfer erwähnte, dass der Weg dorthin teilweise sehr schwierig war. Damals verfügte der Hof über eine kleine Elektrozentrale, und acht Personen wohnten ständig dort.
Heute bietet der an vielen Wanderwegen gelegene Hof vier Ferienwohnungen. Die Großeltern sind schon lange verstorben, Hans Kirchler, damals Bauer, starb 2022 im fünfundachtzigsten Lebensjahr, am Hof wohnen Tochter Christine, ihr Mann und der jüngste Sohn mit seiner Familie. Christine Kirchler ist mit ihrer Familie auf den Hof zurückgekehrt, als ihr Bruder, der Hoferbe, nach Bruneck zog.

Kofler zwischen den Wänden (Ahornach), am 11. April 1972

Der Name Kofler zwischen den Wänden ist für einen Hof an und für sich eine umschreibende Bezeichnung, und sie würde seltsam anmuten, wäre sie nicht die genaue Wiedergabe der tatsächlichen Position. Ich hörte vom Koflerhof erstmals in Toblach reden, und zwar redete man so davon, als wäre es eines der sieben Weltwunder. Mein zufälliger Gesprächspartner wusste nicht, an welchem Punkt dieser wunderlichen Welt dieser Hof gelegen war: vielleicht im unteren Pustertal oder im Ahrntal. Er wusste nur, dass die deutschen Touristen, die auf Emotionen aus sind, diesen Hof für eine Rarität halten, die man unbedingt sehen muss.
Später, als ich nach langem Suchen auf der Landkarte die genaue Position des Hofes ausgemacht hatte, fragte ich bei den Leuten weiter. Sie zeigten sich darüber halb entrüstet, halb verwundert in ihrer originellen Art, als könnten sie es nicht fassen, dass ein Außenstehender zur schlechten Jahreszeit seine Nase in die Privatangelegenheiten armer Leute stecken und sich aus purer Neugier mit dem winterlichen Berg anlegen wollte.

Die Wirtschaft der Berghöfe des Pustertales und seiner Seitentäler baut auf das Holz aus den privaten Wäldern.

Aus einem gewissen Hang zur Übertreibung und wohl auch wegen zu summarischer Information hat sich des Koflerhofes bereits die Legende bemächtigt, wie mir scheint. Schon unten im Tauferer Tal, eine halbe Autostunde von Bruneck, zeigen sie einem das große Felsband zwischen den zwei Granitwänden, die fast senkrecht abfallen bis ins Reintal. Gegenüber ragen die Felsen der Wasserfallspitze in die Lüfte. Öl ins Feuer hat auch Bossi Fedrigotti gegossen. In seinem Pustertalführer bezeichnet er den Koflerhof als den unzugänglichsten ganz Südtirols und fügt hinzu, dass der Weg durch die Felswände kaum zu begehen ist und nur von den Leuten auf dem Hofe noch benutzt wird. Angesichts dieser Erzählungen hatte ich eigentlich beschlossen, den Koflerhof aus meinem Reiseplan zu streichen, nicht etwa wegen der Gefährlichkeit des Weges, sondern weil ich mit meiner Umfrage auf den Südtiroler Berghöfen das Lebenswesentliche der abgelegenen Bauernhöfe ergründen, mich jedoch nicht darauf beschränken wollte, die verzweifelten und ausgefallensten Fälle nach Art einer Unfallchronik herauszugreifen. Verzweifelte Fälle und Unfallchronik gibt es auch in den größten Wohlstandsgebieten unserer Konsumgesellschaft. Daran war mir nicht gelegen.
Doch eines Tages, als es mich und Flavio wieder in diese Gegend verschlug, wollten wir doch den Dingen auf den Grund gehen, weil wir schon längst daran gewohnt waren, das Gerede der Leute nicht ganz für voll zu nehmen.
Der Wirt vom Gasthof Toblhof, welcher sich an der Straße nach Unterrain bei der Abzweigung der neuen Straße nach Ahornach befindet, riet uns lebhaft davon ab, diesen Gang zu unternehmen. Tatsächlich schneite es und war windig. Der Wald, durch den wir hätten hinaufsteigen müssen, war im Herbst geschlägert worden, so dass wir uns in Unkenntnis der Örtlichkeit sicherlich in den Felsen verirren würden, sagte der Wirt. Er fügte noch hinzu, dass heute nur mehr sehr wenige Leute den Tobelweg benutzen – jene von Tobel nennen ihn den Tobelweg, die Leute vom Kofler heißen ihn Koflerweg – man zieht allgemein den Weg von Zulechen herauf vor.
Doch wir wollten den Dingen auf den Grund gehen, und nach gut anderthalbstündigem Marsch, bei dem wir einige Akrobatien machen mussten, gelangten wir auf die verschneite Anhöhe, auf der der Hof steht. Das Licht war schwächer geworden, ein winterlicher Abend brach herein.

Örtlichkeit, Wege und Stille schienen uns nicht schlechter und nicht besser zu sein und auch nicht trostloser als andere Orte, die wir im Verlaufe unserer Reisen kennengelernt hatten.

Ich glaube sogar, dass uns einige Märsche in der Kälte, als das Thermometer auf zwanzig und mehr Grad unter null gesunken war, weit mehr zu schaffen gemacht hatten. Ich kann hinzufügen, dass wir nach einem Besuch auf dem Koflerhof (das war dann einige Zeit später, jedoch bei fast gleich schlechtem Wetter) den Eindruck erhielten (wir können uns auch getäuscht haben), dass dem Bild, das wir bis dahin auf den Berghöfen und von den Berghöfen erhalten hatten, kaum etwas hinzuzufügen war. Wir fanden auch hier die zur Einsamkeit verurteilte bäuerliche Gesellschaft, besonders aber ihre menschliche Einfachheit, was in unseren warmen Breitengraden paradoxerweise geradezu als etwas Unmenschliches erscheinen könnte.

Was beim Koflerhof wirklich beeindruckt, ist dessen kühne Position. Im Sommer wird das Ganze vermutlich weniger dramatisch anmuten, wenn die Touristen kommen, die in ihrem Mitleid wohl nicht befähigt sind, die Relation zwischen Umwelt, physischer Anstrengung und Überlebenswillen richtig zu beurteilen.

Der Hof ist auf einem kurzen Felsband verankert. Auf der einen Seite umgeben ihn die Koflwände und der Steinrutsch, auf der anderen steile Wiesen, die hinunterreichen bis dort, wo die Wände senkrecht zum Reinbach abfallen.

Die Wege, die zum Hof führen, sind ebenso wie die Landschaft einigermaßen furchterregend. Den Koflerweg habe ich bereits erwähnt. Es gibt dann den Mühlweg. Bevor das Hochwasser des Reinbaches die Mühle, die etwa dreihundert Meter unterhalb des Hofes liegt, weggerissen hatte, konnten die Leute ohne größere Schwierigkeiten mit ihrem »Stiblich«, einem Behälter für Getreide oder Mehl, dorthin gelangen.

Die Leute vom Koflerhof hingegen sagen, dass der Mühlweg der gefährlichste von allen ist. Er führt direkt durch den glatten Felsen herauf. An einem Punkt, wo die Passage im Felsen besonders gefährlich ist, wurde eine Holztreppe mit zwanzig Stufen angebracht.

Der Mühlweg wird nicht mehr benutzt. Die Leute vom Koflerhof haben sich beim Hof eine neue Mühle gebaut. Deshalb hat die schmale Brücke über den Reinbach, mit der die nicht ganz ungefährliche Fahrt durch den Bach vermieden wird, jetzt die Aufgabe, die Verbindung zum jenseits gelegenen Wald herzustellen. Der alte Weg hat

seine Bedeutung verloren. Flavio und ich haben den Mühlweg aus Neugier ein wenig erkundet und gesehen, dass er in seinem ersten Teil durch ein Felsgewirr führt, das von Muren angeschwemmt wurde, jetzt aber waldbewachsen ist.
Es gibt noch einen dritten Weg, den Prantlweg. Auf ihm erreicht man nach zweistündiger gestrenger Wanderung die Ortschaft Unterrain. Er führt durch eine Landschaft, wie sie Montaigne beschrieben hat, mit stetem Blick auf das fast aggressive, hochalpine Panorama.
Der wichtigste Weg ist natürlich der Kirchweg. Er ist der einzige noch immer stark begangene Weg in diesem Netz, in dessen Zentrum der Koflerhof liegt. Es ist nur logisch, dass man sich die Frage stellt, warum ein so einsam gelegenes Gehöft von nicht weniger als vier Wegen erreicht wird. Eine Antwort darauf geben weder die Geschichte noch die Legenden und auch nicht die Volkssagen.
Doch gibt es da ein kurioses Detail, das möglicherweise die Lösung beinhaltet. Eine Legende besagt, dass der Koflerhof als letzte Zufluchtsstätte für Verbannte, Sträflinge und Mörder galt und dass darin auch sein Ursprung zu suchen ist. Ähnliches erzählt man auch von anderen, wild gelegenen Orten Tirols, des Trentino und der Alpen überhaupt.
Kurz unterhalb der Tobelbrücke, wo das Reintal seinen Anfang nimmt, befindet sich ein bewaldeter Hügel mit einigen armseligen Mauerüberresten. Man sagt, dass dort im Mittelalter eine Burg stand, die Moarburg, die in längst vergangenen Zeiten zu einem Klarissenkloster umgebaut wurde.
In diesem dunklen Schlupfwinkel, von dem aus man die riesigen Lawinen durch den Lanebachwald hinunterrollen sah, soll ein von Geistern bewachter Schatz versteckt sein.
Die Legende berichtet, dass der drittälteste Sohn des Hofes Moar in der Aue durch irgendwelche Hexerei erfuhr, mit welchen Beschwörungsformeln die überirdischen Wächter des Schatzes genarrt werden konnten. In einer Vollmondnacht fuhr er mit einem Ochsengespann hinunter, um den kostbaren Schatz zu holen. Mit dem Erlös aus diesem Schatz hätte er anstelle seines zweitgeborenen Bruders Bauer werden können. Es trug sich jedoch zu, dass sein Bruder den

Der junge Bauer Hans kam über die Wiese herauf.
Auf den Schultern trug er einen Schlitten.

Hof verkaufte, während er vergeblich in den Ruinen der Moarburg nach dem Schatz herumwühlte. So dass der arme Teufel mit leeren Händen zurückblieb wie einer, dem plötzlich Phantasie oder Liebe fehlen: kein Geld, kein Hof, keine Hoffnung.

Aber kommen wir auf den Kirchweg zurück. Dieser ist gemütlich zu begehen und abwechlungsreich, allerdings nur, wenn man schwindelfrei ist, nicht an Asthma oder Herzbeschwerden leidet und keine Angst vor winterlichen Abenteuern hat.

Hochwürden Lorenz, Pfarrer von Ahornach, weiß sehr wohl um die Tücken des Kirchweges. Er ist ein weiser Priester von altem Schlag, aber doch so aufgeschlossen, um mit seiner impulsiven Menschlichkeit die absonderlichen Launen unserer von Kontrasten gekennzeichneten Epoche begreifen zu können. Er trägt jeden Monat der Koflerbäurin, die seit mehr als fünf Jahren gelähmt ist, die heilige Hostie hinauf, ganz gleich, welches Wetter herrscht. Am Sonntag nach der Messe sagt er dem Koflerbauer: »Dienstag bringe ich der Rosa Unseren Herrn.« Und dabei bleibt es. Trotz seiner schweren Figur und dem etwas beschwerlichen Atem, mag geschehen was will (und in diesen Breitengraden passiert das eine und andere), wird Hochwürden Lorenz mit dem Allerheiligsten niemals ausbleiben.

Einmal, an einem eisig kalten Winternachmittag, war der Kirchweg eine einzige Eisfläche, vom Knuttental herunter wehte eisiger Wind. Der Priester ging bis zur Ostawand, einem Punkt, wo der Weg in einer Länge von etwa hundert Metern an einem Abgrund vorbeiführt. Da bekam er Angst. Da führte er mit lauter Stimme ein Zwiegespräch mit dem Allerheiligsten, das er im Futteral auf der Brust trug, während er sich mit dem eisenbestallten Stock abstützte. »Herr, gib acht«, sagte er. »Wenn wir auf diesem verfluchten Eis ausrutschen, ist es um uns beide geschehen. Wenn ich nicht mehr bin, geht die Welt doch weiter. Aber was sollen wir ohne Dich tun?«

Als mir Hochwürden Lorenz am Tage, bevor wir von Ahornach zum Kofler hinaufgehen wollten, das erzählte und dabei geräuschvoll schnupfte, glaubte ich wirklich, dass ich der aufregendsten Episode aller meiner Wanderungen entgegengehen würde (die Erwartung hat sich dann freilich nicht erfüllt).

Der Hof Kofler zwischen den Wänden liegt auf über 1500 Meter Meereshöhe auf einem steilen Band zwischen zwei Felsen.

Zudem hätte auch das viele, das über den Koflerhof geschrieben worden war, ausreichen müssen, um meine Annahme zu rechtfertigen. Schon die Geschichte der beiden Jäger, einer vom Kofler-, der andere vom Stockerhof, hätte dazu ausreichen müssen. Diese beiden verfolgten eine Gemse, die vom Kirchweg in die Ostawand geflüchtet war.

Der Stocker blieb zurück, »weil er nicht mehr den Schneid hatte, weiterzugehen.« Der Kofler hingegen ging auf dem Felsband weiter. Er schoss und die Kugel erreichte ihr Ziel. Er ging zurück zu seinem Jagdgefährten und wies auf die tote Gemse hin, wobei er (zur Gemse) sagte: »Teifl noi mol innin, dass i di la gitraut hosch dou ummin zi hupfn.« (Teufel noch mal, dass du dich nur getraut hast, da hinüberzuspringen!)

Auch wir hatten an dem Tag, als wir Hochwürden Lorenz zum Koflerhof begleiteten, ein außergewöhnliches Erlebnis, nicht etwa wegen des Weges, der Felsen, des widrigen Wetters oder der im Wald herumlaufenden Rehe, sondern wegen des Allerheiligsten, das Hochwürden Lorenz auf der Brust trug. Eine tiefe Suggestion ging davon aus. In dieser Landschaft, in dieser ob des tiefen Schweigens fast abstrakten Atmosphäre, in diesem sonderbaren Licht und dieser Einsamkeit suchten wir ganz instinktiv nach einem Zeichen von der Existenz Gottes.

Der Beweis dafür lag wohl in jenen gläubigen Menschen selbst, die durch die nebelbeschwerten Wiesen zum Hof gingen, um anderen Menschen Hilfe und Trost zu bringen.

In Ahornach fiel kalter Regen, der die Wiesen reinigte und uns die Feuchtigkeit bis in die Knochen spüren ließ. Auf Oberpurstein, beim Stocker und im Ahornacher Wald schneite es. Die weiße Schneegrenze zog sich rund um den Tannenwald. Wir erreichten diese Grenze auf Mingerleiten, eine halbe Wegstunde von der Kirche entfernt. Die Flocken kamen durch die Nebelwand herunter und bildeten auf den frostverbrannten Wiesen einen schlüpfrigen Matsch.

Der kleine Erich, der mit einer brennenden Laterne vorausging, öffnete die Zaungatter. Dann rutschte er geschickt unter die großen Söller der Höfe, wo wir von Zeit zu Zeit Schutz fanden. Der Wind zerrte an unseren Gesichtern.

Die Leute bemerkten unsere kleine Prozession durch die Scheiben ihrer Stubenfenster. Sobald Erich mit seiner Laterne näher kam, versammelten sich die Leute vor dem Hauseingang und knieten nieder.

Hochwürden Lorenz streifte sich die Korona über den Arm, nahm die Teka mit beiden Händen und segnete die Leute mit gemessener Bewegung, als würde er sich im Presbyterium seiner Kirche befinden, die goldene Monstranz in den Händen, vor sich das von den Gläubigen gefüllte Kirchenschiff.

Dann schlugen die Haustüren hinter uns wieder zu. Wir sahen, wie die Bauern, die auf den Wiesen arbeiteten, auf die Knie fielen. Hochwürden Lorenz blieb am Wegrand stehen und hob die Teka mit beiden Händen hoch.

Das alles erschien mir surreal, symbolhaft, ewig, eine Begegnung der Menschen im magischen Amphitheater der Natur, wie eine Schwarz-Weiß-Szene aus einem Bergmanfilm.

Wir ließen Zulechen hinter uns und gingen in Wald und Nebel hinein. In dieser dunkelhaften Atmosphäre glich die rote Flamme in der Laterne Erichs dem Lichtzeichen eines Eisenbahners im Schatten eines riesigen Bahnhofes. Eine wankende, kleine Brücke aus Stämmen führte über eine kleine Schlucht, dahinter führte der Weg steil durch die Felsen der Ostawand empor. Der Felsen war in Nebel gehüllt, aus dem uns das Rauschen des Baches unten im Tal entgegendröhnte.

Erich ging mit seiner Laterne bis zum Abgrund hinaus, um den Priester mit dem Allerheiligsten schweigend davor zu warnen.

Dann endlich führte der Weg wieder in den Wald und wurde sicherer. Nacheinander gingen wir durch zwei Holzgitter, die zwischen Felsen und Zirbelkiefern angebracht worden waren.

Und plötzlich sahen wir vor uns aus dem Nebel den Koflerhof auftauchen, eine dunkle Holzmasse mit schmutzigem, weißem Verputz, zu Füßen der Koflwände, am Rande des Abgrundes.

Als Erstes sahen wir die kleine Holzkapelle aus dem 18. Jahrhundert. Sie steht auf dem Granitboden und sieht so rustikal aus, dass man sie für eine Hirtenhütte halten könnte. Daneben steht der Backofen. Er ist zerfallen. Man hat eine Zementdecke darüber gegossen, so dass er jetzt als Holzschuppen dienen kann.

Das Hofgebäude besteht aus zwei Baukörpern. Der eine beherbergt die Wohnräume und ist sicherlich der ehrwürdigste Teil des Hofes. Man sagt, er sei eines der ältesten bäuerlichen Gebäude im gesamten Bereich von Ahornach, ein Bilderbuchexempel der mittelalterlichen Besiedlungszeit.

Hochwürden Lorenz, Pfarrer von Ahornach, bringt der kranken Bäurin des Koflerhofes die Kommunion. Der kleine Erich macht den Pfarrer auf die gefährlichen Stellen des Weges aufmerksam. Alle außer Rosina versammelten sich am Hauseingang im Wind, um den Segen zu erhalten.

Um die fast archäologische Bedeutung dieses Gebäudes zu unterstreichen, sagte der Bauer Jakob, der Koflerhof sei »über dreihundert Jahre alt«. Ein gewaltiges Alter, verglichen mit dem kurzen Lebenslauf eines Menschen.
Der Hof hat unzweifelhaft einige recht interessante Elemente aufzuweisen, obwohl er vermutlich im 17. Jahrhundert restauriert wurde. Das Wohngebäude erstreckt sich in südnördlicher Richtung, um erstens einmal den kleinen ebenen Flecken Erde auszunutzen und zweitens in seinem edelsten Teil, dem Giebel mit den zwei großen Söllern, die Sonnenwärme voll zu empfangen.
Der mittlere Söller reicht über die Häfte der Westfassade, wo sich auch der Eingang befindet. Bis zu seiner Höhe reicht das Mauerwerk, der Aufbau besteht aus Holz. Zum Gesamtbild gehört auch die Balustrade der luftigen Terrasse vor dem Hauseingang.
Der zweite Baukörper lehnt sich direkt an das Wohnhaus an. Er ist größer und höher und verläuft in westöstlicher Richtung. Aus der Veranlagung des Mauerwerks, der Giebel und des großen Holzaufbaues sind verschiedene Um- und Zubauten erkenntlich, wobei ganz offensichtlich das schwierige Terrain sehr geschickt ausgenutzt wurde.
Der Wald von Lärchen, Zirbeln und Tannen reicht hinauf in die Granitfelsen und betont die Herbheit der Landschaft. Geologie und menschliche Archäologie verbinden sich hier zu einer unvergleichlichen Synthese.
Daneben gibt es die Wasserzuleitung vom Toten Moos herüber, mit der die Elektrozentrale gespeist wird. Und dann sind da noch die Seile der Materialbahn an den Balken des Heustadels befestigt. Zwischen dem Stadel und dem Bergsturz ist nur mehr ein kleiner Platz. Es hat den Anschein, als wäre der Hof mit einer phantastischen Wachsmannharfe an den Felsen gebunden, damit ihn der wilde Wind nicht mit sich reißt.
Gegen das Tal hinunter wird der Boden zwischen den Gebäuden und dem Hangsturz buchstäblich abgewürgt. Wir steigen durch Schneematsch, Schlamm und Mist. Wenn man die Kinder zwischen diesen Abgründen herumtollen sieht, wird einem anders zumute.
Hochwürden Lorenz blieb auf der Steinstufe zwischen dem Backofen und dem Platz vor dem Eingang stehen und segnete mit einer feierlichen Bewegung Hedwig, Seppele und Christine, die still aus dem Haus getreten waren und niederknieten. Hedwigs Bruder Hans,

der junge Bauer, kam die Wiese herauf. Auf den Schultern trug er einen Schlitten. Er ging hinter der Scheune herum und stand dann plötzlich vor uns im Hausgang, großgewachsen und doch bescheiden. Ich steckte meine Nase durch die Gitter des Fensters links von der Eingangstür und erblickte im Halbdunkel eine Nähmaschine und längs der Wand ein paar ungemachte Betten. In der Stube empfing uns der übliche Geruch von Geschlossenem, Urin, Heu, Kampfer und Mist. Die Stube ist klein und niedrig. Durch das Fenster sahen wir, wie der Wind in Stößen den Schnee durch die Luft wirbelte.

An den mit gelbem Holz verkleideten Wänden hängen zwei Toilettenspiegel, ein kleiner Schrein, eine doppelläufige Flinte mit Fernstecher, Familienfotos mit unbeweglichen Gesichtern und einige große Hirschgeweihe, dazwischen das Kruzifix und darüber ein paar geweihte Olivenzweige.

Hochwürden Lorenz riss ein Blatt von der Geranie auf dem Fenstersims, tauchte es in das Weihwasser, das er bei sich trug, und segnete damit die Familie, die vor uns in die Stube gegangen war. Hedwig stellte zwei große brennende Kerzen auf den Tisch, der mit einem weißen Tuch gedeckt war.

Rose saß auf der Ofenbank. Sie war festlich gekleidet. Ihr Alter ist undefinierbar, die dunklen Haare sind zu einem Zopf geflochten, der ihr lang auf den Rücken reicht. Ihr Gesichtsausdruck ist ruhig, zugleich neugierig und in sich versunken.

Seit sieben Jahren ist sie halb gelähmt und kann sich kaum bewegen. Die Krankheit überfiel sie ganz unerwartet, als sie nahe beim Haus war. Ihr Mann Jakob legte sie auf den Schlitten und brachte sie über den Tobelweg hinunter bis zum Toblhof und zur Straße nach Sand in Taufers.

Etwas Ähnliches passierte vor ein paar Jahren auch der Schwiegertochter Paula. Diese gebar die kleine Margit im Wald– während sie zum Toblhof hinunterging, um von dort aus ins Brunecker Krankenhaus zur Entbindung gebracht zu werden.

Ihr Mann und ein anderer, der gekommen war, um sie wegliefern zu helfen, standen ihr bei der Geburt bei.

Es gelang ihnen irgendwie, bis zur Autostraße zu kommen. Sie wickelten Mutter und Kind in ein Leintuch, legten sie ins wartende Auto und brachten sie schnell nach Bruneck. Alles ging gut.

Jetzt erwartet Paula das vierte Kind. Sie stammt aus Pfalzen. An diesem Tag war sie nicht auf dem Hof. Der Bauer Hans überließ bei all dem Durcheinander, das unser Besuch verursachte, seiner Schwester Hedwig die Aufgabe, es uns gastlich zu machen, und begab sich in die Küche, wo in den Töpfen das Mittagessen kochte. Er kam dann mit den Kindern in die Stube und kniete nieder, als Hochwürden Lorenz der Mutter die Kommunion reichte. Auch Vater Jakob kniete nieder.

Später sagten sie mir, dass das kleine Seppele im kommenden Herbst nach Ahornach zur Schule gehen würde. Ich fragte sie, ob sie sich wegen des langen und beschwerlichen Weges nicht Sorgen machten. Sie lächelten gutmütig. Die kleine Rosa blickte mich mit ruhigen Augen an, als würde sie den Sinn meiner Rede nicht begreifen.

Jakob informierte uns dann, dass sie das Seppele bis hinter die Ostawand begleiten würden, worauf er sich selber zurechtzufinden hatte.

Auf dem Koflerhof ist das Leben so. Der Mensch hat sich so sehr an seine Umwelt gewohnt, dass es paradoxerweise fast so scheinen möchte, als hätte er die Umwelt gezwungen, sich an den Menschen zu gewöhnen.

Der Sinn dieser kühnen Besiedelung ist wohl der, dass man nie aufgeben darf. So schrecklich die Natur auch sein mag, sie ist niemals unfruchtbar, wenn der Mensch sie zu behandeln weiß und leiden kann. Das ist eine Philosophie aus anderen Zeiten, die wohl nur mehr auf den Berghöfen weiter existiert. Wie lange das noch so weitergehen kann, weiß niemand. Die lange Gewöhnung trägt das Ihre bei. Die Außenwelt hat keinerlei Bedeutung, sie zählt nur, sofern sie gebraucht wird, damit es sich auf dem Hof besser leben lässt. Die Außenwelt ist etwas für die anderen, für jene, die in ihr zu leben haben. Trotz der abschüssigen Wege und trotz des neun Monate langen Winters (an den anderen drei Monaten ist es kalt)[30], trotz der herben Einsamkeit und des überall steilen Geländes, auf dem »sogar die Eier hinunterrollen«, wie Rosina sagt, habe ich hier, wie auch an anderen Orten, den festen Lebenswillen gefühlt, der sich im Verlaufe des jahrhundertelangen Überlebenskampfes gebildet hat und so ganz anders ist als die Indifferenz und Vergesslichkeit der Außenwelt.

Der Koflerhof liegt auf über 1500 Meter Höhe und umfasst 18 Hektar Wald, fünf Hektar Felder und Wiesen und einen Stall mit zehn Kühen. Die Bewirtschaftung ist schwierig und wird nach althergebrachter Manier vorgenommen. Not, Gewohnheit, verwurzelte Tradition, Geschichte, das Fehlen einer konkreten Alternative und der Glaube an das Tiroler Bauernideal bilden das Um und Auf dieser kleinen Gemeinschaft. Das alles wird in einem Satz des Bauerndichters auf dem Rieplechnerhof bei Pojen zusammengefasst, laut welchem nur »die Besten« Bauern werden können. »Und zwar jene«, sagt er, »die es als Sünde empfinden, den Herrn zu spielen: Denn ich sage: Auch heute noch ist das Bauernideal das schönste auf der Welt.«[31]

Es kommt öfters vor, dass der Koflerhof durch den Schnee von der Außenwelt abgeschnitten wird, obwohl er aufgrund seiner Lage im Vergleich zur Talsohle ein eher mildes Klima aufweist.

Wenn die Hennen gackern, wissen sie, dass Wind kommt, wenn die Eulen schreien, bedeutet das Schnee. Wenn dann der Wind daherbraust und es stürmt, verschanzen sie sich im Haus und warten, bis das Wetter wieder besser wird.

An einem solchen stürmischen Tag bekam eine Kuh Fieber. Da führten sie sie in die warme Stube, in der Hoffnung, dass sie gesund werden würde. Als sie schließlich den Tierarzt holen konnten, erfuhren sie, dass es schon zu spät war. Die Kuh musste geschlagen werden.

Eine tote Kuh ist ein schwerer Schlag für ihre Wirtschaft. Der Wert des Geldes steht in direktem Verhältnis zur Mühe. Alles ist hier Mühe. Aber darauf achten sie gar nicht mehr. Besondere Probleme haben sie nicht. Ich fragte das den Voter Jakob verschiedentlich, aber er schüttelte nur die Achseln. Alle ihre Erinnerungen hängen an der Arbeit. »Wie oft«, sagte Rosina, »haben wir das Heu beim Licht der Laternen eingetragen!«

Da ließ sich auch Voter Jakob auf unsere Probleme ein und sagte endlich: »Wir haben wenig Geld. Dafür aber haben wir zu essen und auch zu trinken.«

Hans arbeitet im Wald. Er ist ein Fachmann für Seilbahnbau und deshalb auf den Höfen sehr gefragt. Er hat, ebenso wie sein Vater, kein Verlangen, an einen anderen Ort zu ziehen. Rosina hingegen schon. Sie verbirgt es auch nicht, sondern sagt es, aber mit einer gewissen Resignation.

Zur schönen Jahreszeit kommen oft Touristen hier herauf. Sie wundern sich dann, dass hier Menschen überhaupt leben können.

Ich weiß nicht, ob je das Angebot gemacht wurde, den Hof zu kaufen, wie dies in einigen anderen abgelegenen Südtiroler Tälern vorkommt. Ich habe erfahren, dass der Koflerhof genau der Vorstellung entspricht, die sich die Deutschen von einer atomkriegssicheren Zufluchtsstätte machen.

Drei Generationen in der Stube des Koflerhofes.
Rechts: Ein Votivbild in der Kapelle des Koflerhofes.

INRI
EXVOTO
1815.

Die Deutschen sind mit ihrer Konsumwirtschaft an den Rand egoistischen Wahns gelangt und suchen jetzt in den Alpen solche Zufluchtsstätten, aus Angst vor einem apokalyptischen Krieg, wie ihn der Modeschriftsteller Hellmut Kirst in seinem Buch »Keiner kommt davon« beschrieben hat. Sie hoffen, den Krieg an solchen Orten überleben zu können.
Den Koflerhof hat der Voter Jakob mit harter Arbeit zu neuem Leben gebracht. Die Bemerkung des Wirtes vom Toblhof ist deshalb mehr als wahr: »Der Bauer ist so mutig, dass er sich nicht eine, sondern zwei Medaillen verdienen würde.«
Jakob ist siebzig Jahre alt, seit zweiundvierzig Jahren auf dem Koflerhof. Er ist mit seinem Bruder dorthin gekommen und hat die Gebäude wieder hergerichtet und die Felder neu gerodet. Der Hof war vorher lange Zeit nur mehr eine Alm gewesen. Dann lernte er Rosina kennen und holte sie vom Niederwieser herauf. Sie hatten zehn Kinder: Zwei starben im Kindesalter, alle anderen mit Ausnahme von Hans und Hedwig haben auf andere Höfe geheiratet.
Sehr redselig ist Voter Jakob nicht, auch Hans und Rosina sind es nicht. Sie hören lieber zu. Deshalb gab es bei unseren Gesprächen auch lange Schweigepausen. Dann hörten wir nur den Wind und von ferne das rhythmische Rauschen des Wildbaches.
Aber immer dann, wenn das Reden auf die Jagd oder auf das Geld kam, spitzte Jakob die Ohren, auch wenn er weiter an seiner Pfeife sog. Er ist von Kind auf Jäger. In seinem Leben hat er fünf- oder sechshundert Rehe und ebenso viele Gemsen geschossen. Er hat auch einen Hirsch erlegt, dessen riesiges Geweih in der Stube neben dem Kruzifix und den geweihten Olivenzweigen hängt.
Er hat auch Adler und Bussarde geschossen, aber nur, wenn es notwendig war, denn normalerweise richten Adler, Bussarde und andere Raubvögel dem Menschen keinen Schaden an und sie haben tot auch keinen Wert für ihn.
Es war spät geworden, der Wein war eiskalt. Draußen hatte es wieder zu schneien begonnen, der Nebel wurde dichter.
Alle außer Rosina versammelten sich am Hauseingang im Wind, um kniend den Segen des Priesters zu empfangen. Dann begleiteten sie uns bis zur Holzkapelle, die, wie eine Inschrift auf dem zerfressenen und von der Zeit gebräunten Giebel besagt, 1759 erbaut wurde.
Das Bild von Jesus und Maria, gemalt von einem gewissen Andreas Gelzlechner, ist noch um einige Jahre älter. Es stammt aus dem Jahre

1735. Votivtafeln, vergilbte Heiligenbilder und Papierblumen hängen rund um den kleinen Altar und an den Wänden bis hinauf zur Oberdecke, die einem Sargdeckel gleicht.
Ich glaube, dass diese Gebetsstätte einmal sehr stark besucht war. Vielleicht verhielt man hier auf dem beschwerlichen Gang von Sand in Taufers nach Unterrain. Dieser Weg war von adeligen Herren erbaut worden, die hier ihre Lehen hatten. Neben einem Kruzifix hängt das im Jahre 1833 gemalte Bildnis eines Edelmannes mit der Inschrift: »Ich hoffe auf Gott, denn er hilft in jeder Gefahr.«
Da hängt auch ein Bild des Papstes Pius IX. Solche Bilder habe ich auch in anderen Südtiroler Bergkapellen gesehen, als wäre die Zeit in jener unruhigen Epoche stehen geblieben. Wahrscheinlich sind diese Bilder seinerzeit von Wanderhändlern aus dem Tessin verkauft worden.
Man hat uns erzählt, dass einst der Pfarrer von Sand in Taufers den ernsthaften Zweifel hegte, ob die Koflerleute ihre Religion überhaupt noch praktizierten. Das war vor dem Bau der Kapelle. Der Pfarrer sah sie nur selten in der Kirche, und beim »Ite missa est« am Sonntag waren sie die ersten, die sich davonmachten. Um sich selbst davon zu überzeugen, ob auf dem Hof noch gebetet wurde, verkleidete sich der Pfarrer als Bettler, nahm einen Bergstock, warf sich einen Bettelsack über die Schultern und machte sich auf den Weg zum Kofler, wo er gegen Abend hinkam. Der Bauer ließ ihn freundlich in die Stube eintreten und wies ihm einen Platz am großen Tisch an, wo man das Abendessen verzehren wollte: Der Priester setzte sich und tauchte den Löffel in die Suppe. Da unterbrach ihn der Bauer: »Wenn du zuerst nicht betest, sollst du unter diesem Dach nicht bleiben.«
Nach dem Abendessen kletterte der Pfarrer auf die Ofenbrücke und tat, als ob er schlief. Der Bauer bemerkte es, als man den Sterberosenkranz zu beten anfing. Er wies den »Bettler« streng zurecht. »Du da«, sagte er, »komm herunter und bete mit uns. Du hast gegessen. Vor dem Schlafengehen musst du auch beten.« Die Anekdote sagt nicht mehr, ob der argwöhnische Pfarrer von Sand in Taufers jetzt, wie es wohl seine Pflicht gewesen wäre, seine wahre Identität bekannt gab. Die, die es uns erzählt haben, lächelten maliziös dazu. Es ist aber gar nicht so abwegig, dass dergleichen Episoden wirklich vorgekommen sind.
Wir sprachen dann von der Vergangenheit, von den noch nicht allzu fernen Zeiten, als das bäuerliche Leben auf den Bergen sich hart zwi-

schen Mühe und Hoffnung abspielte, wir sprachen von der Solidarität der Leute, von der Achtung des Eigentums, der Böswilligkeit, der Bauernschläue und der Achtung vor den Gesetzen.
In den Höfen kann man mancherorts noch Sprüche lesen, die das alles zum Ausdruck bringen. Zum Beispiel: »Loss in Neida neidn und in Hossa hossn, wos mir do Herrgott gibt, dös muiss man mir lossn.« Oder etwa die Inschrift über einem Ehebett: »Dieses Auge Gottes sieht, was in dieser Bettstatt g'schieht!«
Die Kapläne von Sand in Taufers kamen zu Ross auf die Ahornacher Höfe, um dort die Messe zu lesen und gleichzeitig die »Tschirgazen« zu sammeln, die ein jeder Hof für die Erhaltung der Pferde des Geistlichen aufzubringen hatte. Die Höfe von Ahornach sind auf den weiten Hängen des Zintnocks, am Rande des Ahornacher Waldes, verstreut. Die Landschaft ist schmiegsam-grün, überdacht von den weißen Spitzen der Berge.
Die Ahornacher Bergflanke und die dahinterliegende Durreckgruppe schließen das ausladende Tauferer Gebiet gegen Norden hin ab. Nach Nordwesten und nach Osten mündet der Talkessel ins Ahrntal und ins Reintal.
Das oben erwähnte Recht der Tauferer Kapläne ist jetzt auf den Pfarrer von Ahornach übergegangen, während die Eier seit jeher den Kapuzinern und Franziskanern auf ihren Bittgängen zustehen. Ein weiteres Geschenk an die Kirche ist die Butter, die der Pfarrer bekommt, wenn er zu Sommerbeginn auf den Höfen das Vieh vor dem Almauftrieb segnet.
Hochwürden Lorenz erzählte mir von diesen althergebrachten Usanzen, während er die Votivbilder in der Kapelle betrachtete. Auch dieses Brauchtum gehört zur menschlichen Landschaft wie die Kiefern, die herumspringenden Rehe, die kranke Kuh in der Stube und die Bündel, die sich die Dienstboten umhängen, wenn sie Hof wechseln.
An diesem Nachmittag, der zeitlich so nahe am Frühlingsbeginn lag, aber doch kalt war wie ein Wintertag, wirkten diese Gespräche und die raue Gestalt des Koflerhofes wie Überreste eines ganzen Lebens.
Die Berghöfe sind eine Welt für sich. Jeder gleicht einem Segler auf hoher See. Es ist ein historischer Langspielfilm, eine Reliquie, die einem unter den Fingern brennt, ein verlorener Traum, dem unsere Gesellschaft mit ihrer Trauer und Langeweile vergeblich nachsetzt.
Keiner von uns gibt je das Warten auf. Tag für Tag kommt die Hoffnung wieder, die Tage gehen dahin, das Idealbild wird zu einem

verschwommenen Schatten. Meist ist es ein vergebliches Warten, und wir bleiben dann mit noch leereren Händen zurück.
So kommt es wohl auch, dass der Abgrund, der diese verkannte Dritte Welt von unseren täglichen Abgasen trennt, durch keine Brücke überwunden werden kann.
Aus dieser verräucherten Geografie stammt auch die letzte »Erfindung«, ein von einer großen europäischen Fluggesellschaft verbreitetes Manifest, das den europäischen Durchschnittsunternehmer zeigt. Ich habe es in einer Tasche meiner Windjacke. Demgegenüber steht in der »Dritten Welt« der Bergbauernhöfe das Lied der Uhr im »Haussegen des Bauern«.
Das Manifest teilt mit, dass der europäische Durchschnittsunternehmer 40,1 Jahre alt ist, 1,9 Kinder hat, 1,2 Automobile besitzt und dreitausend Pfund Sterling verdient, und dass er sechsmal im Jahr einen Binnenflug macht.
Das andere ist dem übernommenen Erbe und dem Ablauf des Lebens gewidmet. Es lautet:

Wie Blumen wechseln in dem Blumengitter
ein Greisen- und ein Kinderangesicht.
Und weiter tickt die Uhr im gleichen Schlage
und weiter rieselt deiner Sippe Schweiß.
Es schließen um die harten Arbeitstage
die feierlichen Bräuche ihren Kreis.
Wenn wir vorüber sind, die Mauern bestehn,
so Gott es will, in ferner Zeit,
und schützen das Geschlecht der Bauern
von Anfang bis in Ewigkeit.

Es ist das Lied vom Leben auf dem Koflerhof und vom Leben aller anderen Erben der Einsamkeit.

Anmerkungen

1 Die Literatur über den geschlossenen Hof in Südtirol ist umfangreich. Wir weisen hier auf zwei italienische Werke hin: Von A. Renato Toniolo, »Considerazioni geografiche sull'istituto del ›Maso chiuso‹« (Geografische Betrachtungen über die Einrichtung des Geschlossenen Hofes), herausgegeben bei der Accademia nazionale dei Lincei, Rom, 1950; von Fausto Stefanelli, »Il ›Maso chiuso‹ dell'Alto Adige« (Der geschlossene Hof in Südtirol), bei Alpi Giulie, 1947. Zwei Studien neueren Datums befassen sich hingegen mit den modernen soziologischen und ökologischen Aspekten des Problems: von Alfredo Casera, »Ecologia e abitazione rurale« (Ökologie und ländliches Wohnen) 1971, und von E. Wolf »Cultural Dissonances in the Italian Alps«, 1962.

2 Weit verbreitet sind in Südtirol die Legenden über das Tumpfer-Klasele; angeblich war es ein protestantischer Pastor (siehe die Werke von Hans Fink, so zum Beispiel: »Eisacktaler Sagen, Bräuche und Ausdrücke«, Innsbruck 1957; »Südtiroler Volksweisheit«, Brixen 1969; »Verzaubertes Land«, Innsbruck 1969; »Tiroler Wortschatz an Eisack, Rienz und Etsch«, Innsbruck 1972).

3 Bei: Roberto Almagià, »Saggio di carta antropogeografica dell'Alta Val Venosta« (Anthropogeografischer Essay über den oberen Vinschgau), Bulletin der Königlichen Italienischen Geographischen Gesellschaft, Rom 1930, mit angegliederter Biografie. Neben dem Werke Almagiàs muss auch an die Arbeit von Renzo Albertini, »L'insediamento umano in Val Martello« (Die menschliche Besiedelung des Martelltales), veröffentlicht in der Rivista Geografica Italiana, Florenz 1958, erinnert werden. Des Weiteren sei wegen ihrer guten Kenntnis des geografischen, historischen und kulturellen Südtiroler Milieus an die neueren Werke von Josef Rampold, Bozen, erinnert: Bozen und Umgebung (Bozen 1970), Vinschgau (Bozen 1971), Pustertal (Bozen 1973), Eisacktal (Bozen 1973). Und von Gunther Langes: Überetsch und Bozner Unterland (Bozen 1973); Burggrafenamt und Meran (Bozen 1972) sowie die darin angeführten ausführlichen bibliografischen Angaben.

4 Die Sage von den Verdammten des Wilden Sees ist im oberen Eisacktal weitum bekannt. Sie soll infolge des Raubmordes an einem französischen Offizier im Jahre 1809 entstanden sein. In Wirklichkeit hat sich die Bluttat in Schabs ereignet, doch aus einem jener unerfindlichen Gründe, wie sie in den Sagen immer wieder vorkommen, wurde der Tatort von der Volkseinbildung zum Wilden See verlegt (s. Hans Fink).

5 In den letzten zwanzig Jahren des 18. Jahrhunderts produzierte Tirol nur etwa fünfundsiebzig Prozent des gesamten Getreidebedarfes selbst, wie dies überhaupt in den meisten Teilen der Alpenregion der Fall war, das Trentino nicht ausgenommen. Brot war deshalb ein kostbares Nahrungsmittel. In vielen Ortschaften, so zum Beispiel im Pfunderer Tal, schreckte man die Kinder, die (aus Hunger) Brot »stahlen«, davon ab, indem man ihnen erzählte, die Brotkammer werde von der »Proathottl« (der Brothexe) bewacht. Umfangreich war, aus Tradition, aus geografischen Ursachen und ob der besonderen Umweltbeschaffenheit, die Viehzucht. Im Jahre 1859 gab es im Tiroler Land folgenden Tierbestand (die erste Zahl bezieht sich auf die Gebiete um Brixen, die zweite auf jene um Trient): Pferde: 7161 bzw. 1870; Rinder: 103.824 bzw. 70.692; Kälber: 32.934 bzw. 11.031; Schafe: 126.213 bzw. 58.299; Ziegen: 28.183 bzw. 33.286; Schweine: 13.613 bzw. 6644.

6 Jemand hat daran erinnert (H. Fink), dass »mehrere Höfe in einer einzigen Nacht auf Ritzail abgebrannt sind«. Laut Fink sind nicht »alle hochgelegenen Höfe im Mittelalter gegründet worden. Es gibt auch solche, deren Gründung auf die Vorgeschichte zurückgeht«.

7 St. Martin am Vorberg, auch St. Martin im Kofel genannt, liegt 1736 Meter hoch und ist durch eine Seilbahn, einem kühnen, von der Gemeinde Latsch errichteten Werk, mit dem Gemeindehauptort Latsch, 638 Meter hoch, verbunden. Die Seilbahn überwindet einen Höhenunterschied von 1100 Metern bei einer Fahrtdauer von acht Minuten. Die bereits 1336 erwähnte Kirche von St. Martin wurde in der ersten Hälfte des vergangenen Jahrhunderts restauriert und umgebaut. Im Gebiet von St. Martin gibt es achtzehn Höfe mit rund zweihundert Einwohnern. Wie nicht anders zu erwarten, ist die Bevölkerung früher einmal doppelt so hoch gewesen.

8 Hermann Holzmann betont in »Vinschgauer Berghöfe« (Bozen 1965) nachdrücklich die Angst der Kinder, wenn sie auf

ihrem langen Heimweg von der Schule von Dunkelheit überrascht werden.

9 Die hier angeführte Beschreibung des sonnenausgesetzten Berges im mittleren Vinschgau stammt von Eberhard Fasching: »Wanderung am Sonnenberg im Mittleren Vinschgau«, Bozen 1972.

10 Dank der freundlichen Mitarbeit der Lehrerin Ilse Tscholl konnte der Autor unter den Schülern der Höfe von St. Martin einen Test durchführen. Die Themen, die den Kindern gegeben wurden, lauteten: a) Was denkst du über die Einwohner von Latsch? b) Was willst du tun, wenn du groß bist? – Das erste Thema hat ein Schüler der fünften Klasse Volksschule geschrieben, das zweite ein Schüler der vierten Klasse. Wir haben versucht, diese bescheidenen, aber bedeutungsvollen Aufsätze besser zu verstehen, indem wir sie einer Psychologin, Frau Doktor Elvira Pancheri, unterbreiteten. Ihr Urteil ist, dass aus den Aufsätzen »eine ziemlich klare Entscheidung hervorgeht, den Berg zu verlassen«. Man findet eine Art psychischer Unterdrückung, als würden die seelisch-affektiven Energien von den Lebensbedingungen und einer starren Tradition niedergedrückt. Wenn man die Aufsätze durchliest, erhält man den Eindruck, dass man auf den Höfen weder vergangenheits- noch gegenwartsbezogen lebt, sondern einzig und allein mit Blickrichtung auf die Zukunft, die man als Befriedigung der bisher unerfüllt gebliebenen Wünsche erblickt. Daraus kann die Gefahr entstehen, dass die Zukunft idealisiert wird, was später dann zu schweren Zusammenstößen mit der Realität und zu bitteren Folgen führen kann. Man bemerkt des Weiteren den lebhaften Wunsch, die Arbeit des Vaters nicht mehr nachzuahmen. Das Kind kann dem Vater nicht sagen, dass ihm der Berg nicht gefällt (auch wenn es so fühlt), weil das bedeuten würde, dass es nicht nur das Leben auf dem Hofe zurückweist, sondern auch all das, was der Vater für das Kind bedeutet und was er zu realisieren in der Lage war. Eine andere bedeutsame Tatsache ist die, dass der Berg als etwas Beständiges, Felsenfestes erlebt wird, an den man sich anlehnen kann, um sich sicher zu fühlen, obwohl er die Verwirklichung des Verlangens nach Unterhaltung und Kreativität nicht bieten kann, zum Beispiel Freizeit nach Arbeit und an den Feiertagen. Der Berg ist ein Faktor der Isolierung und Abwendung vom sozio-kulturellen Gefüge. Von der Außenwelt beeindruckt im Besonderen das sinnlich Wahrnehmbare, das, was man sehen kann, das Neue, das andere, das sich von der Eintönigkeit des Hofes unterscheidet. Auf einigen Höfen, die wir in unsere Enquete einbezogen, haben wir die Kinder ersucht, uns farbige Zeichnungen von Häusern, Menschen, Bäumen u. dgl. anzufertigen, wie es uns Frau Doktor Pancheri geraten hatte. Wir haben ihr die Zeichnungen zur Begutachtung unterbreitet (es waren die Zeichnungen von etwa zwanzig Kindern im Alter zwischen sechs und zehn Jahren), auf zwei Gruppen aufgeteilt: Über die erste Gruppe (Vinschgau) hat die Psychologin Folgendes gesagt: »Beeindruckend ist die stereotype und statische Art der Darstellungen. Die grundlegenden Strukturen sind ziemlich sicher und überzeugt dargestellt, so etwa der untere Teil eines Baumes, der Umfang eines Hauses, während die Differenzierung der psychischen Merkmale weitgehend fehlt (etwa der Mangel an Ausdruckskraft bei den Zeichnungen menschlicher Figuren). Das Menschliche ist in der Regel ärmlich dargestellt, als würde es von der Umwelt niedergedrückt. Das Haus wird veridealisiert und nach dem Wunschdenken gestaltet. Es ist nicht das Haus, in dem man wohnt. Eine Erwägung geht daraus hervor: Auch in der Zeichnung wird das eigene Leben zurückgewiesen. Von den Bäumen wird im Allgemeinen die Fichte vorgezogen, weil sie der Baum ist, den die Kinder in ihrer Umwelt ständig sehen. Stamm und Grund werden meist betont, während das Geäst nur stilisiert oder überhaupt nicht vorhanden ist. Daraus geht hervor, dass der Einzelne und ganz allgemein der Mensch im Gebirge sich als potenzielle Energie erkennt, mit wenigen Differenzierungen auf der Ebene der Intelligenz und der Affektivität. Man hat den Eindruck, dass hinter den Einflüssen von außen noch ganze Welten zu entdecken verbleiben, aber diese Welten sind hinter einer dicken Rinde verborgen.« Die zweite Gruppe der Zeichnungen (Vinschgau, oberes Eisacktal, mittleres und unteres Pustertal) hat folgende Bewertung erfahren: »Hier merkt man den Hang zum Stereotypen und Abgeschlossenen noch stärker. Es ist wie ein

Insichzusammenschrumpfen, eine Art Selbstbegrenzung seelischer und affektiver Art, die leicht zu affektiver und intelligenzmäßiger Armut werden kann. Man verschließt sich auch gegenüber den eigenen tiefen Wünschen, die den Menschen charakterisieren und die auch der Mensch auf den Bergen in sich birgt.« Die Tests, die wir durchgeführt haben, sind begreiflicherweise im Vergleich zu unserer Enquete nur von nebensächlicher Bedeutung. Sie sind sowohl zahlenmäßig als auch der Art nach begrenzt geblieben. Sie sollten nicht mehr als der Versuch einer Indikation sein.

11 Lagar schreibt man richtig Laggàr; Zuchbühel: Zuckbühel; Egg findet man auch als Eck. Was Vorra angeht, schreibt Hans Fink, sollte die älteste Form an den Eigentümer des Hofes, »Forher« (1328), erinnern. Weiters gibt es Vorcha (1539), Vorcha und Vorha (1550), Forchach (1615), Forcha (1695). Nach 1779 entsteht dann daraus Fora, Forra, Vorra. »Vorra«, sagte mir der vorhin zitierte Autor, »ist die Mangeform von Forche-Föhre. Die richtige Form ist Forchach. Das ›ch‹ verliert sich dann wie etwa auch bei Percha (von Birchach – Platz mit Birken) oder Aicha bei Franzensfeste (aus Aichach – Platz mit Eichen.«

12 Josef Rampold, »Vinschgau«, Athesia, Bozen 1971.

13 Josef Rampold, »Vinschgau«, Athesia, Bozen 1971. Die Legende über die Flucht des Fürsten Friedrich ist auch in anderen Berggebieten des westlichen Südtirol verbreitet. Auf den Pergerhöfen in Proveis, im Einzugsgebiet des Noce (Nonstal, Trentino) wird noch heute, wohl in Anlehnung an diese Legende, am 25. November, Fest der heiligen Katharina, Brot, Wein und Speck verteilt.

14 Richtig heißt der Dananhof im Gebiet Hinter der Lahn Tamàn.

15 »Schiffrig« ist ein typischer Pustertaler Ausdruck. Man kann ihn in der Schriftsprache nicht wiedergeben. Der Ausdruck trifft auf Personen zu, die ihre Mitmenschen zwingen, nach ihrem Willen zu handeln. Irgendwie beinhaltet dieses Wort auch den Sinn von böser Schläue, bedeutet aber keineswegs etwa »deppet«.

16 Erzählt hat dem Autor von dieser Überlieferung der Lehrer Anton Ebner in Sand in Taufers, ein leidenschaftlicher und bestens informierter Forscher des Pustertaler Volksgutes. »Do [der] Kroma [Wanderhändler] pockt aus [breitet seine Waren aus]«: Es handelt sich um eine Redensart, die in ihrer Allegorie an ein mittelalterliches Bildnis erinnert, wie es etwa G. Volpe in seinem Werk »Il Medio Evo« (Das Mittelalter), herausgegeben bei Sansoni, Mailand 1965, beschreibt: »Viele Leute lösen sich nach und nach aus der ehernen Abhängigkeit von der Erde, auf der und von der sie leben. Sie kaufen, um zu leben, und weil sie kaufen, verkaufen sie auch. Daher waren diese Handwerker und Händler oft unter den Bauern ...« Die Wanderhändler aus dem Fersental, die, wenn auch seltener, heute noch zu finden sind, scheinen ein Niederschlag der mittelalterlichen Gepflogenheit in unserer Zeit zu sein.

17 »In Kroma krotzn« bedeutet zugleich die Bewegung, die die Männer beim Sensenschärfen mit dem Wetzstein vollführen, und den charakteristischen Ton, den es dabei gibt.

18 Niederschrift des Lehrers Anton Ebner.

19 Im Pfunderer Tal, einem Seitental des unteren Pustertales, gab es auf beiden Talseiten rund hundertfünfundvierzig Höfe, die sich auf folgende Gebiete verteilten: Dun, Egger Seite, Innere Sonnseite, Riegl hoch oben an der inneren Sonnseite, auf der äußeren Sonnseite, auf der unteren Schattseite und auf der oberen Schattseite. 1951 waren in Pfunders nur mehr vierundneunzig Höfe übrig geblieben, elf davon sind verlassen (siehe I. Mader).

20 Vers aus dem Tauferer Tal.

21 Ignaz Mader: »Ortsnamen und Siedlungsgeschichte von Vintl, Weitental, Pfunders«, Wagn. Universitätsverlag, Innsbruck 1951. Dem Werk Maders haben wir die wichtigsten geschichtlichen Unterlagen über Pfunders entnommen.

22 Bereits im Jahre 1309 wird ein Pergmaisterhof an der Ekk erwähnt, wo zwischen 1275 und 1280 der Brixner Bischof einen Besitz hatte. Dann kam der schreckliche Winter 1887/88. Am 28. und 29. März 1888 gingen im hinteren Pfunderer Tal zahlreiche Lawinen nieder. Die Höfe Hoferschmied, Rainer, Spitalerzuhaus (diesen gibt es nicht mehr), Seitwaldhaus, Laner, Neuhaus in Dun, Moser, Binder, Burger, Taschner, Aich (die drei Letztgenannten gibt es ebenfalls nicht mehr), Lienharter und Erschbaumer wurden getroffen. Es gab neun Tote, weiters wurden dreißig Tiere getötet, elf Wohnhäuser und dreizehn Heustädel zerstört. Siehe I. Mader a. o.

23 Das ganze Gebiet wird schon im 15. Jahrhundert Dorf genannt. Wahrscheinlich hat es hier einmal ein Dorf gegeben, das von den Lawinen zerstört wurde.

24 Die Kapelle wurde 1959 erbaut. Die Inschrift lautet wie folgt: »Zum Gedenken der am 21. Jänner 1951 hier durch eine Lawine verunglückten Alois Weißsteiner, Dorferbauer, Alois und Josef, Söhne, und Josefa Huber, Magd, wurde der einzige Überrest von Haus und Scheune, die Labe, zu dieser Kapelle ausgebaut – 1959.«

25 Pfunders wird, wie aus Urkunden hervorgeht, bereits im 11. Jahrhundert erwähnt. Bereits im Mittelalter waren dort kleine Kupferminen in Betrieb. Im Jahre 1722 wurde ein Serpentinbruch eröffnet. Das Serpentin wurde zum Bau der Abtei von Ettal in Bayern, in Speyer und natürlich beim Bau der Kathedrale von Brixen im Jahre 1758 verwendet. Weil man die Härte dieses Gesteins nicht richtig eingeschätzt hatte, ging der Besitzer des Bruches, Benedetti, zugrunde und der Betrieb wurde aufgelassen. Erst im Jahre 1961 hat die deutsche Firma Grünig die Arbeiten wiederaufgenommen. Derzeit arbeiten dort rund siebzig Personen. Im Jahre 1855 hatte Pfunders siebenhundert Einwohner, im Jahre 1971 waren es sechshundertneunundsechzig, fünfzig mehr als im Jahre 1961 (laut einer Mitteilung, die der Pfarrer von Pfunders dem Autor machte).

26 Der gesamte nach Süden gerichtete linksseitige Hang des Mühlwalder Tales, eines Nebentales des Tauferer Tales (nördlich von Bruneck im Pustertal), ist ein lebendiges Zeugnis dichter, mittelalterlicher Besiedelung. Das Gebiet von Brunnberg, Mitterberg und Pieterstein fällt ganz besonders ins Auge. Die menschliche Besiedelung reicht von der Talsohle bis hinauf zu den auf 1900 bis 2100 Meter hoch gelegenen Almen, die sich auf der Südseite des Speikbodens (2523 m) befinden. Der Speikboden trennt das Mühlwalder Tal vom Weißenbachtal. Die obersten Höfe liegen zwischen 1600 und 1700 Meter hoch.

27 Die Bewässerungskanäle aus Baumstämmen, wie man auf dem Bild ersieht, werden auch »Uesch« genannt.

28 Dieser Auszug ist dem Dialektgedicht »Mei Hoam« von Peter Feichter, Rieplechnerhof bei Ahornach, entnommen. Lehrer Anton Ebner aus Mühlwald hat das Gedicht gesammelt.

29 Diese Erzählung ist Teil der handgeschriebenen Sammlung des Lehrers Anton Ebner von Mühlwald.

30 Das ist der Sinn eines Sprichwortes, das wir in Sand in Taufers hörten, das man auch in anderen Gegenden Südtirols zu hören bekommt: »In Rein ist neun Monate Winter und drei Monate ist es kalt.«

31 Das hat der Bauer Peter vom Rieplechnerhof im Tiroler Dialekt ins Rechenheft seines Sohnes geschrieben, der weiterstudieren wollte. Aber der Vater hat's ihm nicht erlaubt, eben wegen des erwähnten Ideals.

Die Drucklegung dieses Buches wurde ermöglicht durch die Südtiroler Landesregierung / Abteilung Deutsche Kultur.

AUTONOME PROVINZ BOZEN SÜDTIROL
PROVINCIA AUTONOMA DI BOLZANO ALTO ADIGE

Deutsche Kultur

Bibliografische Information der Deutschen Nationalbibliothek
Die Deutsche Nationalbibliothek verzeichnet diese Publikation in der Deutschen Nationalbibliografie; detaillierte bibliografische Daten sind im Internet abrufbar: dnb.d-nb.de

9. Auflage 2025

Weinbergweg 7
I-39100 Bozen
buchverlag@athesia.it

Fotos: Flavio Faganello, Amt für Film und Medien, Autonome Provinz Bozen-Südtirol
Design & Layout: Philipp Putzer, farbfabrik.it
Bildbearbeitung: Typoplus, Frangart
Druck: Athesia Druck, Bozen
Papier: Innenteil und Vorsatz Coral Book White, Umschlag Fedrigoni Imitlin Flat neve

Gesamtkatalog unter
www.athesia-tappeiner.com

ISBN 978-88-6839-694-7

Bildbeschreibung Umschlag
Die Kinder des Zernbriglhofes auf dem Heimweg von der Schule in St. Nikolaus.

FSC www.fsc.org MIX Papier | Fördert gute Waldnutzung FSC® C010042

Dieses Buch wurde der Umwelt zuliebe nicht mit einer Schutzfolie eingeschweißt.

designed + produced IN SÜDTIROL

Mareit
Sterzing
Vernagt
St. Martin im Kofel
Glurns
Naturns
Meran
Martelltal
Ultental
Gand
St. Nikolaus
Bozen